法治中国与法学教育

冷传莉　主编

知识产权出版社
全国百佳图书出版单位
北京

图书在版编目（CIP）数据

法治中国与法学教育/冷传莉主编．—北京：知识产权出版社，2020.2
ISBN 978-7-5130-6725-6

Ⅰ．①法… Ⅱ．①冷… Ⅲ．①法学教育—研究—中国 Ⅳ．① D92-4

中国版本图书馆 CIP 数据核字 (2020) 第 006035 号

内容提要

本书共收录文章二十余篇，分别从"当代中国法学本科教育的转型""混合教学研究""以需求为导向的法科生实践能力培养""课程协同式教学探索""基于微课的翻转课堂教学模式的运用"等不同的视角对我国法学教育的现状进行了剖析，并提出个人的改革建议。以期通过转变教育观念、改革教学内容、转换教学方法、重塑教师素质等手段，为培养素质教育与职业教育相结合的复合型法律专业人才添砖加瓦。

责任编辑：王　辉　　　　　　责任印制：孙婷婷

法治中国与法学教育
FAZHI ZHONGGUO YU FAXUE JIAOYU

冷传莉　主编

出版发行：知识产权出版社有限责任公司	网　　址：http://www.ipph.cn
电　　话：010-82004826	http://www.laichushu.com
社　　址：北京市海淀区气象路50号院	邮　　编：100081
责编电话：010-82000860转8381	责编邮箱：wanghui@cnipr.com
发行电话：010-82000860转8101	发行传真：010-82000893
印　　刷：北京中献拓方科技发展有限公司	经　　销：新华书店及相关销售网点
开　　本：720mm×1000 mm　1/16	印　　张：14.75
版　　次：2020年2月第1版	印　　次：2020年2月第1次印刷
字　　数：250千字	定　　价：68.00元
ISBN 978-7-5130-6725-6	

出版权所有　侵权必究
如有印装质量问题，本社负责调换。

目 录

道路通向社科法学
　　——论当代中国法学本科教育的一个转型 …………………肖　松 / 1
《知识产权法》混合教学研究 ………………………………………李　萍 / 8
行政法课程教学改革的探讨 …………………………………………吴红宇 / 17
法学本科"模拟法庭"课程的实证分析
　　——基于贵州大学法学院2015级法学本科问卷调查…………田应梅 / 26
"翻转课堂教学模式"对我国法学专业教学的启示 ………张　玉　陆远方 / 34
基于翻转课堂的高校法学课程思政教育渗透路径研究
　　——以《中国法律史》教学为例 ……………郭　亮　李　凤　李悦澜 / 39
民法典时代商法课程设置与教学模式探究 …………………………杜明强 / 51
法学专业课程教学改革刍议 …………………………………………姜　哲 / 61
基于微课的翻转课堂教学模式在侵权责任法教学实践中的运用 ……申卉琼 / 67
高校法律文书课程协同式教学探索 ……………………张雅洁　王春丽 / 72
创新驱动发展战略下应用型知识产权人才的培养 ………张惠彬　吴运时 / 79
以需求为导向的法科生实践能力培养问题
　　——从实务视角谈实践教学改进的路径 …………刘智彤　杨柳青青 / 88
大数据时代中国法学教育体验式教学研究 …………………徐　文　刘　欢 / 98
法学案例分析教学法的意义与发展 ……………………………魏　红　罗晶菁 / 106

· 1 ·

法学实践教学改革研究 …………………………… 阮志群　张依依 / 112
浅议司法案例分析报告的写作
　　——以法律硕士专业学位研究生毕业论文为视角 ……陈　松　孔　伟 / 121
法律硕士分类实务教学的重点及难点问题解析 ………… 康　军　石小玉 / 133
案例教学法在法学专业教育中的应用研究 ……………………… 杨智婷 / 141
论法理学教育的实务性研究 ……………………………………… 向云鹤 / 147
贵州大学本科教学督导工作的思考 ……………………………… 王　伟 / 153
新时代宪法国民教育必要性探讨 ………………………… 范电勤　邹志翔 / 160
论法律硕士论文选题的标准 ……………………………………… 刘沂江 / 171
本科生助教制运行效果实证研究
　　——以贵州大学法学方法论课为考察对象 …………李丹阳　谢柔雯 / 177
基于培养卓越人才的知识产权专业培养模式与实施研究
　　——以广东区域知识产权人才需求为视角 …………………… 董　凡 / 182
论经典书籍阅读在法理学研究生培养环节中的应用 …………… 郝文涵 / 196
论高校法学教育与法律援助的融合 ……………………………… 董　航 / 204
法律硕士（非法学）双向选择导师的困境及对策 ……………… 李晨鹏 / 214
法理学教育中工匠精神的培育 …………………………… 宁立标　李　丹 / 222

道路通向社科法学

——论当代中国法学本科教育的一个转型

肖 松[*]

一、问题的提出

近些年来，在中国法学界，社科法学的研究可谓是最亮丽的学术景观。"社科法学"同"法学"一样，对于中国来说同样属于"西学东渐"的舶来品。当其被移植之后，这么多年来苦苦追问"中国法学向何处去"的中国法学界，把它视为救命稻草一般，似乎引入了社科法学，中国法学的面貌就焕然一新了。"社科法学"的内核是西方知识体系的产物，但作为一种中文学术的概念表达，最早却是由学者苏力提出来的。[❶]苏力之后，其实不仅中国法理学社会科学化了，就连整个中国法学多少也有点社会科学化了——或者说，当代中国法学正在进行一种社科法学的转型——过往常被认为虚弱和幼稚的中国法学，得以更好地融入社会科学共同体，一切事情似乎都正在朝着好的方向发展。然而，如果我们更深层次地去剖析问题，便会发现，并非可以这么简单地理解正在发生的一切——"法学研究"和"法学教育"，从来都不是同一个概念——特别是在中国，两者更是存在一种"两张皮"的现象——"法学研究"的逻辑，并不能当然地嵌入"法学教育"之中。于是，就社科法学而言，我们会看到，它可能的确是一种法学学术研究的前沿，但在法学教育这个层面，它却并没有成为共同体一致的信守。中国不是美国，我们的法学教育并不是一种以研究生为起点的法律职业教育，从某种意义上

---

[*] 作者简介：肖松，贵州大学法学院教师。
[❶] 苏力.也许正在发生——中国当代法学发展的一个概览[J].比较法研究，2001（3）.

来说，法学本科教育才是中国法学教育的基石，它带有一切最朴素的大学人文情怀和使命，是"中国梦"在法学高等教育领域的演绎，正所谓"不抓本科教育的高校不是合格的高校"❶。那么，作为基石的当代中国法学本科教育，是否应该敏感地去捕捉及回应本国法学研究正在发生的转型，从而选择一条最契合中国法学教育梦想的道路——这是中国法学亟须思考和解决的问题。

二、社科法学教育的限度

（一）并非通识教育

笔者并不想去评价"通识教育"本身，而只是想说明，"社科法学教育"并非一种"通识教育"。首先，从整体上来把握，尽管植入的情怀非常美好，但从现实来看，"通识教育"在中国大学更接近一种"文科教育"（liberal arts education）而非"社科教育"（social sciences education）——也就是说，它更接近中国高中教育阶段所理解的那种"文史哲"的"文科"，而并不是大学专业分工教育意义上的"人文社科"的"大文科"——正因如此，才实现了高中教育与大学教育某种层面的无缝衔接。然而，法学本质上是一种社会科学，社科法学其实是一种关于法律的社会科学，由此共识而生成的社科法学教育模式，终究是要在社会科学而非人文学科的维度下而展开。我们不可否认，某些社科法学的研究，带有很强的人文情怀和色彩，如苏力对法律与文学的研究及对中国古代宪制的研究，也可以算是社科法学的研究。但是，必须看到，那毕竟是一种少数派，绝大多数的社科法学研究，其实主要就是法经济学和法社会学两种范式❷，而且，最重要的是，教育和研究的担当是不同的——研究可以激进，但教育应该持一种谨慎负责的保守主义态度——在法学本科教育中去嫁接人文，看上去很简单，实则极难，近乎不可能。其次，具体来看，在法学教育中，经常会存在反"通识教育"的情形。因为法学教育倡导技术理性，"说理"能力的培养与"程序正义"的核心价值观的塑造，是法学教育的内涵和使命，"社科法学教育"同样走不出这一背景，而很多时候，"通识教育"认为"法本于情"或"法律不外乎人情"，主张"恶法非法"，它不仅和法教义相悖——和"社科法学教育"也是背道而驰的。

---

❶ 教育部部长陈宝生在2018年6月21日"新时代全国高等学校本科教育工作会议"上的讲话。
❷ 当然，近年来，强世功等人政治哲学的范式，也逐渐成了当代中国社科法学研究的一种主要路径。

（二）超越法教义的教育？

得到认同的是，和法学研究一样，在法学教育层面，社科法学的对立面仍然是传统的法教义。然而，如前所述，由于"法学教育"和"法学研究"并不等同，这里笔者不想陷入学界范式之争立场先行的"套路"，而只是试图很接地气地勾勒出两种范式下不同的法学本科教育图景。

例如，"开瓶费之争"。具体案情都可以省去，因为它并不影响对问题的实质探讨——问题的焦点在于，在中国的工商业社会和市场经济背景之下，商家对"开瓶费"的收取到底有没有法律上的正当性与合理性？这似乎是一个法学专业本科生以其所受的法教义教育能轻而易举回答的问题，甚或，这成其为一个问题吗？商家收取"开瓶费"，违背公平和正义，是典型的"霸王条款"，侵害了作为弱势群体的消费者的自由权利，当然不具备法律上的正当性与合理性。

这个案例完全可以从合同（格式合同）成立和生效的要件、解释方法及市场监管部门规范性文件的性质等标准的法教义角度去引导学生思考。也就是说，很多问题是可以在法教义的框架内来解决的，我们的教学不需要那么复杂。从本质上来说，对于法学研究，社科法学在知识视野和工具方法上，相较于法教义的确有"超越法学"的优势，这种优势也会映射在以研究性学习为导向的研究生教育上面。但是，单就法学本科教育而言，法教义和社科法学理论上有着同样的张力效果，我们有时觉得在具体教学中非要引入社科法学元素才能帮助教学，并非是社科法学对法教义的完胜，而是法教义在法学本科教育中的异化。很长一段时间以来，中国法学本科教育人文道德情怀过载，提倡"去匠气化"，忽视了法学的工匠教育本质，这种大背景之下，在教学中当然容易堆砌符号化的价值判断，离真正的本应该是技术理性的法教义渐行渐远。

三、社科法学教育在我国法学本科教育中的困境

（一）乌托邦的共同体

正如前面强调，法学教育和法学研究，并非是同一个概念，特别是在中国，往往存在"两张皮"的现象，于是，问题产生了非常微妙的一面。在法学研究层面，诚然，当代中国已经形成了一个具有良好学术生态的共同体——很多事实都支持这一判断：有固定的学术组织（社科法学连线），丰富的学术活动（社科法

学工作坊、阅读计划及法律和社会科学年会等），以及高水平的学术出版物（《法律和社会科学》集刊）等。在情感上，苏力及苏力的后继者侯猛、陈柏峰、桑本谦等众多社科法学学人因为给沉闷的中国法学界带来了耳目一新的感受，也得到了相当广泛的认同。但是，在法学教育层面，是否存在同样有生命力的共同体，是很让人质疑的。公开的言论表达和行动实践，我们并没有看到这些社科法学学人对在法学教育特别是法学本科教育中嵌入社科法学表现出同样浓厚的兴趣和坚毅的决心，也就是说，力主法学本科教育社科法学化的共同体基本是一种乌托邦的存在——法学教育，至少法学本科教育，从来都不是当代中国社科法学安身立命的方式。❶也许，这是当代中国高校重科研而轻教学的一个缩影。它固然有个体选择趋利避害的合理性一面，但教育之价值很多时候又恰恰是不能以利益来衡量的。

（二）高昂的成本

法学本科教育是最遵循主流和传统的。如果说法学研究生教育创新及转型的成本还比较低的话，那么法学本科教育的任何创新及转型，都将"牵一发而动全身"，付出高昂的成本。究其原因，法学研究生教育以学术培养为己任，理论上而言，越是个性化，学术影响越大，越有利于在学术竞争市场脱颖而出❷；而对于法学本科教育，其并非学术意义的，它要面向中国的法律职业技能人才培养，更多的是依附于高校的品牌效应和整体实力，脱离传统和主流，既没有充足动力，更不会产生巨大收益。这其实解释了普通法教育在当代中国大陆难以推行的一种隐晦原因，❸社科法学教育所面临的困境，大致同理。除了打破对主流和传统的"路径依赖"需要高昂的成本外，社科法学教育本身就是一种成本高昂的教育模式。在我看来，并非在法学本科教育中简单开设《法经济学》或《法社会学》这样的课程就可以称之为社科法学教育，它其实是一项纷繁复杂的教育系统工程。在师资培养方面，真正同时受过法学和经济学、社会学、政治学等相关社会科学系统知识训练并达到一定造诣也愿奉献于自身收益极小的法学本科教育基

---

❶ 诚然，这些当代中国社科法学学人也曾经及正在通过社科法学研习营等平台来进行社科法学知识的传授，但这更多的是一种社科法学学术后备人才的选拔，并非面向绝大多数学生的法学本科教育构成。

❷ 中国的博士研究生是一种彻底的学术化培养，毋庸置疑。但对于硕士研究生，这里主要是指学术型研究生，法律硕士专业学位研究生的培养过程，尽管尝试了各种综合试点改革，但并不见得和法学本科生有本质差别。

❸ 这种表达只是一种价值无涉的判断，并不意味着是对已故何美欢教授等主张中国大陆推行普通法教育并为之无私奉献的人士的不尊重。

业的人士不多，难以支撑起具有一定规模的社科法学教育；而在学生的素养和能力方面，整体上，就算是最顶尖法学院的学生，真正能去理解社科法学并将其作为自己的一种知识和技艺积淀的，其实也并不多见，面对以职业生涯规划为核心及归宿的种种外部压力，并非喜欢就可以任性。

四、社科法学背景下我国法学本科教育

（一）正确面对外部知识的"入侵"

社科法学浪潮在我国的兴起，本质上反映了这样一种事实：面对日趋复杂的社会环境，在封闭的法学体系内部，越来越难以提供足够的解释张力和制度建构的知识贡献。这个时候，来自社会学、经济学、政治学等社会科学的外部知识便自然形成了对传统法教义的"入侵"——这种"入侵"，不仅缓解了对法学本身的"审美疲劳"，也的确有助于我们更好地去理解和建构一个转型的中国，特别是转型中国的工商业社会和市场经济。但是，对待外部知识的"入侵"，我们得有一个正确——至少是相对正确的态度——特别是在法学本科教育这个问题上。"法律的社会科学研究，是对传统法学的一种补强"[1]，法学本科教育，适当引入其他社会科学的外部知识，有可能拓展学生的视野及提升学生的思维品性，应当给予积极的肯定。但凡事过犹不及，过分引入和依赖这种外部知识，反而会形成对学生本身法学知识的干扰，无助于甚至是妨碍对法律问题专业化的理解。法学本科教育，重在扎实的基础，而非培养通才。绝大多数法学专业本科生最需要的，是掌握专业化的法律技艺，而这恰恰是法教义教育模式的当然之义。但目前来看，并不能在社科法学理念下得以严格贯彻和完成。试想，一个法学专业本科生毕业之后走上刑辩律师之路，他（她）能以社科法学惯用的犯罪成本和收益分析套路为当事人进行辩护吗？可能还是不得不依靠刑法教义的犯罪构成知识。况且，如前所述，在法学本科教育这个层面，又有什么疑难问题是法教义本身无法解决而不得不借助甚至依附于外部知识的呢？

（二）重拾法学的"工匠之学"本质

很长一段时期以来，受大环境的影响，对于人文社科类专业，我们一直认为或至少是潜意识认为这些专业的高等教育是一种思想和情怀的教育，或多或少地

---

[1] 陈林林. 法律的社会科学研究 [N]. 光明日报，2010-11-09（理论版）.

忽视了工匠技能的传授。特别是对于法学专业而言，我们更是对其承载了符号化的公平正义观念，主张去其匠气。有人曾说：法科学生，如果胸怀公平正义，那么哪怕学艺不精，也不会给这个社会带来很可怕的后果；但反之，如果丧失公平正义，那么哪怕学艺再精，也是这个社会的灾难。从法理上来讲，法律是一种现实主义的产物，是关于经验规则的技术理性，其本质在于秩序，而所谓公平和正义，不过是一种价值判断，都是相对的。重拾法学的"工匠之学"本质，任重而道远。

（三）学术不是更高级的归宿

认为社科法学比法教义学前沿，从而推导出社科法学教育比法教义教育高级——这种思想，其实是广泛存在的。我们先不说关于这一推导的条件、结论及逻辑过程有太多可商榷甚至是谬误之处，其实它还透露了一种隐含的教育倾向：就算是对于法学本科教育来说，学术也是更高级的归宿——社科法学教育模式下，学生能受到更前沿更高级的学术训练，这对其将来的学术道路是绝对有百利而无一害的。然而问题是，为什么一定要引导本科学生去走学术道路？以及，学术果真当然是一种更高级的归宿？仍如前所述，法学本质上是一种蕴含工匠精神的应用性极强的学科，法学本科教育是面向绝大多数人的教育，其培养的人才，走出"象牙塔"之后，绝大多数终究要回归现实社会，从事定纷止争和制度建构的法律职业，如果过分渲染法学本科教育的学术色彩并以学术标准来打造学生，那么其实是一种缺乏本科教育社会责任感的表现，有违教育民主，更没有尊重因材施教的教育理念。法学本科教育还是要以系统、全面和扎实的法律知识传授为根本，以真正意义上的法律职业为导向，这才是法学本科教育的气质。

（四）经院式教育和社会教育的竞争

尽管社科法学教育和法教义教育有着不同的偏好，但本质上而言，二者都属于一种经院式教育，或者说法学院的教育，它们有着共同的外部竞争者——法学的社会教育。在早些年，这种法学的社会教育主要就是一种律考或司考的辅导培训模式，并不被经院教育所重视，甚至在经院教育的眼中，多少有些对这种速成的辅导培训模式鄙视的意思。经院教育似乎认为，一纸法律职业资格证书，绝对不是法学本科教育的终极目的。社会化的辅导培训模式，完全是在"填鸭"式培养，并不带有法学教育本身的情怀和价值导向，终究成不了气候。在实践中，经院教育也总是在排斥和抵制这种社会化的辅导培训模式。然而，问题似乎并非这样简单和当然，社会化的律考或司考辅导培训机构，已经从当初的小作坊发展到了规模资本运作支持的教育产业公司集团，我们应正确看待经院教育和法学社会教育之间的竞争，贡献于包括法学本科教育在内的整个中国法学教育体系——这是教育改革的"初心"。

《知识产权法》混合教学研究

李 萍[*]

有学者认为，学习结束后，学生能够掌握的知识，能够形成的思维方式，并不取决于他们学习了哪些课程，而取决于教师是如何讲授课程，讲授质量如何[❶]，因此能否讲授好《知识产权法》，决定了学生掌握该门课程的好坏。由于单纯课堂教学讲授《知识产权法》存在诸多问题，笔者对本科《知识产权法》课程实施了混合教学，即融合课堂教学与线上学习的教学模式，目标是"在恰当的时间应用合适的学习技术达到最好的学习目标"[❷]。

一、实施《知识产权法》混合教学的原因

（一）纯粹课堂教学存在的问题

《知识产权法》是法学本科专业的必修课程，多数学校将课程安排在三年级。在多年的教学中，笔者发现只通过课堂教学讲授《知识产权法》存在以下问题：①课程内容丰富与课时不足之间的冲突。《知识产权法》的课程内容包括商标制度、专利制度、著作权制度及其他知识产权制度，而目前的课时只有32学时，平均每种制度的教学时间只有8学时，可其中任何一种制度所包含的丰富内容都是在32学时内无法完成的，更别说是在8学时内完成了。在以往的教学中，任课教师只能选取部分内容讲授。②师生之间信息反馈不及时。提升教学质量的关

---

[*] 作者简介：李萍，法学博士，贵州大学法学院副教授。本文是贵州大学法学一流专业精品课程建设项目"《知识产权法》精品课程建设"研究成果。

[❶] 德雷克·博克.回归大学之道——对美国大学本科教育的反思与展望[M].2版.侯定凯，等译.上海：华东师范大学出版社，2012：29.

[❷] 余胜泉，路秋丽，陈声健.网络环境下的混合式教学——一种新的教学模式[J].中国大学教学，2005（10）：50.

键之一是任课老师能否及时评估学生对课程内容的掌握程度。教学过程就是信息发出与反馈的过程。作为提供信息的教师所要表达的意思，不一定会被学生"准确地"接受，这里的"准确"是指学生所获取的意思与教师所表达的信息一致。现实中常出现学生误读教师传递信息的情形，而要发现学生是否准确地接受了老师传递的信息，最直接的方法就是布置任务，并对学生完成任务的情况进行分析与评价。完成这一评估主要有两种方法：一是在课堂上提问并要求学生回答；二是布置课后作业。就第一种方法而言，由于《知识产权法》课时有限，并且为大班课程，一个班有140多名学生，如果频繁在课堂上提问，其效率不高，并且会影响课程的整体进度。第二种方法虽然不影响课堂教学，但如果老师不能及时将批改作业的信息反馈给学生，或者只是简单地将分数告知学生，都不能达到启发学生发现问题，并引导学生解决问题的目的。相反，如果教师能针对每个学生的完成情况及时做出反馈，采用启发式教学，引导完成不好的学生重做，就能帮助学生真正内化知识。

（二）单纯线上学习存在的问题

有学者提出，现有网络教学平台普遍存在的四个问题，主要包括学习课程单向性、教学方式缺乏互动性、学习评价缺乏真实性、学习方式缺乏灵活性[1]。但随着网络技术的运用，传统的网络教学平台已经实现了异构接入，也就是学生可以在电脑使用网络教学平台，也可以在手机、平板上使用平台。笔者认为，单纯的线上学习存在三个问题：①不利于激发学生的学习热情。单纯线上学习只有纵向的师生之间"教—学"关系，缺少横向的"学—学"关系。后者是指学生与学生之间相互竞争而形成的环境。在课堂教学中，所有学生处于同一环境之下，相互之间会形成比较与竞争，而"竞争环境会激发学生的学习热情，使其获得成就感与自豪感，形成集体意识和团结意识。"[2] 单纯线上学习只存在纵向的"教—学"关系，刚开始时出于新奇，可能激发学生的兴趣，但在为期16周的学习过程中，如果仅有纵向关系，学生极易倦怠。此外，从课程调研结果看，学生遇到学习问题时，首要选择是与其他同学交流讨论，在无法解决时，才会向教师咨询，可见，"教—学"关系与"学—学"关系共同构成了有效的学习环境。②教师对学生的监督较弱。单纯的线上学习教师无法监督学生是否按要求完成了

---

[1] 徐苑苑，张际平.基于云架构的网络教学平台设计与实现[J].远程教育杂志，2013（3）：71.
[2] 尹淑娟.小组讨论教学应实至名归[J].中国教育学刊，2015（12）：96.

学习，如学生是否按要求，在闭卷的情况下完成测试，还是在开卷情况下完成，或存在抄袭情形等；又如学生是否认真完成视频观看，还是打开视频后从事其他事项等，教师都无法监督。③教学缺少面对面互动。"教学过程是师生交往、积极互动、共同发展的过程，是教师的'教学'行为与学生'学习'行为的统一，而这种统一的实质是互动。"❶在实现"互动"上，单纯线上学习与课堂教学相比存在两项特点：一是教师不能根据学生学习情况及时调整教学内容。单纯线上学习往往是教师将预先设计好的内容放于网络教学平台，学生在平台上获取资料学习，由于缺少面对面的互动，教师无法根据学生的学习情况调整自己的教学内容。二是线上学习互动的延时性。线上学习的最大特点是学生可以根据自己的时间安排课程的学习，如此便可能使教学互动延迟，进而延长了教师的工作时间，增加了工作量。

由于课堂教学与单纯线上教学都存在自身难以逾越的不足，而两者的缺陷却在一定程度上可通过对方的优势得到弥补，因此，融合两者形成的混合教学模式具有重大意义，"混合学习已成为高校教学改革的重要内容，基于高校网络教学平台的混合学习模式应用将为高校教学改革提供一个新的思路"❷。

二、构建《知识产权法》混合教学的思路

（一）混合教学应解决的问题

对《知识产权法》采用混合教学，主要是为解决以下问题：①《知识产权法》的学时有限，难以在课堂上完成全部教学任务，必须通过拓展教学空间的方式延长教学时间。利用网络教学平台，将部分任务放于教学平台，学生可在课前、课后完成，从而解决学时不足的问题。②教师不能及时获取学生学习效果的反馈。在以往的教学中，学生完成作业后，只能知道自己的分数，但不清楚自己错的原因，不能及时认知错误并加以改正。通过线上学习，教师将未能达到一定标准的作业或测试打回由学生重做，并在打回通知中引导学生发现错误，解决问题。这样不仅可以提升学生对知识点的掌握程度，还可以培养学生的自主学习能力和知识运用能力。

---

❶ 马志远，孟金卓，严峻鹏.教学互动对教学质量影响的实证分析——基于上海一所地方大学的实证研究［J］.复旦教育论坛，2011（2）：51.
❷ 黄德群.基于高校网络教学平台的混合学习模式应用研究［J］.远程教育杂志，2013（3）：64.

（二）混合教学应实现的目标

《知识产权法》的混合教学将教学模式改革从"以教为主"转向"以学为主"，目标就在于培养学生自主学习的习惯，提升学生自主学习的能力和运用知识的能力。首先，"'以学生为中心'的高等教育把学生视为教育改革的主要参与者，学生在学习过程中要成为主动实践者，因此，自主学习能力尤为重要"❶。自主学习能力的形成应先具备自主学习的意识，即学生产生学习自主性。学习自主性又包括学生对为什么学习、能否学习、学习什么、如何学习等问题有自主的意识和反应。❷在自主性意识的支配下学生对为什么学、学什么、如何学、在哪学、学的效果如何有清晰认知，并以此指导自己的学习，进而形成自主学习。其次，提升学生的知识运用能力也是混合教学的目标。学习就是为了具备运用知识解决问题的能力，但如何将理论知识与实践问题相联系，如何运用知识解决问题，还需要思维与方法作为桥梁，具体到《知识产权法》课程上，就需要培养学生的法律思维与法律方法，并在此基础上提升知识运用能力。

（三）混合教学采用的平台

"目前比较流行的网络教学平台有 WebCT、Blackboard、Angel、Atutor 及清华大学的 Ecourse 等。"❸笔者使用的是"贵州大学研究生院网络教学平台"，可通过电脑登录，也可通过手机登录，手机登录时使用"学习通"App。该平台具有以下功能：①发布学习资料，包括知识点概要、微课视频、自学测试题、课后作业等；②管理学生，包括作业打回、在线点名、监督学习、统计成绩等，但其监督学习功能只限于向成绩排名靠后的学生发出通知；③在线讨论、交流；④链接超星图书馆，提供各类电子图书、学术视频、课件、论文等教学资料和学习资源，教师可以在平台上直接将与课程相关的资源推送给学生。

三、《知识产权法》混合教学的课程设计

混合教学模式应当实现知识传递、知识内化与知识补充的完整过程，❹为实现这一过程，《知识产权法》的课程设计应当分解为课前准备、课堂内容和课后任务三个部分：课前准备——知识传递；课堂内容——知识内化；课后任务——

---

❶ 王晓静.非英语专业学生自主学习动机与元认知策略的关系［J］.外语教学，2014（5）：72.
❷ 刘畅.学生自主学习探析［J］.教育研究，2014（7）：132.
❸ 张国辉.运用网络教学平台构建混合课堂教学的探索［J］.大学教育，2018（1）：142.
❹ 罗国锋.文献检索课 SPOC 混合教学模式构建与实践［J］.图书馆论坛，2016（4）：74.

能力提升与知识补充。同时既然"教学"是老师的"教"和学生的"学"的融合，教师在进行课程设计时，就应当将这一理念贯穿始终。

（一）课前准备

混合教学模式中，课前准备的目标是，将原本在课堂上完成的知识转移，交给学生在课前完成。成功的知识传递至少应具备两个条件：一方面对说者而言，说者应当拥有知识，态度诚恳并具备相应的能力、权威和资质；另一方面对听者而言，必须信任和理解说者。❶《知识产权法》教学模式改革后知识传递由学生通过自学完成，为保障知识的成功转移，教师在设计课前准备部分时，应当注意以下两点。

1. 选择合适的教材

首先，教材应当具有权威性。知识传递的基础是说者的权威性，它易于听者接受知识，并达成知识共识。其次，教材的难易程度在学生的能力范围之内。例如，对于法学研究生而言，本科已经学习过《知识产权法》，教师在选择教材时，就应当增加难度，否则不易激发学生的学习兴趣，易让学生产生厌学情绪。而对法学本科生而言，初次学习《知识产权法》，则不宜选择较难的教材，否则同样会令学生厌学。

2. 编写恰当的自学指南

由于知识传递需要学生自主完成，可学生刚接触到《知识产权法》这门课程，尚不具备对该课程的整体认知，在自学过程中难免"盲人摸象"。为帮助学生实现有效的知识传递，教师应当在反复熟悉教材的基础上，结合教学大纲编写自学指南，指导学生有效完成知识传递。自学指南应当包括以下内容：①明确学生在通读教材的基础上，重点阅读的范围。因教学大纲与教材在顺序、内容等方面存在差异，自学指南应当明确学生通读教材后，重点阅读教学大纲中涉及的内容，具体到教材的章、节、页码。②明确学生应当理解的知识点和在理解基础上应当熟记的知识点。王泽鉴教授认为，一个人经由学习法律，可以获得三种能力：法律知识、法律思维和解决争议。❷ 熟记法律知识，有助于法律思维与争议解决能力的养成。可对于刚接触《知识产权法》的学生，并非都能确定教材中哪些内容是需要熟记的，这就需要自学指南提供指导。③编写难易适中的自学测试

---

❶ 徐献军，丛杭青.论知识传递[J].科学学研究，2005（3）：302.
❷ 王泽鉴.法律思维与民法实例——请求权基础理论体系[M].北京：中国政法大学出版社，2001：1.

题。在自学中，自学测试发挥重要作用：第一，它可以帮助学生检测自学的效果，及时发现自学中存在的不足与疑惑。第二，它可以激发学生的学习兴趣。自学测试是一种任务，在学生较好地完成任务时，能获得成就感，进而激发学习兴趣。自学测试题的设计一定要难易适中。过于简单的题目学生易于完成，容易使学生丧失对课程的兴趣；难度过高又会打击学生的学习自信心。因此，自学测试题应当是考查知识点的基础题目占1/2左右，考查知识点运用的简单题目占1/4以上，考察灵活运用知识点的题目少于1/4，通过增加任务难度，可以调控学生的学习兴趣。

（二）课堂内容

不同于传统教学，《知识产权法》的混合教学要求学生在课前通过自学完成知识传递，因此教师不宜在课堂上讲授所有知识点，课堂应当以引导学生内化知识作为主要目标。通过自学、自学测试与答疑，学生已经在自己的认知结构中形成了关于《知识产权法》的基础结构，但尚未将其与已有知识结构完全整合，尚不能熟练运用新知识解决较难问题，即学生通过自学获得的知识未能被完全内化。所谓知识内化"就是把教材中的外部知识经过学生认知活动重新组合转变成其内部的知识，也就是使教材新知识与学生主体认知结构中原有知识建立内在联系，形成其新的认知结构（头脑里的知识结构）"[1]。实现《知识产权法》课程知识的内化，就是让学生理解知识产权法的知识点，将其融入已有知识结构，能够运用它们解决问题。笔者认为这个过程必须借助课堂教学得以实现。为此，教师应当设计好课堂教学的内容：①引导学生正确理解知识点的内涵与外延。知识产权制度是科技、经济与法律相融合的产物，相比其他法律制度，具有较高的抽象性和一定的技术性，如何帮助学生正确理解抽象性、技术性的知识点，是知识内化的重要组成。②帮助学生搭建知识产权法的知识体系。《知识产权法》由著作权制度、专利权制度、商标权制度、商业秘密制度等组成，应当让学生既理解每个知识点，又能掌握《知识产权法》的体系框架，从点到面全方位掌握知识产权制度。在此基础上，学生能确定《知识产权法》是独立于其他部门法的法律制度，扩大已有认知结构。例如，学生在学习《知识产权法》前已经学习过《民法总论》《物权法》《合同法》等民事制度，学生已有的认知结构已经明确——民

---

[1] 周天梅.论知识内化教学——一个素质教育的关键问题[J].西南民族学院学报：哲学社会科学版，2001（8）：209.

事法律调整平等主体之间的人身关系与财产关系，物权与债权是主要的财产关系。在内化《知识产权法》知识后，学生形成新的认知——财产关系中还包括知识产权。为达到内化知识的目标，《知识产权法》的课堂内容设计至少包括以下方面：①针对每一章节制作知识点框架结构，要求学生填写支撑结构的具体知识点，以此帮助学生搭建《知识产权法》的知识体系。②针对疑难知识点，设计教学案例，通过教学案例帮助学生理解、掌握疑难知识点。③设计若干知识点测试案例，通过反复练习，达到内化知识的目的。

（三）课后任务

《知识产权法》课后任务的目标有两个：一是提升学生的知识运用能力，合格的法律人才必须具备专业知识、法律思维与实务技能。专业知识已通过知识内化得到解决，法律思维也在内化过程中得到一定练习，但还需要加强。在学生充分掌握专业知识与法律思维后，也就具备了纠纷解决能力。所以，课后任务的设计就以提升学生综合运用知识解决问题能力为目标。二是引导辅助部分学生进行个性化学习。《知识产权法》安排在大三下学期（3月至6月），除了本课程以外，学生还有两门必修课和若干选修课，而此期间也是学生准备司法考试和研究生入学考试的关键期，学生将大部分时间用于准备司法考试或者研究生入学考试，留给《知识产权法》的时间甚少。在这种情形下，还是有不少学生倾向更多地学习《知识产权法》，对这部分学生可进行个性化学习引导，针对性地设计专题讨论、热点关注等，引导这部分学生拓宽知识。为此，课后任务的设计包括两部分内容：①课后作业的设计。这是所有学生必须完成的，笔者根据实务案例或热点、难点问题撰写的案例往往涉及多个知识点，甚至不同的部门法，其目标在于考查学生是否理解知识点，是否能搭建知识体系，是否掌握法律思维，能否进行法律推理，法律论证是否准确、清晰等。②专题讨论问题设计。对于教学大纲之外的扩展性知识，通过结合当前热点、难点纠纷设计成讨论问题，引导学生查阅相关资料后，进行讨论，从而达到引导部分学生个性化学习的目标。

四、《知识产权法》混合教学的实施

（一）教学方法

教学方法是"教师达成教育目的之手段的体系，是教师教学实践力的最直观表现"❶。《知识产权法》课程的目标定位于培养学生自主学习的习惯，提升自主学习的能力和运用知识的能力。在课程内容已经设计好的前提下，通过何种方式将这些内容呈现给学生，达到最好的效果，也是本次课程改革目标能否实现的关键之一。为此，《知识产权法》混合教学除了采用传统的讲授式教学、案例式教学外，还应当采用以下教学方法：①启发式教学。启发式教学需要教师根据教学目标和内容，从学生的知识基础、认知结构等实际出发，引导学生积极思维，使他们主动获取知识、发展智能。❷启发式教学贯穿《知识产权法》整个教学过程，采用的启发手段有案例对比、相关知识引导、反证法等。启发式教学需注意：教师的职责是引导，应当让学生自己解决问题，而不是直接告知答案；注意学生个体的悟性差异，循循善诱，不能勉强压制。②任务驱动式教学。任务驱动式教学奠基于构建主义理论的基石上，是指采用与教学内容紧密相关的任务来驱动学生学习的一种教学方法。❸此种方法能够有效培养学生自主学习的能力和运用知识的能力。《知识产权法》课程改革中的自学测试题、知识点测试题、课后作业、专题讨论等都采用任务驱动式教学。③对话式教学。对话式教学是以"教学对话为主要手段和形式的教学方式与方法"❹，有助于培养学生的批判性思维，有助于提升学生的表达能力，有助于提升学生的自信心等。《知识产权法》课程改革的对话式教学主要用于两处：一是答疑；二是专题讨论。在答疑和专题讨论中，老师针对问题与学生展开平等对话，既能达到解惑的目的，又能培养学生独立思维的能力。

（二）课程组织

课程组织解决的是教学内容与教学方法是如何融合的问题。既然"教学"是师生互动的结果，《知识产权法》的课程组织也应当从学生与教师两个方面进行。①课前自学。课前学生需要按照自学指南，完成知识从教材向自己的传递，完成自学测试题。教师批改自学测试题，网络教学平台会对自学测试题完成情况进行分析，教师能够及时发现学生普遍未答好的题目，能在课堂上为学生答疑。②课堂组织。课堂上教师首先解答学生提出的问题，然后提出简单的知识点案例，测

---

❶ 钟启泉.教学方法：概念的诠释［J］.教育研究，2017（1）：95.
❷ 李慧勤，李红君.现代启发式教学的内涵与实施［J］.中国高等教育，2008（10）：21.
❸ 王瑞娟，印志鸿.基于微课的翻转课堂在任务驱动式实践教学中的应用［J］.现代教育管理，2017（12）：86.
❹ 杨丽，温恒福.启发式教学与对话式教学辨析［J］.教育探索，2011（2）：52.

试学生对知识点的掌握程度；提出针对疑难知识点设计的教学案例，通过教学案例分析讲解知识点，帮助学生内化知识；最后提出复杂的知识点案例、司考真题，测试学生对知识点的理解，训练学生的知识运用能力。③在线互动。课后教师通过网络教学平台向学生发放知识点测试题或课后作业，及时批改，如果学生完成情况不理想，教师会将作业打回，要求学生重做，并在通知中明确告知打回理由，引导学生得出正确答案。此外，认真填写每份作业的评语也非常重要，因为及时向学生反馈其任务完成情况的好坏，就会形成对学生的激励或引导，进而提升学生的学习兴趣。此外，在线答疑与专题讨论也是在线互动的主要方式。

（三）评价标准

课程的改革应当配备相应的评价标准。过去以期末考试作为主要的考核标准，但混合教学模式下，这种考核方式就不能客观地反映学生的学习情况与学习效果。既然混合教学的目标在于培养学生的自主学习习惯，提升学生的自主学习能力和知识运用能力，相应地对学生的考核也应当体现这三个方面，考核应当贯穿课程的始终，并且对平时学习的考核比重应当大于期末考试的比重。为客观考核学生的自主学习情况，平时学习的考核标准应包括自学测试、知识点测试与课后作业的完成情况，视频观看情况，网络教学平台访问次数，签到情况，课后提问与参考讨论的情况等。期末考试则侧重学生知识运用能力的考察，因此考试题目的设计应当偏重于知识运用型题目。

五、结　语

混合教学已经成为高校教学改革的重要组成，对《知识产权法》采用混合教学势在必行。融合了课堂教学与线上学习的混合教学，之所以能够解决《知识产权法》教学的诸多问题，关键在于周到的教学设计与灵活的教学组织。不可否认，《知识产权法》混合教学延长了教师的工作时间，增加了教师的工作量，但采用这种模式讲授课程，将使学生更有效地内化知识，在培养学生自主学习的习惯，提升学生自主学习的能力与运用知识的能力等方面都发挥了极好的作用，确实值得。

行政法课程教学改革的探讨

吴红宇[*]

行政法存在广义和狭义之分，狭义的行政法仅指调整行政主体和行政相对人之间行政管理关系的实体法，而广义的行政法既包括行政法这部实体法，也包括行政诉讼法这部程序法。本文采取后者观点。

一、行政法课程教学改革的现状及问题

（一）行政法课程教学改革的现状

在法学教育教学改革的大背景下，行政法这门课程的教学经历了从传统的讲授式教学模式到以讲授为主，辅以案例教学、科教融合和研讨式的互动教学模式的改革过程。更确切地说，这门课程在课时、教学内容和教学方法上都发生了不同程度的变化。

课时上，不断缩短学时。从原来的 72 学时缩减到现在的 48 学时。教学内容上，逐渐偏向理论性、外延化。教学方法上，也从一开始的单一式，即从概念出发，分析其特征，延伸至这一理论在实践中的适用状况等这种纯理论教学方式，发展到课堂上以案释法、师生共同探讨和将教学和科研活动融为一体的新型教学模式。

然而，行政法作为我国的部门法之一，在体系上却有别于民法和刑法这两者。因为，无论是民法还是刑法，都具备法典化特征，有着一套相对完善的理论体系，而唯独行政法是个例外，迄今为止仍是由多个单行法律、法规和规章制度组建而成，并未形成一部行政法典，其在理论上也是百家争鸣的现象。所以，老

---

[*] 作者简介：吴红宇，贵州大学法学院教授，主要研究领域为行政法与行政诉讼法。本文为贵州大学法学院一流专业建设课程改革项目。

师在教学中难以构建一个完整的理论体系，学生在学习中也难以系统学习。行政诉讼法是一门实践性很强的程序法，它需要学生详细把握其在实践中的运行程序及其所要达到的法律效果。在课时缩短、理论比重扩大的情况下，很多老师在教学中对这部分内容选择简化处理，即让学生自行学习或通过模拟法庭的形式进行指导。在现行教学体系下，即便是采取案例教学法，其侧重点也多集中在实体法的理解上。显然，这样的改革在实践中还存在着很多问题。

（二）行政法课程教学改革存在的问题

学生学习应注重"三重对话实践"的耦合，即处理好学生与书本的认知性，学生与同伴的社会性和学生与自我的反思性、伦理性之间的关系。教学改革过程中应当谨记教育的规律性，处理好课程与教学、老师与学生、教与学这三对关系，既不可墨守成规，亦不宜盲目跟风。毕竟，"学习是一种能动的活动，一种对话性实践，绝不是教师片面灌输的、被动的活动"[1]。但是令人费解的是，在这样的思想指导下，我国对行政法这门课程的改革还是没有能够实现这三对关系的平衡。

1. 行政法科学研究比重大于教学

在对行政法课程的教学改革中，之所以会出现重科研、轻教学的情况，主要有两方面的原因。一方面，随着科研成果和评教、评职称紧密挂钩，越来越多的宪政法方向的老师将工作重心转移到科学研究上，将教学工作视为学校分配给自己的一项任务。但人的精力是有限的，一个人很难在同一时间段同时高质量地完成不同的事情，所以，他们中很多人对待行政法教学工作秉持着只追求数量上的圆满，而不论质量效果如何的态度。另一方面，行政法的知识体系庞杂，其本身就构成一个部门法，其间囊括了行政主体法、行为法、程序法、组织法等。如果老师倾向于教学，势必需要倾入诸多心力去准备课程内容和设计课程结构。相比较之下，这种理论界呈现出百家争鸣现象的学科，做好学术研究活动带来的收益较之追求教学效果要显著得多。因为一个好的科研项目带来的效益不仅包括物质上的满足，还有精神上的享受。如此一来，很可能挫伤追求教学效果的老师们的积极性。

---

[1] 钟启泉. 有效教学的最终标准是学生成长 [J]. 中国教育报, 2007 (6).

2. 行政法知识体系的构建重于学习方法

就目前的教学改革状况而言，行政法课程内容的改革还是侧重于法律概念、特征和适用情况的不断纠正，旨在追求行政法的法典化，即以构建学生的知识体系为侧重点。老师课上通常采取从法律概念的辨析到特征和性质的解析，再到法律适用意义的阐释，最后采取三段论式的推理方式进行理论论证的讲授方式。这种方式侧重于规范知识的输入，但对于如何获得并输出知识并不涉及。当然，笔者并不否认行政法知识框架构建的必要性和重要性，只是对于初学者而言，首先应该弄明白的并非仅仅是"是什么"，还包括怎么弄明白。正所谓，授人以鱼不如授人以渔。此外，行政法也是一门实用性很强的学科，如果只是重视知识体系的建立，而不去研究如何运用这些知识的方法，便会造成"茶壶煮饺子"的现象。

3. 侧重行政法理论知识的讲解

理论和实践之间，知之愈明，则行至愈笃；行之愈笃，则知之益明。两者之间是相辅相成，缺一不可的关系。但是，在行政法课程教学改革的过程中，因教学条件、教学资源和教学态度的原因，人为地割裂了理论和实践两者之间的关系，出现了只重理论而忽视实践的局面。例如，行政诉讼法是一部程序性很强的法律，具有重大实践意义，它需要学生通过实际运用去探索某项程序背后所蕴含的法理、法律价值。如果只是局限于课堂上纯粹的理论知识讲解，将不利于学生们对这部法律的深入理解。

二、行政法课程教学改革的一些措施

在已经进行的教学改革中，我们根据社会发展的需要和学生自身发展的需要，在行政法课堂教学中主要采纳以下三种新的教学模式，以期能够达到行政法教学改革的目标。

（一）引用行政法案例教学

行政法课堂上的案例教学法，实则是一种启示性教学方式，主要由老师根据行政法教学目的和教学内容的需要，挑选一些在行政执法过程中真实发生并具有争议点的或改编和撰写一些与课程内容密切相关的小型案例并加以设计相应的行政法问题，用以说明行政法概念、行政执法程序的合法性、合理性和正当性或论证理论观点等，最终引导学生们在分析案情的过程中能够提出解决问题的对策。

这种教学方式对于提高学生分析行政法律关系的思维能力和解决行政法律问题的行为能力大有裨益。

但是，这种教学方法需要老师和学生们在课下做大量的准备工作，比较耗费时间和精力。首先，老师需要做好充分的行政法教学准备工作，选择适合学生分析的行政法案例。不能只是随意选择几个案例，设计几个问题，然后发放给学生，让学生自由发挥这么简单。而应从案例的选择和问题的设计开始，综合考虑学生们的学习情况并对他们分析案情和解决案件时的情况进行预判，以便制订和随时调整讨论方案，避免学生因知识超纲造成困惑进而对此产生厌倦感。也就是说，老师不仅要指导整个流程，也要参与整个讨论环节，时刻掌握学生的学习动态，及时为学生答疑解惑。在课时缩短的情况下，课堂给予我们的时间是有限的，为了充分把握案件信息，最大化实现案例分析教学的宗旨，还需要学生在课堂之外，积极组织小组讨论和加大小组之间的交流力度。

分组讨论式、群体辩论式、师生互动式和模拟法庭式，这些都是案例教学法的表现形式。多种形式的呈现方式虽然也为案例教学法的实施提供了可行性，但是这种教学方式所取得的效果并不理想。就分组讨论式而言，学生们在分组时已经习惯于抱团取暖，习惯于不劳而获。所谓抱团取暖，就是寻找可以庇护自己的同伴，为不劳而获奠定基础。不劳而获，就是在一个有积极、认真和负责的同伴的组里，即便不作为也能获得较高的收益。就群体辩论式而言，在大班教学背景下，实际参与辩论的也就是那么几个平日里积极主动的学生，很难发动集体参与辩论。就师生互动式而言，以老师为权威的学生大有人在，他们已经习惯于老师说什么就是什么的思维模式，对老师的观点基本上持同意态度，即便有不同意见也不敢轻易提出。就模拟法庭式的教学方式而言，其设立的本质是好的，原则上是可以提高学生的行政法律思维能力，但在当下，学生们的参与积极性并不高，老师的介入力度也不够，都为其功能的实现增加了不少阻碍。

（二）融合行政法教学活动和科学研究活动

有学者提出，行政法的教学目标除了培养学生的行政法律思维和法律职业能力之外，还应该培养学生的行政法学研究能力。所以，科教融合的教学模式应运而生。行政法课堂上的这种教学模式是指将科学研究活动和教学活动糅合在一起，要求行政法老师将自己在学术领域内的科研成果转化为教学内容，旨在向学生们传达行政法学术界的前沿理论，鼓励学生积极加入科学研究的行列中。

这种教学模式虽然在一定程度上能够转变老师对学生单向灌输行政法律知识的讲授式传统教学模式,也确实可以激发部分学生探求行政法学真理的激情,但是其本质上还是未能改变以教师为中心的教学局面,因为课题研究方向的主导者还是老师。此外,这种过度追求学术能力的态度,与孔夫子提出的因材施教的教学理念是不相符的。毕竟不是每个学生都会醉心于学术研究,也不是每个学生都擅长学术活动。我们还是要针对每个学生的实际情况,制定一套适合于所有学生发展的教学制度。否则这种模式对部分学生而言,无异于揠苗助长,有百害而无一利。

学生学习行政法学的目的是提高对自己的行政执法能力和对行政法学书本知识的认知度,行政法教学不同于其课程的关键在于,教学的关键是教和学,是一个动态的过程,课程的关键是教材,是一个静态的事物。行政法教学的目的是以《行政法与行政诉讼法》这本教材为基础,传授学生理解教材的方法知识,培养学生将教材中记载的知识转化为解决司法实践问题的能力,同时期望可以出现教学相长的境遇。科教融合的教学模式,是通过将行政法学老师的科研成果转变成讲义,向学生们传达行政法学专业领域的前沿知识,以此展开行政法教学活动。前沿理论知识更多地适合研究和探讨,对于实践活动的指导意义并不十分密切。结合行政法教学的目的而言,科教融合这种教学方式的目的是鼓励和引导学生从事学术研究活动,它与行政法教学的目的背道而驰。

(三)提高师生对行政法问题的研究讨论力度

研讨式,即研究讨论式。这一教学模式是由郭汉民教授率先提倡的一种新型教学模式,旨在能够弥补因行政法知识的零散性、师生在课堂上缺乏互动性和教学案例的抽象性等因素带来的不足。简单地说,就是集中所有分散的教学方式,以求形成一套完整的教学方案。

这种教学方案主要是在教师的主导下进行,也就是说,学生根据老师的引导选择一个行政法学研究方向并组成小组,待题目确定后先独立思考研究思路,再积极参与小组讨论,最后以小组的名义在班级进行讲解并由老师对这个研究课题进行总结和点评。毋庸置疑,这种教学方式具有一定的优势,它确实能够在一定程度上调动学生主动学习行政法领域相关知识的积极性,也能够训练学生独立思考的能力和解决行政法学问题的能力。

但是,这种模式也存在着一些弊端。一方面,这个模式的运作看似只有五个步骤,但是每个步骤所要做的工作量并不少。比如选题阶段,虽说是在老师的指导下确定的选题，但是学生在这个阶段不仅要考虑老师的意见还要自己去查阅相关资料，以判断自己的能力能否驾驭这个选题；独立探索阶段，虽说互联网的普及实现了不出门尽知天下事的目标，但是信息量也呈现出爆炸式增长，这就需要学生在有限的时间里，从浩如烟海的信息库中提炼出自己需要的信息，这让学生有点吃不消。另一方面，这种模式大多以布置作业的形式展开，以组为单位，以星期为周期让学生轮流展示自己的成果。这种形式下学生的实际情况与预想的大相径庭，本来是一周的准备时间，但大多数学生会自发性地选择一天更甚者用一晚上的时间草草准备。可见这种教学模式在实际上并不能达到充分研究和讨论的目的。

三、行政法课程教学改革效果不理想的原因分析

（一）行政法教学改革目标不明确

虽有学者提出行政法教学改革的目标是培养学生的行政法法律思维能力、法律职业能力和行政法学研究能力，但是在各大高校就行政法这门课程而言，并未确定一个长期稳定的教学目标。通常而言，高校对行政法教学目标都是一个相对模糊的概念，即从宏观上制定一个模糊的教学目标，如培养学生的行政法各方面的能力，但是这个教学目标也会因授课老师自身能力的不同有所扩大或缩小，没有一个相对稳定且实际可行的目标。另外，我们对于教学目标的实现程度并没有一个明确的评判标准。因为目标本身就具有模糊性，所以该如何评判这一教学目标的效果就更不明确了。

（二）行政法教学改革忽视了学生本位原则

从逻辑层面上来说，大学教学改革的价值定位应包括社会本位、知识本位和学生本位三方面。[1] 但是，我国大学教学改革程序的启动，一般都是学校为了提升考研率或提高就业率，或应家长对学生的要求和社会对人才的需求而提出的。很少有单纯地从满足学生需要的角度出发，启动教学改革程序的情况。这些改革动机体现的只是教改的社会本位逻辑和知识本位的逻辑。

行政法教学改革也应该致力于实现学生利益的最大化，毕竟行政法这门课程的教学目标是培养学生的行政执法能力、行政法律思维能力和科学研究能力，也

---

[1] 周光礼，黄露.为什么学生不欢迎先进的教学理念？——基于科教融合改革的实证研究[J].高等工程教育研究，2016（2）.

就是说改革的最终落脚点还是学生。由此可见学生才是行政法教学改革的重要利益相关者，他们的意见和需求应该得到充分重视。但是，现有的案例分析、研讨式和科教融合式的教学方式，更多的还是以教师为中心，而非以学生为中心。

（三）大班授课，行政法教学资源匮乏

从实践来看，法学是一门门槛很低的学科，任何人都可以涉猎。所以近些年，法学专业不断扩招，法学院的学生数量也越来越多，但师资力量并未做相应的提高。现在的法学院不论是本科生还是硕士研究生都是采取大班授课的方式，进行法学教育。这种授课方式可以弥补师资力量不足的缺陷，但是对于提高法科生的法学思维能力和解决法律问题的能力并没有很大的帮助。

一方面，行政法学的知识本就晦涩难懂，行政法这门课程的课时量非常有限，这也就意味着学生们需要在有限的时间内尽可能地准确理解和掌握行政法学的基础理论。但是大班教学主要还是填鸭式的知识灌输，受众数量的庞大使得老师难以实时了解学生对知识的掌握程度，变相地增加了老师的授课压力。另一方面，在行政法课程中，无论是研讨式还是案例分析式抑或是科教融合式，大班授课都会降低他们的预期效果。研讨式和案例分析式的教学模式，都以充分讨论为基础，但是人多嘴杂，大班授课带来的直接影响就是无法形成一个有序的讨论氛围和结论，也无法让每个学生都参与讨论，老师也无法对每一位同学都进行面面俱到的指导。科研活动是一个需要学生耐得住寂寞、沉得住心思及能够和导师随时交流的深入探究真理的活动，大班授课的模式无法为学生提供一个这样浓厚的学术氛围。总之，在教学资源不变的情况下，分享资源的主体不断扩大，这会让原本就紧张的资源变得匮乏。

（四）期末考核方式单一

现实中，行政法这门课程无论采取何种教学方式，其考核方式都大同小异，主要有两方面的考量：一方面，应学院考试科的要求，必须进行书面考试，所以行政法授课老师一般都会提前为学生划好期末考试范围，学生只需要对这些题目进行归纳总结加背诵即可；另一方面，在轻教学、重科研的大环境下，授课老师为了方便自己，减轻自己的教学工作量，习惯于按照既有的考核方式进行考核，一来学生能适应，二来行政法学本身的特征也使得考试内容丰富多彩。这种考核方式看似公平公正，但对功在平时的学生是很不公平的。它带来的弊端很明显，不利于调动学生课堂上的积极性。

四、行政法课程教学改革的反思

（一）明确行政法学培养目标

要做到从学生本位的逻辑出发，制订行政法教学改革方案，明确行政法培养目标至关重要。首先，在制订培养方案之前应进行社会调研，弄清楚当前行政法学领域内的法律职业对法科生的要求。比如，律所要求律师不仅具备行政法专业知识，更重要的是行政法及与之相关的综合知识的运用和解决实际问题的综合能力。法院要求行政庭法官全面的行政司法能力，厘清错综复杂的行政法律关系的能力和判断是非的体系化思维。这些因素都应该纳入方案。其次，在制订方案的过程中要充分尊重学生的意愿，遵守以学生为中心的教育理念。最后，方案通过后要根据培养目标的变化，随时调整方案内容以保障方案的科学性和实用性。总之，行政法学的培养目标要根据学生和社会的发展需要，立足于学生行政法律综合能力的培养。

（二）建立行政法教学案例数据库

案例教学法的核心是案源，与其临时甄选案例，给老师教学增加负担，不如事先建立好案例库，由专门老师专项负责案例库的更新和维护。这样一来，在需要案例时只需要在数据库里选择就好，不用再花时间和精力去做这个工作。行政法这门课程的教学案例，我们有必要根据教材的结构对案例进行类别化收集和整理。对于主体理论、行政主体、行政行为、行政复议、行政诉讼、国家赔偿等这些相对独立的内容，为了保证学生对这些内容有个形象的认识，应该有针对性地编撰教学案例或收集实务中发生的行政案例，即备选案例需要结合行政法教学内容；对于整个课程而言，为了培养学生处理行政案件的综合运用能力，我们还需要准备一些综合案例，作为训练素材和考核内容。但是，选择真实案例时需要注意两点：一是案例的出处很重要，尽量不要选取网络中热议的案例，因为这些案例尚处真伪不明阶段，网络上的各种评议存在偏激的可能性，其案情是否真实有效难以确定；二是务必保证真实案例的完整性和系统性，不可为结合教学内容过分删减案例中的种种情况和条件，否则将不具有训练价值。

（三）建立多元化的课程考核机制

就行政法案例分析教学方式而言，我们完全可以采取分阶段、分项目考核，而非仅以最后成果评定成绩。就科教融合式教学方式而言，除了撰写行政法学论文以外，还可以要求学生们撰写文献综述、报告或对行政法学领域内某一热点话题谈谈自己的见解和体会等。就研讨式教学方式而言，我们可以以学生平时参与讨论的积极性、观点的新颖性、言语的逻辑性等多方面综合评定期末成绩。此外，就行政法这门课程而言，我们还可以鼓励部分学生进行角色模拟或鼓励他们主动和行政机关建立联系或组织他们旁听行政庭庭审，事后提交体验报告作为考核方式；或者要求他们中的某一部分同学对某一类型的行政法案例展开分析，以归纳总结类报告作为评定成绩的方式。总之，这种多元化的考核方式，在一定程度上可以弥补各类教学模式动力不足的遗憾。

（四）建立资源互换体系

行政法学是一门理论性和实践性都很强的学科，需要我们将培养目标主要定位为培养学生的行政法律思维能力和解决行政执法问题的能力，而不仅仅是科研能力。为此，可以鼓励老师贡献自己的资源，带领学生从事实践活动，学生学有所成之后，将自己获得的资源回馈，形成一种良性循环机制，也有利于理论和实践的融合。

五、结　语

兼备程序和实体的行政法课程教学改革正处在重科研、轻教学，重理论、轻实践，重知识、轻方法的状态。为改变这种状态，我们将案例教学模式引入行政法课堂，将行政法学术研究活动和教学活动紧密结合在一起，将师生共同研究讨论的教学方法融合到行政法的教学课堂，以期能够实现培养学生们行政法律思维能力、职业能力和学术研究能力的行政法教学目标，达到教学相长的教学态势。但行政法教学目标的不明确，学生在教学改革中地位的忽视，考核方式的单一和教学资源的不足使现有的教学措施成效不大。所以，我们有必要在明确行政法教学目标的前提下，建立起一个科学实用的行政法教学案例数据库，丰富课程考核形式并整合行政法老师手中掌握的司法资源，为培养学生的行政法实践运用能力提供平台。

法学本科"模拟法庭"课程的实证分析

——基于贵州大学法学院2015级法学本科问卷调查

田应梅[*]

法学教育不仅是单纯的知识传授和学术培养,而且是一种职业训练。法学学科不同于理工科的区别在于,法律问题是社会问题,不同的角度会产生不同的法律效果。这要求法学院的学生要具有对同一问题从不同角度分析的能力,模拟法庭课程则提供了这样一个平台,其重要性也越来越凸显出来。在教学实践中,对课程的认识理解都较倾向于教师单向的分析与思考,而对课程的内容、教学方法、实践性指向、学生的认识等微观问题实证分析较少。笔者对2015级法学本科(1)班、(2)班"模拟法庭"课程的授课情况进行了问卷调查,依据所获得的数据,分析影响法学本科"模拟法庭"课程的基本因素,并尝试提出推进教学改革、提高教学质量的建议。

一、调研背景和问卷设计

(一)调研背景

贵州大学法学院本科生自2010年开始开设模拟法庭课程以来,至今已有8年,课程名称分别为《模拟法庭实践》(2010年、2011年),《模拟法庭》(2012年、2013年),《模拟法庭及裁判方法》(2014年、2015年、2016年、2017年),为便于称谓,文中统称为《模拟法庭》。课程开课时间为三年级第二学期,属专

---

[*] 作者简介:田应梅,贵州大学法学院副教授,主要研究领域为诉讼法。本研究感谢法学院本科2015级同学积极参与调查问卷,并感谢2016级法律硕士研究生闽加星同学在调查问卷数据整理方面给予的帮助。

业限选课程，共计48学时3学分，成绩为百分制。目前，贵州大学法学院本科的《模拟法庭》课程的教学任务由诉讼法教研室教师承担。稳定的教师队伍、不断完善的授课内容，为通过问卷调查的方法对"模拟法庭"课程教学效果的影响因素等问题的实证研究提供了良好的调研基础和较为适宜的问卷环境。

（二）问卷设计

此次调查的对象为2015级法学本科（1）班、（2）班全体学生，问卷调查样本为96份，共有21道题，有单选题、多选题和主观题三种形式。

1. 单选题

问卷调查中单选题有9道，分别为：Q1.你认为法学本科开设模拟法庭课程是否有必要性？Q2.你认为学习模拟法庭课程对法学本科生来说是否重要？Q3.你认为目前模拟法庭课程设置的多位教师合上本门课程是否合理？Q4.你认为模拟法庭课程是否需要专门的教程？Q5.目前模拟法庭课程的内容与你想象中是否存在差距？Q6.你对于模拟法庭课程内容是否可以正确掌握？Q7.你认为法学本科开设模拟法庭课程的最佳时间是什么时候？Q8.你认为模拟法庭课程教学中教师和学生应该谁占主动性？Q9.模拟法庭中如未扮演角色，原因是什么？

单选题的答案选项为4个，例如：Q1.你认为法学本科开设模拟法庭课程是否有必要？选项分别为：A.很有必要、B.比较有必要、C.比较没有必要、D.完全没有必要，其他8道问题的结构与Q1基本相同。

2. 多选题

问卷调查中多选题有9道，分别为：Q10.你对模拟法庭课程的认知有哪些？Q11.你认为指导老师在模拟法庭课程中发挥哪些作用？Q12.你认为通过模拟法庭课程活动能够让学生学到什么？Q13.您认为在开展模拟法庭课程过程中遇到的困难有哪些？Q14.您认为目前的模拟法庭课程缺点是？Q15.你认为讲授模拟法庭课程的教学方法中最有效的是什么？Q16.你认为目前模拟法庭课程中有哪些需要该进的地方？Q17.你认为如何提高模拟法庭课程的实践性？Q18.你认为模拟法庭课程应当采用什么方法进行考核？

多选题的答案选项为4个或4个以上，例如Q10.你对模拟法庭的认知有哪些？选项分别为：A.实践教学的重要环节，B.理论与实践相结合的较好途径，C.根据剧本表演，D.认知较少。其他8道问题的结构与Q10基本相同。

3. 主观问题

问卷调查中主观题有3道,分别为Q19.你对模拟法庭课程中印象最深的是什么?Q20.你认为学习模拟法庭课程中最大的困难是什么?Q21.你对模拟法庭课程还有什么意见和建议?

主观题没有答案,完全由学生根据自己对课程的理解来填写,问卷匿名,由此获得学生的个性化信息和真实的想法。

二、问卷调查的数据分析

对于问卷所涉及的21个问题,按照与法学本科"模拟法庭"课程教学改革的相关性,将其划分为三个部分:一是法学本科生"模拟法庭"课程的意义;二是对法学本科生"模拟法庭"课程教学内容和方法的评价;三是对法学本科生"模拟法庭"课程发展和完善的建议。以下将围绕上述三个部分对问卷调查的结果进行介绍和分析。

(一)法学本科生"模拟法庭"课程的意义

对于Q1,72.92%的学生认为开设模拟法庭课程很有必要,20.83%的学生认为比较有必要,6.25%的学生认为比较没有必要,没有人选择完全没有必要。对于Q2,64.67%的学生认为学习模拟法庭课程非常重要,29.17的%的学生认为比较重要,5.12%的学生认为一般,1.04%的学生认为不重要。

从以上数据可以看出,本科生对设立"模拟法庭"课程和学习该课程具有认同感,这对教学的教师开展教学具有非常大的激励作用。

(二)对法学本科生"模拟法庭"课程教学内容和方法的评价

1. 课程设置和内容

对于Q3,34.38%的学生认为目前"模拟法庭"课程由多位教师合上本门课程非常合理,46.88%的学生认为比较合理,18.74%的学生认为不合理。对于Q5,12.5%的学生认为"模拟法庭"课程讲授的内容与想象中的完全一致,78.13%的学生认为基本一致,9.37%的学生认为完全不一致。

从以上数据可以看出,本科生对多位老师一起合上课程的状况基本满意,并且教学内容也基本符合学生的预期要求。

2. 教学效果

对于Q6,6.45%的学生认为对"模拟法庭"的教学内容完全把握,73.79%

的学生认为基本把握，17.81%的学生认为不太把握，1.95%的学生认为没有把握。

从以上数据看，目前授课内容的难度还是比较适中的，绝大多数的学生掌握了课程的内容。从问卷的第三部分主观题的Q20看，很多学生提出学习难度主要在：知识面不广、实体法问题把握不好、开庭审理中对庭审节奏把握不好、老师指导有时不能及时跟上等。

3. 教学方法

对于Q15，按照选择的比重，学生认为"模拟法庭"课程的讲授涉及的教学方法依次为：模拟法庭（83.33%）、案例分析（70.83%）、校外实务教师讲授（48.96%）、理论讲授（23.96%）。对于Q17，学生认为提高"模拟法庭"课程的实践性的方法依次为：模拟开庭（77.08%）、参观庭审（70.83%）、参与实务办理真实案件（70.83%）、多邀请实务部门专家参与授课（63.54%）。

为了更好地实现教学效果，我们在教学过程中主要采用三种方式进行：一是教师讲授模拟法庭课程中所涉及的程序及实体问题；二是分组分案件，学生讨论；三是模拟案件开庭审理。这和调查问卷中的数据基本一致。在教学方法的吸引力上，学生认同参与案件模拟的作用和地位，希望参与真实的案件，对理论讲授的评价不高。这反映出学生希望理论联系实践，参与实战操作的兴趣和愿望。

（三）对学生"模拟法庭"课程发展和完善的建议

1. 教材

对于Q4，42.71%的学生认为模拟法庭课程必须要有教材，51.04%的学生认为可以有，6.25%的学生认为不需要有。

我们授课没有给同学指定教材，推荐了陈学权主编的《模拟法庭实验教程》（第三版），其中也不限学生参阅其他相类似的教材。但从教学实践上看，偶有同学上课带有相应教材或书籍外，绝大部分学生都没有。没有指定教材是考虑到已出版的模拟法庭教材普遍将模拟法庭视为单纯的"程序化表演"，模拟法庭案例剧本（台词）占据了这类教材的相当篇幅。而作为法学实践教学的关键环节，"模拟法庭"应当是一门综合培养学生法律实务应用能力的课程，其教学目标应定位于引导学生分析案件、培养学生程序意识、规范学生法庭礼仪与言行技巧、提高学生司法文书写作能力等多方面。因此，无教材，不给学生提供庭审剧本，是希望能够引导学生自发地思考。但从问卷调查的反映来看，学生还是习惯有教材在手，主动收集、归纳知识的认识和能力不足。

2. 开课时间

对于Q7，53.13%的学生认为开课的最佳实践是三年级上学期，41.67%的学生认为是三年级下学期，3.13%的学生认为是四年级上学期，2.07%的学生认为是四年级下学期。

对于开课的时间，学生基本选在了三年级，这与我们的教学计划是相吻合的，在实体法与诉讼法的课程都学习完之后再来学习本门课程，符合教学计划和要求，但由于有些相关课程如法律文书开设在三年级上学期，所以学院教学课程设置基本都安排在了三年级下学期。

3. 教与学的互动

对于Q8，"模拟法庭"课程中教师和学生应该谁占主动性，53.13%的学生选择教师和学生各占一半，44.79%的学生选择学生，2.08%的学生选择老师。对于Q9，在"模拟法庭"课程中未扮演角色，72.92%的学生选择的原因是名额有限，4.17%的学生选择的原因是不感兴趣，2.08%的学生选择的原因是浪费时间，20.83%的学生选择的原因是其他。对于Q11，70.83%的学生认为教师在"模拟法庭"课程中发挥案例指导的作用，65.63%的学生认为教师在课程中发挥实体法知识指导的作用，90.63%的学生认为教师在课程中发挥程序法知识指导的作用，26.04%的学生认为教师在课程中发挥其他的作用。

从以上数据对比分析看，大部分学生认同"模拟法庭"课程中学生的主动性和积极性。没能参加角色扮演的主要原因是名额有限。

4. 授课内容

对于Q12，87.5%的学生认为通过模拟法庭课程能综合运用实体法与程序法处理纠纷，87.5%的学生认为能明确法庭语言并规范表达，82.29%的学生认为能学习法律文书的写作，81.25%的学生认为能意识到证据的重要性。

这是一道得分最高的多选问题，学生对四个选项基本都做出了选择，说明学生认识到了"模拟法庭"课程是一门综合性的、高要求的课程，要求学生对民法、刑法、民诉法、刑诉法、证据法、法律文书、法律逻辑等都能综合分析和运用。

5. 存在的缺点

对于Q14，学生认为"模拟法庭"课程的缺点是：参加人数有限（47.91%）、片面重视庭审程序的流畅而忽视实体法的具体适用（53.13%）、只能选择民事或刑事案例进行（33.33%）、表演性过强而竞争性挑战性不够（67.71%）、难以覆盖司法机关办案流程（41.67%）、编写的证据与实际相差较大（52.08%）、其他（7.29%）。

从以上数据可以看出，学生认为最大的缺点是表演性过强、竞争挑战性不够。

6. 改进的地方

对于Q16，学生认为模拟法庭课程需要改进的地方有：加大案例教学（76.04%）、采用多媒体教学提高学习兴趣（41.67%）、增加角色扮演（59.38%）、分组细化让每个人都有机会扮演角色（71.88%）。

学生参加案件审理的意识很强，由于班级大、人数多、条件有限，本次教学共分6组，每组25人左右进行案件模拟审判，每组角色扮演大概有15名同学能参加，余下10名同学只能做些文书撰写或旁听。从问卷调查结果看，学生提出了问题和要求。

7. 进一步增强实践性

对于Q17，学生认为提高"模拟法庭"课程的实践性需要通过如下几个途径：参观庭审（70.83%）、模拟开庭（77.08%）、邀请实务部门专家参与授课（63.54%）、参与实务办理真实案件（70.83%）。

实践是最好的课堂，同学们选项较高的都是实践性的参与度，但是，对于授课教师而言，受条件限制，参与实务办理真实案件是不可能做到的，参观庭审成本也较高，只有模拟开庭和要求实务部门专家参与授课这两个能做到。

8. 考核方式

对于Q18，学生认为"模拟法庭"课程应采取的考核方式依次为：开卷考试（25.00%）、闭卷考试（7.29%）、小组论文（39.58%）、提交卷宗（82.29%）。

本科生开设"模拟法庭"课程以来，曾采取论文、开卷考试等多种形式。基于课程的实践性和应用性，从2016年来采用提交卷宗的方式。从问卷数据来看，师生在考核方式方面达到了一致。

三、完善本科"模拟法庭"课程的建议

基于对贵州大学法学本科2015级"模拟法庭"课程问卷调查的数据分析，

完善法学本科"模拟法庭"课程需要注意以下几个方面。

（一）授课内容

1. 庭前准备环节应予足够重视

设计多种方式加强同学对庭前准备工作的理解，培养关于庭前准备环节的相关能力。例如，可鼓励同学思考哪些工作需要在开庭前完成，并提供相关阅读材料；组织同学前往法院观摩真实庭审过程，并在观摩后就庭审准备、庭审流程、庭审用语、庭审礼仪等问题即时进行教导；对同学的考核项目应包括庭前准备环节，可通过答问、检查相关文书准备情况等方式对学生进行考查。

2. 案例选取新颖化、规范化

案例选取工作是模拟法庭教学工作能否取得成功的重中之重，要选取真正能达到模拟法庭课程教学目的的优质案例。要对案例的复杂性、代表性、争议性、热点性、难易性等性质进行考查，再结合同学自身的特点，合理地选取案例。案例的选取方式应该有计划、成体系。对于经典案例可留档保存，以备后用。

3. 注重实体部分的教学

为了避免模拟庭审时"表演"的成分过重，需对同学准备庭审的各个环节加以控制，真正体现该课程的核心价值。严格控制同学所得到的信息。在法律文书的提供问题上，教师不提供格式标准、思路清晰的各类结论性法律文书，如起诉书、判决书、辩护词等；将同学分为明确的小组，如审判组、辩护组、公诉组等，各小组根据自己小组所代表的不同诉讼参与人起草相关的法律文书、制定不同的诉讼策略，从而培养学生的应变能力；教师不可完全"放手"，任各小组完全自行准备；在开庭前，教师可与各小组分别商讨有关实体法的各种问题，但在指导过程中，尽量避免给予同学结论性的建议和要求，而应引导同学思考各类庭审中可能出现的问题及相应的解决之道。

（二）授课方法

1. 提高角色分配的合理性

采取小组的形式有利于讨论的深入进行，但在实际操作中，确有部分同学不愿参与讨论。这主要是因为模拟法庭参与人数有限，一些学生因不能承担角色而对课程本身失去兴趣。因此，强调庭前准备环节的重要性极为重要，因为庭前准备环节可以尽可能扩大参与面，使同学们都有适当的任务。教师最后考查同学也应结合其在准备材料、参与讨论和扮演角色过程中是否发挥积极作用作为考核基准。

2. 增加教与学的互动

在调查问卷的主观题 Q21 中，很多同学提出"希望老师能及时纠正模拟过程中的不足并给予指导""老师多与学生沟通""指导老师及时跟踪""老师能加大对课程的指导"等。"模拟法庭"课程每周 3 节课，虽然指导老师与学生建立了微信群，也在课后进行了指导，但还是不能满足学生的要求，建议授课教师利用课后时间与学生面对面直接沟通与交流，学院也提供相应的场所和设施，共同促进教学的发展。

总的来说，法学本科阶段开设"模拟法庭"课程是法治建设和法学实践教学的必然要求，它在激发学生学习的积极性、巩固所学的理论知识、增强学生理解和运用知识的能力等方面有着重要作用。但是在教学中，我们也看到，作为一种高度考验教师教学水平和需要学生深入参与的教学形式，模拟法庭课程的开展并不容易，我们应努力在教学实践和师生互动中推动"模拟法庭"课程的成熟与发展。

"翻转课堂教学模式"对我国法学专业教学的启示

张 玉 陆远方[*]

随着信息技术的迅速发展,所谓的"互联网+"时代已经逐步渗透到各个领域,就教育来说,顺应时代潮流,转变教育理念,充分利用新兴技术和互联网资源,进行教学模式改革,更有利于促进教育的良性发展。

当前,就高等院校法学教育来说,我国大多高校采用的是传统教学模式即主要由教师讲授,学生倾听。传统教学模式面临着诸如教师教学积极性不高、实践性不够及学生主动性不强的问题。翻转课堂教学模式作为一种充分利用信息技术的教学模式,能够弥补传统教学模式的不足,提升教学效果,提高学生学习的主动性和积极性,也是我国实现"互联网+教育"的重要支撑,将翻转课堂教学模式应用到我国法学的教育改革,结合我国法学教育模式,对于构建我国法学特色的"翻转课堂教学模式"具有重要意义,也更能够促进法学教育的良性发展。

一、"翻转课堂教学模式"解读

"翻转课堂教学模式"是起源于美国的一种新兴的教学模式。2000年,美国学者 MaureenLage, Glenn Platt 和 Michael Treglia 在论文 *Inverting the Classroom: A Gateway to Creating an Inclusive Learning Environment* 中介绍了他们在美国迈阿密大学教授"经济学入门"时采用"翻转教学"的模式及取得的成绩。但是他们并没有提出"翻转课堂式"或"翻转教学"的名词。"翻转课堂"来自英文"Flipped

---

[*] 作者简介:张玉,贵州大学法学院副教授;陆远方,贵州大学法学院硕士研究生。

Classroom"或"Inverted Classroom",在翻转课堂中,典型的课堂讲解时间由实验和课堂讨论等活动代替,而课堂讲解则以视频等其他媒介形式由学生在课外活动时间完成。❶其来源于美国科罗拉多州洛基山林地公园,两位化学老师为了帮助课堂缺席的学生补课,通过网络上传视频的方式让学生进行学习,并在自我学习后再到课堂上进行讨论和总结,这种方式曾被称为"影响课堂教学的重大技术变革"。

传统的课堂是老师在讲台上面讲或者在投影上讲解PPT,学生在课堂上认真听讲,课后完成老师布置的作业和任务的方式。翻转课堂教学则是对传统课堂教学的翻转,将课堂中老师需要讲解的内容提前录制在视频中,学生在课前对内容进行预习,课堂的时间则被用来完成作业和老师答疑解惑。这种模式改变了传统教学中以教师的教为主的理念,主要以学生的学为中心,由学生对自己的学习进行主导和控制,对自己不解或者不明白的知识点予以记录,在课堂上提出后老师给予解答。

翻转课堂教学模式最大的优势是突破时空限制,大量的内容可以由学生在课前自学,解决了课时量不足内容受限的问题。❷其不仅突破了时间和空间的限制,满足了学生全面掌握知识的需求,同时还可以通过网络视频的制作,将教学的内容进行分类,符合不同层次水平的学生学习,针对不同学生的特点因材施教,也能够让学生在完成不同任务的同时应用法律知识,锻炼实践能力。这种学习充分利用互联网技术手段,通过网络视频的方式开展,学生可以自由选择时间和地点进行学习,有利于提高学生学习的主动性,同时也有利于学生发散性思维的培养,实现教育教学的目的。但在具体的实施和操作过程中,还有一些具体的细节需要加以注意和完善。值得注意的是,翻转课堂教学模式增加了教师的工作量,教师需要提前准备视频的录像剪辑和教学方案的设计,因此需要相应的配套制度。

二、我国法学教学模式现状

我国法学专业的教学模式大部分仍然采用传统的课堂教学模式,即按照传统的备教材、背条文、考理论的模式。随着互联网的普及和法学专业培养计划的实

---

❶ 何朝阳,欧玉芳,曹祁.美国大学翻转课堂教学模式的启示[J].高等工程教育研究,2014(2):148.
❷ 邵燕.翻转课堂在法学本科教学改革中的应用研究[J].法制与社会,2016(6):235.

施，在法学具体的教学中也会采用部分实践环节，如增加法律文书写作、模拟法庭辩论等，以期达到理论与实践相结合的目的。

（一）本科教学模式现状

本科教学的教学目标是培养创新型、应用型的法律人才。[1]主要是基础课程的教学，大多数采用的是老师在课堂上单向灌输式教学方式。本科教学往往是大班教学，本科生需要掌握法学知识的全面内容，要对所有的部门法进行学习，在课堂上差不多都是老师制作上课用的PPT课件，利用投影进行讲解，学生以笔记的方式进行学习，课下完成老师布置的任务。形式方面，上课时会采用一定的案例进行分析，也会以模拟法庭辩论的形式进行。

但学生对于法律条文的学习通常采用的是死记硬背的方式，同时课程内容繁杂，课程设置时间有限，导致教材的很多内容和知识点无法全部进行讲授，大多数老师只能在有限的时间选择重点内容进行讲解，剩下的内容学生也很少会主动去学习，遇到疑惑和困难时也无法得到有效的解决建议和帮助，老师和学生缺乏及时的交流，对于学生的学习情况也不得而知。生活中的法律知识包罗万象，能够从中找出法律问题并正确处理，这样的能力需要一点一滴积累，这在一定程度上倒逼着法学工作者在实践中改革，在教学中创新。

（二）研究生教学模式现状

法学研究生教学分为两个板块，一个是学术型研究生教学，一个是应用型研究生教学。两者的培养目标不同，教学方式也不同。在学术型研究生教学中，主要是培养学生进行科学创新研究的学术能力，因此教学方式主要是通过不同学术观点的碰撞，开拓学生的发散性思维和批判性思维，更多的是学生针对自己研究的领域进行自我思考的过程，老师讲解和传授的是一些学术研究的方式方法，具体的思维形式需要学生的自主探索。由学术研究生教学目标本身的特点可以看出，在学术型研究生的教学不适合翻转课堂教学模式。

应用型研究生主要是培养学生的实务能力，通过学习使学生能够充分运用所学的法律知识解决生活中的法律问题。这种教学模式和法学本科的教学模式区别不是很大，主要是增加实践课程，强调学生法律思维的培养和解决问题能力的提升。学生在学习基础课程的同时通过更多的案例进行分析讨论，形成自己的思路

---

[1] 邵燕.翻转课堂在法学本科教学改革中的应用研究［J］.法制与社会，2016（6）：235.

和观点，教师采用案例分析的方式进行授课，是一种单向知识的灌输。但课堂上所学的知识始终是有限的，所学的知识无法满足实际的需要，课程的设置往往无法满足知识的输出，学生之间交流和讨论的机会也不多，理论和实践的融合度很低，无法达到预期的教学效果。

我院教授知识产权法的老师曾在教学中自行采用过翻转课堂的教学模式，即老师利用假期及其余空闲时间，在超星学习通 App 上提前录好上课视频，要求学生课前自行进行学习，对于不能理解或者有疑惑的问题由老师在课堂上进行讲解。据学生反馈的情况来看，这种教学模式在一定程度上要求学生课前进行学习，对于知识点的理解和记忆有很大的帮助，学生提前进行学习，课堂中老师进行巩固讲解提高，所达到的学习效果是很好的，但是存在的问题也很明显，这也是导致最终这种方式没有继续的重要原因。因为学生可以自由选择时间进行学习，没有一定的规制和要求，就使得部分学生往往敷衍了事，置之不理，最终只有少数同学认真去做，导致老师也就放弃采用这种方式，而把需要讲授的内容提到课堂上来。

三、构建特色"翻转课堂教学"模式

在互联网迅速发展的背景下，传统教学模式的不足急需解决。由于法学知识点的贯通性和关联性，为了学生能够有效掌握和深度理解法学知识，对法学教育教学模式进行改革是必不可少的，翻转课堂教学为我国教育改革提供了有效的思路和帮助。然而，翻转课堂教学模式在实践中也存在大大小小的问题。例如，学生学习的主观能动性不高、教师教学技能的不足、教学环境的不稳定，以及考核机制的不完善等。因此，进行法学教育模式的变革，要取其精华，去其糟粕，充分借鉴国外翻转课堂教学成功的经验，结合我国基本国情，构建颇具特色的"翻转课堂教学模式"。

首先，对适用翻转课堂的课程和章节进行筛选和分类。法学专业的课程主要包括必修课程和选修课程，必修课程又包括公共必修和专业必修课，选修课程也包括公共选修和专业选修，在这些课程里面不是所有的课程都适合采用翻转课堂的教学模式，但在不适用翻转课堂的课程里，有一些章节的内容又是适用翻转课堂的。我国法学翻转课堂建设应突出案例教学，如部门法课程可以以经典案例为中心，对其相关或相似案件进行摘抄，要求学生课下对这些案例的共性与差异进行梳理和汇报，帮助学生理解诉讼和判决书的内在逻辑，强化法学知识的实践操作能力。❶关于学生课前学习的视频内容，需要具备一定的理论性和基础性，也需要对不同层次的内容进行区分，因此，应该对课程和章节中适合翻转课堂的内容进行筛选和分类，然后对这些内容进行视频的制作，便于课堂的翻转。

其次，高校对于翻转课堂教学应给予重视，配备完善的设施和设备。目前，我国开展法学翻转课堂所必需的配套设施如制作教学视频时所需要的电脑、稳定的网络服务、专门的工作室，以及安静的学习场所等软硬件教学条件在不少学校依然有待完善。❷采用翻转课堂教学模式，不仅需要教师和学生的积极主动性，最主要的还是学校给予重视。翻转课堂的实施，需要借助一定的互联网和信息技术手段，学生可以自由选择时间和地点，但是必备的学习环境还是需要学校的支持，视频的学习必须要有稳定的网络环境和便于学习的相应设备。例如，学校可以建立单独的小教室，提供流畅的网络，配备齐全的计算机设备，便于学生进行课前自主学习。课前自主学习是课上老师答疑的基础，因此提供良好的学习环境和完善的设备，不仅有助于提高学生学习的积极性，也有助于提高教学效果。

再次，提高教师的教学能力和计算机水平，促进课前学习和课堂讲解的有效衔接。实现课堂的有效翻转，不仅需要依靠教师具有专业的教学知识，同时需要教师具备计算机基础技能。教师在创建视频时，视频最好介于7~15分钟，一个视频包含一个核心概念，同时选择可以重复使用的材料或案例，以此保证效率和质量。

---

❶ 闫正坤，黄信瑜.高校法学学科翻转课堂模式的教学有效性研究——以法理学为例［J］.北京邮电大学学报：社会科学版，2017，19（5）：103.
❷ 朱奎彬，张耀.法学本科翻转课堂教学模式优化路径［J］.四川大学法律评论，2017（1）.

基于翻转课堂的高校法学课程思政教育渗透路径研究

——以《中国法律史》教学为例[*]

郭 亮 李 凤 李悦澜[**]

习近平总书记在全国高校思想政治工作会议上强调："要坚持把立德树人作为中心环节，把思想政治工作贯穿教育教学全过程，实现全程育人、全方位育人。""要用好课堂教学这个主渠道，思想政治理论课要坚持在改进中加强，提升思想政治教育亲和力和针对性，满足学生成长发展需求和期待，其他各门课都要守好一段渠、种好责任田，使各类课程与思想政治理论课同向同行，形成协同效应。"高校法学教育重在立德树人这一根本，只有抓住这个根本，才能真正培养一批德智体全面发展的德法兼修的高素质法治人才。因此，在"文化自信"和"德法共治"大背景下，坚持全课程全方位育人模式，并将社会主义核心价值观与专业课程资源有机结合，加强思想教育和价值引领内容在法学专业课程中的渗透，推动教改课改，不仅必要，而且必须。

---

[*] 基金项目：本文系重庆邮电大学2019年校级"课程思政"试点课程"中国法律史"（项目编号：XKCSZ1913）的阶段性研究成果。

[**] 作者简介：郭亮，男，汉族，重庆璧山人，知识产权法博士后，法律史博士，重庆邮电大学网络空间安全与信息法学院讲师，硕士生导师，研究方向为知识产权法、法律史；李凤，女，汉族，安徽芜湖人，重庆邮电大学网络空间安全与信息法学院2018级诉讼法学硕士研究生，担任重庆邮电大学2019年秋季学期商标法课程教学助理；李悦澜，女，汉族，重庆奉节人，重庆邮电大学网络空间安全与信息法学院2017级知识产权专业本科生，担任重庆邮电大学2018年秋季学期中国法律史课程教学助理。

一、高校法学课程思政教育教学改革的基本模式

（一）法学专业"课程思政"的先天优势

在马克思主义理论中，意识形态是一定社会的经济和政治直接相联系的观念、观点、概念的总和，包括政治法律思想、道德、文学艺术、宗教（神秘特殊的意识形态）、哲学和其他社会科学等意识形式。❶这表明法学具有鲜明的意识形态倾向。习近平总书记在考察中国政法大学时强调："没有正确的政治理论引领，就不可能有正确的法治实践。"一个国家的法治建设必须基于整个国家的政治社会背景，脱离政治的法治只能是镜中花、水中月。新时代网络信息技术对法治实践提出了新挑战，人民群众对公平正义和权益保障有了新期待，中国法学学科体系、学术体系、话语体系发生了巨大变化。但万变不离其宗，高校法学教育培养社会主义建设者和接班人的宗旨没有变，完善中国特色社会主义法治体系、建设社会主义法治国家的使命没有变。作为一门"正义"之学，法学教育对意识形态的塑造和完善是天经地义的事。法学"课程思政"有利于回归法学教育的本位，促进法律知识与价值引领同频共振。

（二）法学专业"课程思政"的目标定位

"课程思政"是指学校所有教学科目和教育活动，以课程为载体，以立德树人为根本，充分挖掘蕴含在专业知识中的德育元素，实现通识课、专业课与德育的有机融合，将德育渗透、贯穿教育和教学的全过程，助力学生的全面发展。❷"课程思政"旨在将思想政治教育融入其他各学科课程中，其落脚点在于"渗透性"，通过"无声润物"来潜移默化地引导学生树立正确的人生观、价值观，进而使学生在春风化雨中得到主流意识形态与价值观的引领。❸

2018年教育部、中央政法委发布的《关于坚持德法兼修实施卓越法治人才教育培养计划2.0的意见》中提出"坚持以马克思主义法学思想和中国特色社会主义法治理论为指导，围绕建设社会主义法治国家需要，坚持立德树人、德法兼修，践行明法笃行、知行合一"，力争用五年时间，"培养造就一大批宪法法律的信仰者、公平正义的捍卫者、法治建设的实践者、法治进程的推动者、法治文

---

❶ 教育部社会科学研究与思想政治工作司.马克思主义政治经济学原理［M］.北京：高等教育出版社，2003.
❷ 吴月齐.试论高校推进"课程思政"的三个着力点［J］.学校党建与思想教育（上），2018（1）.
❸ 沃耘.高校法学"课程思政"教育教学改革路径与对策［N］.天津日报，2019-03-04（9）.

明的传承者"。高校法学课程思政教育教学改革必须与法学专业人才培养目标相结合。❶法学专业所有课程都要把立德树人、培养"德法兼修"、培养高素质的社会主义法治建设者和接班人作为根本任务，将社会主义核心价值观教育贯穿法治人才培养全过程、各环节。各门法学专业课程既要传授专业知识，又要注重传递向上向善的正能量，在法学专业学科知识体系中寻找与德育知识体系的"触点"，使法律知识技能的获得与思想品德的形成相辅相成、相互促进。

（三）挖掘法学专业课程思政资源

无论是在西方还是东方，法学都是一门非常古老的学科。因此法学专业要改革"课程思政"，首先要将依法治国发展战略融入专业课程教学中，从单纯的"解读法学概念、法律条文"推进到"法治中国整体发展"的国家高度，让学生立足社会主义法制的"本土资源"，自觉建设社会主义法治。

以《中国法律史》为例。该课程是教育部确定的全国高等学校法学专业必修的16门核心课程之一，也是一门法学与历史学交叉的基础理论学科。它是研究中国历史上法律制度（刑法、民法、商法、行政法、宪法、经济法、司法制度）发生、发展、变革、移植过程及其特征、规律的科学，是我国历史与古代法律思想的重要载体，蕴含着丰富的传统法治理念和道德规范。

二、高校法学课程思政教育的形式创新与实践探索

"课程思政"体系的整体架构，离不开法学专业课程的改革创新。"要运用新媒体新技术使工作活起来，推动思想政治工作传统优势同信息技术高度融合，增强时代感和吸引力。"❷为了更好地实现思想教育和价值引领内容在法学专业课程中的渗透，有必要借助微课、慕课、翻转课堂等信息化教学手段，破除传统法学教育知识传授与价值引领两张皮的困境。

（一）翻转课堂：高校法学课程思政的有效载体

翻转课堂最早由美国教师乔纳森·伯尔曼和亚伦·萨姆斯创立，主要是将课堂内外时间重新调整，让学生成为课堂的主导者，教师成为引导者和辅助者，从而满足学生个性化的学习需求。❸翻转课堂将课堂变成教师与学生、学生与学生

---

❶ 沃耘.高校法学"课程思政"教育教学改革路径与对策[N].天津日报，2019-03-04（9）.
❷ 习近平在全国高校思想政治工作会议上强调：把思想政治工作贯穿教育教学全过程 开创我国高等教育事业发展新局面[N].人民日报，2016-12-09（1）.
❸ 周莎莎.高职酒店管理专业人才培养模式文献综述[J].课程教育研究，2017（48）：2-2.

互动和交流的场所，初步实现了使学生从被动接受知识到自觉消化吸收的转换，有利于激发学生的学习积极性。

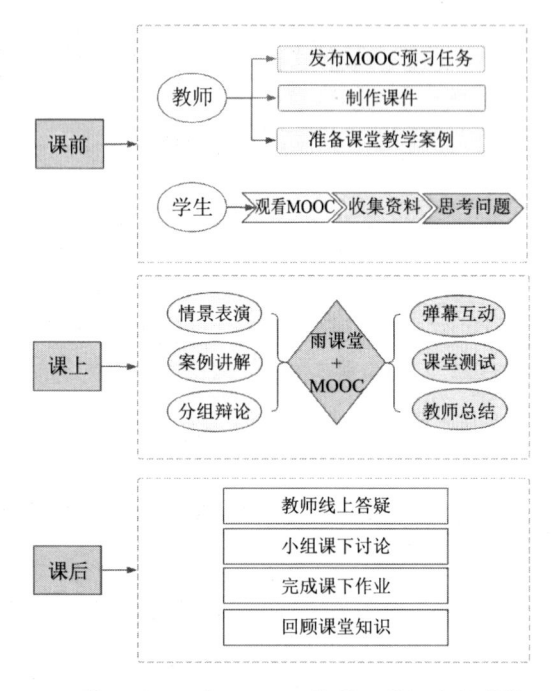

图 1　基于"雨课堂+MOOC"的翻转课堂教学模型

如图 1 所示，翻转课堂教学采用"问题导入、任务驱动、案例解析、对比归纳"等多种教学方式，通过"课前在线学习+课堂讲授与讨论+课后答疑与实践活动"形式，引导学生自主学习思考，优化教学设计环节，同时将"课堂思政"的理念和内涵自然穿插其中。课前，教师通过雨课堂等智慧教学平台和 MOOC 发布以思想道德为情感目标与价值观的视频预习任务，并根据课程进度准备相关案例，安排课堂教学内容，提前设置教学重点与难点。学生可以结合壹课堂、网易公开课、人民慕课、智慧树网等平台提供的法学专业课程在线资源，收集相关学习资料并自主利用学习资料完成课前学习任务，有利于培养其自主学习的思想，提高专业知识水平。课上，通过"情景演绎""提示思考方向""列举当时法律规定""问题解答与学理论证"等步骤，引导学生对历史上发生的大案要案进行思考、判断和分析，巧妙地寓社会主义核心价值观的精髓要义于课堂教学之中，增强"教"与"学"之间的互动性和思政教育的自觉性。课后，以增强学生专业知识和道德素质为最终任务，通过雨课堂和 MOOC 视频进行知识巩固，学生与学生进行案例探讨，进行思想、观点的积极碰撞，加强学生思维活跃度。通过"雨课堂"教学平台，维护课程论坛、讨论区和答疑区，能够保障课程教学中的问题得以及时解决。

（二）翻转课堂教学模式改革的实践探索

笔者曾于2018年秋季学期就主讲的《中国法律史》课程实行翻转课堂教学模式改革试点。借助于翻转课堂教学形式的创新，我们引导学生以社会主义核心价值观和中华法律文化精华为灵魂和主线，以历代法律制度文明为载体，深入挖掘课程蕴涵的思想政治教育资源，初步达到了价值塑造、能力培养、知识传授"三位一体"的教学育人目标。来自重庆邮电大学教学质量管理平台网络匿名问卷调查数据（73名学生选课）显示，无论是学生满意度还是教学评价结果，均高于学院其他课程平均水平（见表1）。

表1 "雨课堂+MOOC"翻转课堂教学模式满意度调查

序号	问题	选项	百分比（%）	有效样本数（个）
1	是否喜欢基于"雨课堂+MOOC学习"翻转课堂教学模式？	喜欢	91.55	71
		感觉一般	7.04	
		不喜欢	1.41	
2	该翻转课堂教学模式对提升自主学习能力是否有帮助？	有很大帮助	93.15	73
		没有帮助	6.85	
3	课程进度安排是否合理？	非常合理	84.51	71
		较为恰当，没有什么感觉	11.27	
		比较紧凑，需要适当调整	4.22	
4	课前MOOC预习是否必要？	有必要	68.57	70
		可以适当减少任务量	17.14	
		没必要	14.29	

从表1看出，学生对《中国法律史》翻转课堂教学模式持肯定和欢迎态度。91.55%的同学喜欢翻转课堂教学模式；93.15%的学生认为该翻转课堂能增强自身的自主学习能力，使其集中精力学习；84.51%的学生认为翻转课堂课程安排合理；68.57%的学生非常认可课前MOOC预习的必要性。学生普遍反映，较之

传统教学模式的单向灌输,翻转课堂教学、混合式教学形式新颖、效果更好,对枯燥的法律知识学习很有帮助。

教学评价是翻转课堂教学模式改革效果的重要指标之一,主要包括过程评价和结果评价两部分。传统法学课程教学评价多以考试或考核为主。尽管总成绩中包含平时成绩(一般占总成绩的30%或40%),但仍存在过程评价不合理、缺少必要的信息反馈等问题,尤其是无法检测学生独立思考、知识研讨和协作创新的能力水平。

根据调查得知,70%以上的学生参与过课堂表演与辩论,85%以上的学生在课堂上积极发言,课堂出勤率达98%以上。较之传统教学模式,翻转课堂教学平时成绩区分度更明显。因为雨课堂智慧教学平台能够记录学生课前学习、课上签到、讨论、答题的经过,可帮助教师实时掌握教学情况和教学进度。例如,学生通过雨课堂实时答题,微信平台自动打分,作为学生平时成绩;雨课堂另设有答题得分及排名,并对排在最后几名的同学进行红色预警,客观上对学生产生了一定的激励作用。

学生对"授课教师备课认真充分,熟悉教学内容,不照本宣科,运用大量案例教学,生动有趣"的满意度和对"授课教师激发学生的上课热情"的满意度达100%。99%的学生认为该课程上课时间得到充分利用,98.5%的学生对该课程总体教学感到满意,并愿意向其他同学推荐该门课程,100%的学生表示非常推荐或推荐授课教师。这说明,翻转课堂班的学生学习体验更好,学习方式更加灵活,学习投入更多,学习信心更强,学习效果也更好。

总之,实行翻转课堂教学,采用"问题导入、任务驱动、案例解析、对比归纳"等多种教学方式,通过"课前在线学习+课堂讲授与讨论+课后答疑与实践活动"形式,引导学生自主学习思考,优化教学设计环节,将"课程思政"的理念和内涵自然穿插其中。借助于新的教学形式,"课程思政"更具亲和力与针对性,满足学生成长发展的思想价值追求,真正做到传授学科知识与引领价值取向相结合,实现了在价值传播中凝聚专业知识的内涵、在专业知识的授受中突出价值的引领,把价值观培育和塑造"基因式"融入所有课程,真正产生润物无声的育人效果。[1]

---

[1] 曹继军,颜维琦.上海高校全员参与共绘育人"同心圆"[N].光明日报,2018-01-03(BI).

三、《中国法律史》课程思政教育的内容创新

《中国法律史》课程旨在使学生了解古代成文法典、法律思想、司法制度的历史沿革，以及中华法治文明的起源、发展、成熟、演变、转型的基本线索、规律，进而更好地分析与掌握中国历代法制传统与治国的经验教训，为学习马克思主义法学理论和现行各部门法学知识奠定学理基础，为思考现行法制问题提供思想素材，为我国法治建设提供本土资源。

从大学生求知需求出发，立足人才培养目标和学科优势，为了达到"以文化人、以文育人"的课程思政目的，本课题制订了实施方案（见表2）。

表2 《中国法律史》课程思政实施方案

教学计划（讲）	授课要点	思政映射与融入点	授课形式与教学方法	预期成效
1	绪论	研究我国古代法制传统和成败得失，挖掘和传承中华法律文化精华，汲取营养、择善而用	翻转课堂；课堂讨论	使学生加深对"为什么要学习中国法律史"的认识——"通古今之变""明中西之异""究当世之法"
2	中国法律的起源与夏商法制	中华法治文明的特质与构建人类命运共同体	翻转课堂；课堂讨论，案例教学（"夏启征伐有扈氏案""商约王位继承案""比干被剖心案"）	使学生理解中国法律起源的特点，加深对文明伊始东西方对家国同构、法律与伦理、自由与正义等文化不同认识的理解，更加坚信中国特色社会主义法治道路
3	西周法制	孝悌、民本等理念与十九大报告提出的"坚持以人民为中心"	翻转课堂；课堂讨论，案例教学（"匡抢禾案""牧牛违背誓言与长官争讼案"）	使学生掌握西周宗法礼制及其对后世法制的影响，了解西周明德慎罚思想，进而深刻理解推进社会主义核心价值观融入法治建设的意义
4	轴心期法律思想与法制变革	古代思想家（儒、墨、道、法）治国方案与习近平新时代治国理政思想的继承与创新	翻转课堂；开展主题为"'礼崩乐坏'后的社会该向何处去？"情景表演，并根据表演组织课堂讨论	使学生加深对轴心时期诸子百家法律思想异同的认识，培育蕴含着时代精神的社会主义核心价值观，建构起有传统根基、有时代内涵、有世界意义的中国法治精神

续表

教学计划（讲）	授课要点	思政映射与融入点	授课形式与教学方法	预期成效
5	帝制中国法制奠基与秦代法制	秦朝治吏与我国当下监察法制改革	翻转课堂；视频教学，观看纪录片《国家宝藏——云梦睡虎地秦简》，了解秦法对官吏爵制、禄秩、任免、调动、考核、奖惩等方面的规定，展开课堂讨论	使学生理解秦朝法制的指导思想、秦律基本内容、特点及历史教训等，思考秦代监察法制对我国当下完善监察立法的借鉴意义
6—7	汉代法律制度	坚持依法治国和以德治国相结合，提高全民族法治素养和道德素质	翻转课堂；课堂讨论、案例教学（"缇萦上书救父案""卫太子案"）	使学生掌握汉初法制思想的变化、"春秋决狱"与汉代刑事司法制度，进而理解中国古代"德主刑辅""礼法合治"的当代价值
8	魏晋南北朝时期的法律制度与儒家思想法律化	法律形式发展变化与十九大报告提出的"推进科学立法、民主立法、依法立法，以良法促进发展、保障善治"	翻转课堂；课堂讨论、案例教学（"王式违礼案""许允职事犯罪案""费羊皮卖女葬母案"）	使学生了解魏晋南北朝时期立法活动及法律儒家化在立法司法中的具体反映，树立良法善治的理念
9—10	隋唐法律制度与中华法系的形成	中华法系与人类制度文明史上的"中国经验""中国智慧"	翻转课堂；课堂讨论、案例教学"长孙无忌带刀入殿案""房强兄弟谋反连坐案""唐朝崔氏女许配两家案""萧龄之贪赃案"	使学生掌握隋唐时期重要法典名称、主要罪名、刑事法律体制、唐律疏议内容及影响，了解中华法系是世界法制文明的璀璨明珠，增强文化自信
11	宋代法律制度	"全面深化改革"与"全面依法治国"的辩证关系	对北宋时期震惊朝野的"阿云案"展开宋神宗、苏轼、司马光、王安石等人物情景表演，并进行"古代法律与政治关系"大讨论	使学生掌握宋代民商事法律制度、刑事司法制度的发展变化，探讨"庆历新政""熙宁变法"两次变法之异同，进而思考法治与改革的关系问题
12	辽夏金元法律制度	中华法系"多元一体"与习近平新时代中国特色社会主义民族思想	翻转课堂；课堂讨论、案例教学（"收即婢母案"）	使学生掌握辽夏金元法律基本内容及特点，理解少数民族法制在中华法系发展中的作用，牢固树立"中华民族共同体"意识
13	明代法律制度	明代吏治与新时代"全面从严治党"的法治保障	翻转课堂；课堂讨论、案例教学（"胡惟庸谋反案""东林党案""蓝玉案"）	使学生掌握明初朱元璋重点吏治、刑事司法制度及明代法制的特色、影响，思考其对今天从严治党、建设法治中国的史鉴价值

续表

教学计划（讲）	授课要点	思政映射与融入点	授课形式与教学方法	预期成效
14	清代法律制度	运用法治思维和法治方式，共建共治共享社会治理格局	翻转课堂；课堂讨论，案例教学（"南山集狱案""申明亭与民间调处"）	使学生掌握清朝法制的内容特点，了解帝制中国后期司法审判中"天理""国法""人情"之融合，思考清代民间纠纷多元解决机制、法律宣传实践的当代启示
15—16	清末法制改革与中国法制近代化转型	独特的历史命运、文化传统、国情，决定了中国法治建设必然要走适合自己的发展道路。要学习借鉴人类文明的一切优秀成果，但不得照搬西方政治理念和法治模式	翻转课堂；课堂讨论，案例教学（"杨乃武与小白菜案""天津教案""张之洞、劳乃宣与沈家本、伍廷芳之间的礼法之争案""杨月楼案"）	使学生掌握清末修律的原则、内容、实质及司法制度之变化，理解清末宪政运动和"礼法之争"，增强"四个自信"

从表 2 可以看出，授课计划不仅紧扣《中国法律史》教育部规定的教材内容本身，还运用了多种新型教学方式将课程思政渗透进去。

一是案例式教学。首先选择的案例应突出典型性、系统性、启示性；其次要摒弃传统《中国法律史》教学中常见的"制度—知识"教学思路，通过对古代名案故事性的讲述，将"坚持依法治国与以德治国相结合""四个全面""四个自信"等思政内容融入专业课程教学体系，增强中国法律史教学的层次感。例如，在讲授宋代法律制度时，展开"古代法律与政治关系"大讨论，引导学生思考"全面深化改革"与"全面依法治国"的辩证关系。

二是讨论式教学。采取"大时段、小专题"的形式，围绕中国法制历史发展的主要线索合理组织教学内容，就"中华法治文明特质与构建人类命运共同体"等重要理论结合现实问题进行课堂讨论。例如，在探讨汉代"亲亲得相首匿"制度时，系统梳理该制度的历史变迁并结合国内外的相关规定，让学生思考传统法制与现代文明的对接问题，从而增强法律文化自信和文化自觉。

三是情景演绎式教学。按照"案例设计—学生分组—角色分配—课外准备—课堂表演"[1]的步骤，引导学生完善案例情景演绎，自主进行分工，增强学生课堂参与感和实践感。例如，在讲述春秋战国法律制度时，针对百家争鸣之特点，

---

[1] 朱凯玲.中国法制史情景演绎式教学改革研究与实践［J］.赤子，2016（5）：2-2.

通过"学生点评—教师评析—深入详解"的方式，引导学生学习探讨"习近平新时代治国理政思想对古代思想家治国方案的继承与创新"。

四、存在的问题与应对措施

法学课程具有较强的专业性与实用性，而理论性思想政治课程由于缺乏一定的实效性和认同感，会导致在教学过程中有时难以平衡二者的内容分配，造成课堂混乱。再加上多数高校学生对于课程思政及法学课程的认识还存在些许误区，因此也就造成实现法学课堂渗透思政内容的教学目标未能完美地实现。以下内容反映了实现该教学目标现存的一些问题，并提出几点相应的解决措施。

（一）现存的问题

1. 对课程思政认识存在偏差

我国自开设法学学科的教学以来，师生们受法律文化历史传统的影响，一直采用的都是"师授生听"的教学模式。广大师生在对法律和"思政"的认识上多认为，除个别法律富含思政元素（如宪法）以外，其余绝大部分法律（如民法、商法、经济法等）的学习和使用都是为解决日常生活中的纠纷，所以普通教学课堂上涉及的思政内容就少之又少。而由于法学课程专业性较强，一旦为了完成思政教学一味填充思政内容又会破坏法学课堂的专业性，会使教学过程混乱无章。这就导致老师们在传授专业知识的同时难以拓展思政内容，也给同学们造成思想误区，以为思政知识只在思想政治课堂才会学习到，因此也造成我国高校的教学课堂中普遍没有把知识内容和思想政治结合起来，以及学生对思政内容不够了解的情况。

2. 对课程思政价值缺乏认同

当代大学生群体以"90后"甚至"00后"为主，他们的成长环境较为安逸，因此关注点多集中在对自身发展较为有利的专业知识上，对于政治、军事、哲学相关的课程并不重视，大多数只为达到足够的学分，对此类课程的认同感很低。

3. 课程思政内容未能渗入法律专业知识学习中

高校是人才培养的摇篮，不但要培养专业知识过硬的人才，还要培养德学兼备的高素质复合型人才。课堂是进行课程思政的"主渠道"，只有利用好这个工具，让思想政治理论深入到学生们的心中，才能满足日渐成熟、独立的高校法学专业学子对专业知识的渴求，及精神需求与情感需要。

（二）应对措施

1.正确认识课程思政的内涵

要从课程聚焦到专业，将"德法兼修"的育人理念贯通进法学专业建设的整体规划。❶对教师队伍开展课程思政的相关培训，搭建更多的学习、交流平台，帮助教师掌握丰富的思想政治教育专业知识，挖掘法学专业课程中潜在的思政内容。组织邀请相关领域专家进行专业的培训指导，开展更多的讲课比赛，鼓励教师之间进行交流学习，不断提升自己的授课质量，将授课内容、授课方式、价值引领紧密结合，更好地实现思想价值引领和专业知识传授。在我国，思政教育和法律教学当中有许多共通点，如二者的理论基础都是马克思主义和中国特色社会主义理论，这就使得在法律教学课堂上可以通过二者的共同点渗入思政内容，也使课程内容得到丰富和升华，让法律教学更加贴近当今国内的政治军事等问题，提高学生的思想道德水平和对热点问题的关注度，可以更好地服务于学生对于法律知识的学习。

2.培养课程思政学习兴趣，增强学习积极性

在《中国法律史》翻转课堂上运用实践式教学。以课堂的教学为主，课外的教学为辅。老师带领学生从课堂中、校园里走出去进行社会实践，组织学生参观法律史的文物古迹和历史博物馆，将影视资料、纪录片等融入教学中，增强趣味性，进而使学生对中国传统法律文化中蕴含的抽象的思想观念、人文精神、道德规范有具象的、直观的感受，以达成培养学生坚定理想信念、厚植家国情怀、强化道德修养、增强法律意识和社会责任感的情感目标。进而引导学生学习探讨"习近平新时代治国理政思想对古代思想家治国方案的继承与创新"。

五、课程思政渗透法学教育过程中的关系问题

（一）正确处理课程思政与思政课程的关系

课程思政与思政课程的课程目标虽然相似，但是二者仍有明显差别。高校法学课程思政教育既不能替代"思政课程"，也不能将法学专业课都建成"思政课程"，而是要把社会主义核心价值观渗透进法学课程，真正实现"课程思政服务于专业课程，专业课程彰显课程思政价值"。因此在教学过程中，应以专业知识

---

❶ 沃耘.高校法学"课程思政"教育教学改革路径与对策［N］.天津日报，2019-03-04（9）.

为主,思政内容渗透为辅,实现二者相辅相成、完美结合,这样才不违背结合法学专业课和课程思政的初衷,既提高学生学习专业课程的积极性,又能增强学生对于思政内容的关注度,营造和谐多元的学习氛围。

（二）正确处理法律技术与法律艺术的关系

"技术"往往强调其操作的"程序性",是可以由不同的人在不同的时间和地点再现或重复的,任何基于一般专业知识进行操作的都是技术,法律技术亦然,只是法律技术需要从业人员基于更强的专业素养和法律操守。法律艺术就是在各种法律实践活动中,人们创造性地解决相关法律问题的方式、方法,它是人类法律智慧的结晶。❶法律也讲究情怀,法学课程中也包含情感教育,我国社会主义核心价值观中所展现的法治、公平、正义、自由、民主等精神,都是法学专业教育里一直追求的目标,也是思政教育的基础理念。所以教师在教学实践中,既要教授学生"法律技术",同时合理穿插情感态度与价值观,让学生不仅要学习基础,还要感受和理解体现人类高超的法律智慧的"法律艺术",在解决法律问题的过程中融入法律精神,为中国特色社会主义现代化建设培养既有专业素养、又有良好道德的法学人才。

（三）正确处理好教学内容与教学形式的关系

教学内容和教学形式是教学活动最主要的两个方面,教学内容必须要依靠教学形式来实现,教学形式为教学内容服务。❷如果能通过形式创新讲透难点、突出重点,学生们不仅觉得耳目一新,还颇有所得,这样的课堂教学就显得很有必要。反之,若是不讲究教学形式、不分教学内容地硬塞,将会使课程变得索然无味。法律作为一门专业性极强的学科,其课程通常也会让许多学生深感枯燥,所以,应当依据教学内容和教学对象,采取恰当的教学形式,让教师与学生在一种轻松、活泼而富有趣味的气氛中达到"授人以鱼且授人以渔"的目的。

---

❶ 聂长建,张毅龙,邓少华.法律是一门艺术——评许霆案二审判决[J].中南大学学报:社会科学版,2009（4）.

❷ 王万银,李敏.拙议教学活动中内容与形式的关系[J].西北医学教育,2010（3）.

民法典时代商法课程设置与教学模式探究

杜明强[*]

在中国特色社会主义法律体系已经形成的背景下，民法典的编纂，将是中国法制史上又一里程碑事件。而在我国私法立法史上，如何处理民法和商法的关系问题几乎恒为争议焦点。从清末到民国再到中华人民共和国，学界和立法界都高度关注此问题。虽然自民国时代起就基本明确民商合一的立法遵循，但立法始终没有处理好如何"有效合一"的问题，加之理论界的智识贡献不足，这就对我国民商法教学造成诸多困扰。因为我国属于后法治化国家，在法学基础理论较为薄弱的情形下，立法先行已然成为法学教育的指南。故民商法教材编写很大程度上跟随立法，立法变则教材变，教学内容亦随之而变。例如，2017年《中华人民共和国民法总则》（以下简称《民法总则》）通过以后，民法学教材和教学基本都围绕总则来调整。但遗憾的是，迄今为止我国商事立法一直采取商事单行法的形式，没有"商法通则"或"商法总则"，这就导致商法教学几乎是各自为政，总论的内容勉强寄居在民法之下。在不远的将来，我们会进入民法典时代，"商法典""商法总则或通则"暂未进入立法视野，在此背景下，商法课程的设置和教学模式应该何去何从？这是我们思考和亟待解决的问题。

一、我国高校法本专业商法课程设置体系架构

随着我国社会主义市场经济的发展，商法被确立为法科学生必修的14门核心课程之一，这在某种程度上反映出商法在法学教育中的重要地位。尽管如此，因商法学自身特点，当前我国各大高校法学院在对商法的课程设置方面有所差

---

[*] 作者简介：杜明强，贵州大学法学院校聘副教授，法学博士，硕士生导师。研究方向为民商法学、立法学。

异，教学内容也呈多样化趋势。为此，笔者选取了 4 所综合性大学（北京大学、中国人民大学、中山大学、贵州大学）和 1 所政法大学（中国政法大学），以及 5 所财经类大学（中央财经大学、对外经贸大学、上海财经大学、天津财经大学、广东财经大学）对法学本科专业商法课程的设置进行分析（见表 1）。

表 1

学校	专业必修课	专业选修课
北京大学	商法总论	企业法/公司法、保险法、海商法
中国人民大学	商法	公司法、海商法、破产法、保险法、票据法
中国政法大学	商法一（概论、公司法、合伙法）	商法二（票据法、证券法） 商法三（保险法、破产法）
中山大学	商法概论	企业（公司法）、海商法
贵州大学	商法	公司法、票据法、保险法
对外经贸大学	商法学	公司法、保险法、票据法、海商法、证券法
中央财经大学	公司法	保险法、证券法、票据法
上海财经大学	商法总论	公司法、保险法、票据法、海商法、证券法
天津财经大学	商法学	公司法、保险法、票据法、海商法、证券法
广东财经大学	商法学、法商融合案例专题	公司法、证券法、破产法、海商法

整体来看，上述高校开设的商法课程包括商法学、公司法、破产法、证券法、票据法、保险法、海商法等内容，部分高校增加了企业法，如合伙企业法和三资企业法的内容。在教学过程中，各学校基本会根据自身的师资力量来安排课程设计和教学内容，商法总论、公司法、保险法、海商法通常为主讲课程，但商法分则的内容各学校差异较为明显。此外，在学分的设置上，有的高校将商法课定为 2 学分，有的是 3 学分。具体而言，上述 10 所高校的商法课程设置模式可概括为如下四种模式。

模式一：商法总论（必修）+ 商法分论（选修）。将商法总论作为法学本科专业的必修课，同时独立开设公司法、保险法、票据法、海商法、证券法等商法分则内容的课程作为选修课。北京大学、上海财经大学的商法课程便采取此模式。

模式二：商法/商法学（必修）+ 商法分论（选修）。将商法/商法学作为法学本科专业的必修课，同时独立开设公司法、保险法、票据法、海商法、证券法等商法分则内容的课程作为选修课。中国人民大学、贵州大学、对外经贸大学等高校的商法课程便采取此模式。

模式三：商法概论（必修）+商法分论（选修）。将商法概论作为法学本科专业的必修课，同时独立开设公司法、保险法、票据法、海商法、证券法等商法分则内容的课程作为选修课。此模式为中国政法大学、中山大学所用。

模式四：只设置"商法分论（必修课+选修课）"，即不单独开设商法总论或者商法学的课程，而是针对商法分论的内容开设公司法、保险法、证券法、票据法等。中国政法大学、中央财经大学在法学专业商法学课程体系设计上即采取此种模式。

二、国内主要商法学教材及其内容概要

概览我国商法课程，其主要内容正好是与经济、管理最为密切的公司企业、金融、证券、票据、保险、海商、破产等法律制度；在财经政法类学校的各门课程中，商法学课程较好地彰显了法学与经济学、管理学的"融通性"特点。❶ 在本科生教材的选用上，可供各高校选择的教材有王保树教授主编的《商法》、覃有土教授主编的《商法学》、范健教授主编的《商法》、赵旭东主编的《商法学》等，这些教材的内容大体包括总论、公司法制度、证券法、保险法、票据法和破产法等内容，但也有教材涉及个人独资企业与合伙企业法的介绍，如赵旭东编著的《商法学》教材。此外，朱羿锟教授主编的《商法学——原理·图解·实例》对合伙企业有比较详细的讲解，但对个人独资企业、三资企业、全民所有制企业、城镇企业、乡镇企业只做了简单介绍。随着民法典编纂工作的推进，尤其是《民法总则》的出台，商法教材正在进行微调。近日，由教育部倡导的"马克思主义理论研究和建设工程"（简称"马工程"）商法学教材已经问世（高等教育出版社，2019年），其内容包括商法总论、商主体、公司法、非公司企业法、商行为、商业银行与商事支付法、保险法、证券法、信托与投资基金法、破产法十章。除该教材外，施天涛教授编著的《商法学》（第五版）也根据《民法总则》和最高人民法院关于适用《中华人民共和国公司法》若干问题的规定（四）的

---

❶ 雷兴虎.《商法学》课程的设置现状、存在问题与改革方向[J].西部法学评论，2009（5）：102-104.

内容作了最新修正，导论部分展现了商法的全貌，包括商法概述、商事主体、商事行为、商业名称、商事代理五章内容；专论部分则详尽阐述商事公司、证券交易、商事信托、商业银行、商业票据、商业保险及企业破产等具体制度。❶综上可知，商法学科部门法内容众多，范围难以确定、统一，各权威教材都将总论、公司法、证券法、保险法、破产法等内容串联在一起，试图打造逻辑严密的商法体系。

但事实上，要编著一部形式完整、逻辑严密、内容科学的商法学教材并非易事。当然这个问题并非我国特例，诸如法国、德国等法治传统较深厚的国家也面临类似困境。范健教授作为国内商法学资深专家，其在谈及对商法学教材的编写时指出，每个国家都是在特定社会背景下写出的商法基本理论。他在研究德国教材时发现一个问题，民法和商法是一种分离关系，商法的基本理论相对来说不是太成熟。加上中国商法理论研究的缺乏，所以整个商法学教材的体例安排并不理想。可见，商法学科和教材在中国是一个从无到有的现象，赵旭东教授指出：编著一本符合中国本土化需求且统一和协调商法教材的内容、反映商法的发展需求，以及适应高校的教授需要的经典教材，这并非易事。而且就我国法学教材编写的实际来看，基本是因立法而变。以民法为例，我国《民法通则》出台后的一段时间，民法学教材基本以《民法通则》的立法体例为线索展开；《民法总则》通过后，民法总论／总则的相关教材纷纷改版。但商法没有民法那般幸运，其商事单行法纷纷出台，但《商法通则》迟迟未被纳入立法规划。这种立法缺失也是商法教材体系性欠缺的关键因素。

三、民法典时代商法学课程体系设置及教学存在的问题

在民商合一的立法体例下，建构商法的基础理论可以以民法的相关理论为参考。《民法总则》除了在第11条对民商事法律关系的适用做出一体规定外，在民事主体制度（尤其是法人、非法人组织）部分、代理制度、诉讼时效制度等主要章节中都体现了民商合一的理念，或者说均设置了商法的部分内容。事实上，诚如蒋大兴教授所言："《民法总则》对于商事关系的调整，其最大贡献在于首次以基本法律的形式明确了'营利／非营利'的法人区分标准，确立了商事／商法的

---

❶ 施天涛.商法学[M].5版.北京：法律出版社，2018.

核心范畴。毕竟商法的许多内容，无论是商主体（企业），还是商行为（营业行为），都是在'营利'基础上衍生而出。因此，这种分类标准充分体现了商法思维。"❶此外，《民法总则》在对非法人组织、特别法人的制度设计上也倾向于部分体现商法思维。《民法总则》第108条规定："非法人组织除适用本章规定外，参照适用本法第三章第一节的有关规定。"据此，《民法总则》第59~64条关于法人的相关规定都可适用于非法人组织。这就表明，我国立法者在尽力找寻民商合一的结合点，努力将能够统率民商共性的制度设置在民法典总则中。同时，这也给商法课程设置和教学带来一定的困惑。如何正确处理民法课程与商法课程之间的关系？如何在教学设计上区分民法和商法的内容？这是我国当前商法教学亟待解决的问题。

就我国商法课程设置和教学安排来看，普遍存在的问题可概括为如下方面。

一是尚未充分重视民商法之间的内在联系。商法学界更加注重如何论证"商法的独特性"，无论是在教材编著、立法研究，还是具体教学内容的设计，学者们都更倾向于将商法当作一门独立的学科展开探讨。就民商法的关系而言，民法学界所提倡的"商法为民法的特别法"这种观点越来越不被商法学者所接受。在商法世界，学者们更乐意认为民法和商法共同构筑了"私法体系"，民法是私法的基本法，商法是私法的特别法。民商二法虽有交集，但随着市场经济的发展，商法的特殊性更加显著，故而更应重视"商法的特性"。因此，从学科发展的前景出发，商法学的理想也在于能够制定一部完整的《商法典》，或者能制定体现商法制度共性的《商法通则》。总之，商法不愿再"寄居"在民法的屋檐下发展。然而，商法学研究最大的缺陷在于其基础理论薄弱，相较于蓬勃发展的公司法、保险法、证券法等商法部门法实践与教学，作为商法基础理论的商法总论总体来说是滞后的。❷有学者对此提出批判，认为商法教材中的总论存在若干缺陷。第一，概念多而原理少；第二，总论与分论脱节；第三，总论以交易法原理为中心，忽视了企业法和金融法的原理；第四，简单地套用民法的概念和原理。❸这给商法教学造成了极大的障碍，不利于学生商法思维的塑造和培养。事实上，商法在主体制度、基本原则、法律责任等基本理论方面难以脱离民法原理的支撑，

---

❶ 蒋大兴.《民法总则》的商法意义——以法人类型区分及规范构造为中心[J].比较法研究，2017（4）.
❷ 刘训智.商法课程与教学改革刍议[J].河南教育学院学报，2018（1）.
❸ 陈醇.商法原理重述[M].北京：法律出版社，2010：289.

这也是民商二法难舍难分的根源所在。笔者认为，在我国商法理论尚未取得突破性进展之前，在后民法典时代，既然《民法总则》设置了诸多商法规范，我们的商法课程设置和商法教学应当以此为基础，适应当代民商事立法的要求，充分重视《民法总则》与商法教学的关系，而不是人为割裂民法和商法的内在联系，这才是商法教学应有的价值选择。

二是尚未处理好商法总论与商法分论的关系。从前述十大高校商法课程的设置来看，如何把握商法总论与各分论的关系问题还有待研究。各高校效仿民法课程的设置，多都将商法总论/概论作为必修课，但商法总论讲什么内容是个问题。正如周友苏教授所言，作为一门高校的必修课，商法学到底是讲商法总论还是讲商法总论与公司法，抑或是讲商法概论，确实是值得研究的问题。因为讲商法总论通常为商法学最前面那一部分，讲商法总论与公司法，则要将公司法作为重要的一部分和总论捆在一起。如果讲商法概论，没有突出哪一部分，就要求所有商法的知识都需要讲到。"马工程"教材会涉及公司法部分，也会涉及其他部分，但肯定没有任何一部分能讲透。[1] 赵旭东教授认为，如果只讲商法总论的小部分知识，那么这门课程就是可有可无的，因为商法总论没有成型，没有我国自己的制度理论依据。因此，即便是有实力开设商法总论的高校，如何确定其中的教学内容也是一大难题，即使开设出"商法学"课程，在该课程的讲授中也多以商法分论，特别是商事主体制度内容为主。例如，中国政法大学开设的商法一，就将商法概论和公司法、合伙法作为必修课一并设置和讲解；中央财经大学直接开设商法分论，不设商法总论课，让学生直接学习公司法、证券法等具体制度。

此外，商法总论与分论存在的另一关键问题是公司法、证券法、保险法、信托法、破产法、海商法等各自都有独特的法律属性，商法总论规定的基本原则、主体制度、行为制度、责任制度能在多大程度上抽象出上述分论共有的特征，换言之，商法总论如何通过理论建构和制度设计来提取各分论的"公因式"。这个问题也是开设商法总论课程必须解决的前提问题，如果抽象不出能够统一适用于各部门法的"公因式制度"，那么如何建构总论与分论之间的联系将面临理论障碍。

三是建构科学的商法课程体系思路不明。从本研究所选取的高校来看，其开

---

[1] 周友苏："关于商法教学的看法"，在中山大学法学院2016年12月举办的"民商法的教与学"专家座谈会上的发言。

设的商法课程包括总论/概论/商法学、公司法、破产法、证券法、票据法、保险法、海商法等内容。其中商法总论/概论/商法学多为必修课，商法分论的内容为专业选修课。只有中国政法大学、中央财经大学才将公司法列入必修课，广东财经大学增设了一门"法商融合案例专题"作为必修课，应当说这种设计契合了商法课程实践性强的特点。商法作为法本学生的核心课程之一，如何建构科学合理的商法课程体系？到底设计多少学分最为合适？这个问题至少在笔者所在的法学院是没有展开科学论证的，至于上文所列其他高校的培养方案，也未见对商法课程的设置及学分作特殊说明。因此，在市场经济如此发达的今天，商法学课程体系的设置问题更加值得深入思考。

四是理论和实践之间的有效衔接问题突出。除了商法学教材的编排对商法教学的影响外，教师在商法教学过程中如何将理论和实践串联起来也是比较突出的问题。与民法相比，商法学各学科的实践性、可操作性明显较强，且部分商事单行法的技术性特征显著，这些并非靠抽象的理论能解决问题。如公司法中关于公司设立、变更登记的问题、公司治理、决议行为、董事监事高管的忠实勤勉义务等，都需要具体的实践操作，如果让尚无实践经验的教师讲授这些内容，也难以收到好的教学效果。此外，证券法中的证券交易、票据法中的票据结算，以及破产法中的重整、和解、清算等制度同样对教师的实践能力提出较大挑战，本科学生一般也很难直接接触到这类实践，如何让其理解授课内容也是商法教学需要重点研究的问题。

五是少有学校组织和开展交叉学科教学。商法学科范围广，所涉知识面也比较广泛。商法是与经济学、管理学等学科有密切关系的法学学科，相关法律制度，如公司法、证券法等涉及许多经济学和管理学知识，如果缺乏跨学科知识作支撑，很难让学生掌握商法的重要制度。但从各高校开设的课程来看，少有学院为了让学生能理解和吸收商法而专门开设经济学、管理学的辅助课程，至多在有条件的学校开设一门"法律经济学"。加上法学院教师自身的知识结构有限，对于交叉学科的内容本身也知之不多，导致商法学这门课程的教学质量大打折扣，这也是我国高校法学院商法学科及课程基础的薄弱环节。

四、民法典时代商法学课程体系设置及教学模式之改进

针对商法课程设置及教学过程中存在的问题，结合我国民商事立法的实践，

根据学生对商法知识的需求，笔者认为可供参考的改进思路有以下四个方面。

其一，优化商法的课程设置，提升商法课的学时和学分。我们认为，即使在后民法典时代，我们也要注重提升商法学科的地位和价值，真正让商法教学能适应时代需求，能培养学生的商法思维和实践能力。具体而言，在法学本科专业的商法课至少应当安排108学时，计10个学分（包括1个学分为实践）。一般可用三学期修完，一学期讲总论+非公司企业法，一学期讲商事组织法（公司法、破产法），一学期续讲商事行为法（证券法、保险法、票据法、海商法等），每一学期课程至少3个学分，至少设置一门必修课。最后要求学生参与具体的商法教学实习，计1学分。当然，按照目前各高校对大一新生进行通识教育的做法，可以考虑从大二上学期开设商法课，到大三下学期结束。这既可以为学生扎实系统学习商法知识创造条件，又能提升商法在法学学科体系中的地位，同时还可以为学生复习法考奠定基础。毕竟商法具有较强的专业性、实践性和跨学科性的特征，若法本学生对商法原理的基础掌握不扎实，后续的学习和应用将更加艰难。因此，优化既有的商法课程设置，提升商法课程的学时和学分显得迫切而必要。

其二，注重商法基础理论的教学，协调好总论与分论之间的关系。无论是民法还是商法，基础理论的学习都是学好其他部门法知识的核心。《民法总则》或《民法典》通过后，民法基础理论的体系性建构已基本完成，而且民法本身有着长期的理论积淀，这对于研习民法学具有显著的效果。而对于商法而言，立法者一方面倡导实行"民商合一"的立法体例，另一方面在民法典编著中又表现出"重民轻商"的立法倾向。这其实给商法理论教学造成了不少困扰，以至于我国的商法学教材被怀疑存在"简单套用民法的概念和原理"之嫌。对此，在商法学研究和教材编写过程中，需要从源头上真正厘清商法的独特内涵，需要建构一套独立于民法、经济法的商法理论，使得商法能实现与民法并列的私法二元体系。在充分研究民商二法理论交融与区隔之基础上，尽力拓展商法自己的规整范畴，实现"民法的归民法，商法的归商法"。如此方能在教学中播下商法的种子，以实现商法基础理论教学的体系化。当然，仅处理完商法理论与民法理论的关系问题还不够，还需要协调好商法总论与各分论之间的关系。从前文所述的各高校商法课程设置模式来看，我们认为模式一"商法总论（必修）+商法分论（选修）"较为合理，但需稍作改进，即将商法分论课改为必修+选修的形式，如公司法、保险法都可以作为分论的必修课程。在具体课程设置上应当注意总论和分论的协调，避免教学内容的简单重复。此外，针对学生的学习接受能力，还需考虑各分论课程设置的先后顺序。

其三，开设部分商法辅助性课程，注重交叉学科知识的渗透和运用。对于法学院的学生而言，目前对商法知识的学习比较单一，缺乏相关背景知识的支撑。究其原因，一方面在于教授商法的教师本身知识结构的局限性，对于交叉学科知识如经济学、管理学的基础理论掌握有限，难以将其有效渗入商法教学中；另一方面也在于我们法学教育长期以来的封闭性，在实行通识教育前，较少有法学院自主开设商法的辅助性学科，如将经济学、管理学作为选修课。而就目前的通识教育课程设置而言，以贵州大学为例，学生的反馈效果并不理想。如将《民法总论》作为大一的通识教育课，法学院的学生学完之后和其他学院的学生并无多少差别。因此，笔者建议在有条件的情况下，法学院可以专门聘请经济学、管理学等学科的教师为法学院学生开设相应的课程，以增强对法律（商法）和相近学科知识的渗透和应用，辅助学生更为全面系统地学好商法课。这种做法在MBA的教学中早已开始实施，而且商法作为MBA课程或非法专业的选修课程基本符合因学制宜的原则，达到"管用、管精"的教学效果。可见，作为一门应用性较强的学科，我们的法学教育教学（尤其是商法）也应该秉持开放的态度，吸收其他学科之精华为我所用。

其四，创新教学评价机制，改革现行考试制度。目前，法学院的教学评价还未走出考试制度的束缚。就考试制度而言，不是商法的特性，而是法学学科或整个高等教育的共性。据笔者了解，一般院校本科生的考试都比较刻板，多由教务处规定考试的形式和试题的类型，要求不同老师针对不同的班级上同一门学科的，考试试题必须统一。在此政策规管下，教师不能擅自对考试形式及试题类型作主观调整；学生（尤其是本科生）选修某一门课基本以计算绩点、拿学分为导向，较少有学生注重该门课程的实际价值。统一考试模式限制了教师的教学自主性，阻碍了学生的创新思路，基本将学生培训为应付考试的机器。这也导致学生毕业后基本不具备独自应对需要创新和需要决断的能力。对此，蒋大兴教授指出要按照"学生未来的主要发展方向来调整考试制度"。其中的关键在于如何让学生真正为了学习和应用知识为导向，而非考试绩点为导向。考试只是一种手段，而非目的。因此，急需要改变学生心中的"考什么就学什么"思维。只有相对灵活的考试制度才有可能培养出学生的独创性思维及解决问题的能力。以哥伦比亚大学法学院的商法课考试为例,考试时间5个小时,只有一个案例,开卷考试,要求学生从案例中找出问题、争议焦点、有哪些可供适用规则,逐一进行分析。这类似于让学生临时写一份判决书,这种考试相对比较灵活。比起我们常用试卷包括概念、简答、选择等题型,以及闭卷考试模式,前者对学生法律思维的训练效果更为显著。因此,在大力提倡改革本科教育的今天,首先在考试制度上就需要跳出中小学考试固定模式,否则我们只能培养出同质化的"乖学生",难以培养出优秀的法律人才。

总之,我国商法的课程设置还未成体系,或许商法自身的体系建构就相当困难。虽如此,学者们依旧在孜孜不倦地为商法能自成体系而奋斗。民法和商法虽然同属私法,但二者各有其特殊性。商法的教学更应该凸显商法不同于民法的个性,而不是复述二者的共性。在现阶段,面对民事立法所形成的"大民法观",商法教学更需挖掘和建构自身特有的理论,拓展其理论射程范围,找寻勾连商法总论与分论之间、各分论之间的理论线索,打通商法与其他相近学科的交流渠道,结合社会需求培养具有商法思维和法商融合实践能力的优秀法科学生。

法学专业课程教学改革刍议

姜 哲[*]

随着依法治国理念的推进和社会实践的发展，法学学科的发展也展现出了一些新特点。这些特点既是现今社会发展在法学学科领域发展的展现，同时也要求法学专业课程教育需要适应发展要求进行相应的改革和创新，以更好地满足法学专业教育的目标和要求。

一、法学专业发展特点

（一）社会领域新业态发展的法学体现

法学学科作为调整社会关系领域的学科势必会随着社会领域的新业态而发展。这一发展特点既反映为专业学科领域中一些新兴学科的发展对于法学学科发展提出的相应要求，也反映为社会领域新业态领域的发展对于相应的法学学科的研究发展提出要求。部分领域是对于已经有较为深厚法学研究的领域提出的新发展，如在公司证券领域对于同股不同权的研究；还有部分领域是由于新兴领域业态的发展而出现的新领域，如现在出现的大数据区块链等领域。相较于已有的广泛和长时间研究的一些法学领域，这些领域的法学研究尚处于起步阶段，而社会发展对于此方面的规范发展和人才培养又出现了不断更新的要求。以往对于一些法学领域的研究还可能采用比较研究的方法，但是现在不少新兴业态发展领域的发展状况决定了可能没有经验可资借鉴。不对这些方面加强相应的研究和增加法学教育对应的培养环节就可能发生法学教学领域与社会发展中的新实践新要求相脱节的状况，这也就要求在对应的法学教育领域弥补相应的教学短板，使得法学

---

[*] 作者简介：姜哲，女，山东潍坊人，贵州大学法学院，讲师，主要研究领域为经济法商法。

教育能够适应经济、社会发展的要求。

（二）专业性与交叉性的发展

法学学科是专业性较强的学科之一，不论是法学学科的各项规范化要求，以及相关基本原理，还是部门法的具体适用，都对于法学专业课程提出了较高要求。法学领域的这一特点长期以来在法学专业课程设置上也有相应体现。法学领域还具有一定交叉学科的特点，法学的研究和教学对于此方面亦应有其体现。随着社会科学领域和新型业态领域的不断发展，法学领域的专业性与交叉性特征愈加明显。法学学科发展的这一特点已经不局限于经济学、社会学等研究方法在法学领域的应用，更体现为研究领域的交叉性。法学学科教育不仅对于法学专业领域的基础理论有相应要求，对于各相关社会领域的基础理论的研究也有相应要求，对于法学专业学科领域的发展有一定的跨专业、跨学科的要求和体现。法学领域的专业性不会随着其发展而降低，交叉性特征对于法学学科的发展和法学教育的质量提升有着更为明显的要求。

（三）法学理论与实践的融合发展

法学理论研究对于实践中的法律适用具有重要的基础作用和指导作用，实践中出现的社会发展中的新业态领域发展又会促进法学基础理论的拓展和其研究领域的不断发展更新。法学专业具有理论与实践融合发展的特征，法学学科社会领域新业态发展及专业性与交叉性的特点对于法学理论研究和实践都具有重要意义，不论是对于法学领域的研究方法、研究范围的不断发展更新，还是分析、解决实践中的法律适用都具有良性促进作用。

法学专业发展的这些特点对于法学专业教育的发展也提出了相应要求。

二、法学教育发展之要求

（一）概况

我国法学教育随着高等教育的发展，其办学规模、层次和办学质量也相应扩大和提高。整体上看，我国高等学校办学规模不断扩大，办学层次不断丰富，入学率也不断提升。1977年恢复高考时，入学率为1.55%[1]，2016年达到42.7%[2]。

---

[1] 吴汉东.法学教育发展的历史轨迹与中国道路[J].中国大学教学，2016（1）.
[2] 教育部.2016年全国教育事业发展统计公报[EB/OL].(2017-07-10)[2018-06-12].http://www.moe.gov.cn/jyb_sjzl/sjzl_fztjgb/201707/t20170710_309042.html.

开办法学院校达到628所❶，法学在校生人数1997年为118 418人❷，2015年达到70万人❸。1997年法学研究生在校总数为9 489人❹，2016年达到12万人❺。法学高等教育不仅办学规模不断扩大、层次不断提高、人数不断增加，其发展还随着法学专业发展特点的呈现而对之提出了相应要求。

（二）法学教育之要求

1. 强化新兴领域研究，夯实基础领域理论

法学随着社会发展而不断发展，科学技术的发展和创新对法学专业教育领域提出了相应要求。一些领域的基础研究得到了新的发展，一些领域则是随着新业态的产生而产生，这些方面都需要对其进行相应的研究并在法学教育中增加相应部分。社会实践的发展也要求对相应的法学基础理论和研究进行延伸，在法学专业教育中也要注意理论和实践的发展相适应，使得学生及时了解相关领域发展的情况，能够运用法学基础理论进行分析研究，拓展相应的基础领域发展。新业态发展领域中，网络支付在近年不断兴起，2013—2016年，网络支付业务总量急剧增多，其总量从193.46亿笔升至1 639.02亿笔，总金额也从10.40万亿元升至99.27万亿元，❻并且还呈现了不断增长的态势。此外，大数据、区块链这些新兴领域的发展没有先例可循，没有太多比较研究可做，这无疑都对基础理论研究和发展提出了相应要求。增强和夯实相应的基础理论薄弱部分的研究，在法学教学中对于有关领域进行介绍、阐释，对于促进学生的知识结构更新、适应社会发展需求有所裨益，能够避免学生学习的理论知识和实践适用领域无法适应社会的发展和新业态新领域研究的要求。

2. 优化专业课程设置，增加交叉学科理论内容

专业性是法学学科的重要特征，这也要求在法学教育领域对于专业课程的设置不断优化，提高学生的法律专业素养，适应法律专业化要求。法律的专业化是

---

❶ 张文显.中国法学教育的改革发展问题［J］.北京航空航天大学学报（社会科学版），2018（2）.
❷ 教育部.1997年教育统计数据-高等教育-普通高等学校分科学生数［EB/OL］.（2005-05-25）［2018-06-12］.http://www.moe.gov.cn/s78/A03/moe_560/moe_569/moe_577/201002/t20100226_3117.html.
❸ 吴汉东.法学教育发展的历史轨迹与中国道路［J］.中国大学教学，2016（1）：15.
❹ 教育部.1997年教育统计数据-高等教育-高等学校研究生基本情况［EB/OL］.（2005-05-25）［2018-06-12］.http://www.moe.gov.cn/s78/A03/moe_560/moe_569/moe_577/201002/t20100226_4679.html.
❺ 教育部.2016年教育统计数据-全国基本情况-分学科研究生数（普通高校）［EB/OL］.（2017-08-24）［2018-06-12］.中华人民共和国教育部官网，http://www.moe.gov.cn/s78/A03/moe_560/jytjsj_2016/2016_qg/201708/t20170822_311598.html.
❻ 中国人民银行支付结算司.中国支付体系发展报告（2016）［M］.北京：中国金融出版社，2017：54.

法学专业对于学生能够运用法学理论分析解决问题的基本要求。这要求在对于学生的培养体系中,进一步加强学生的法学基础专业理论素质,在课程设置方面增加学生的专业课程理论和细分课程领域的研究学习,使得学生的基础理论知识更为扎实,并且具有相应的专业领域素养和运用理论分析实践问题的能力。

交叉性也是法学学科不断发展对于法学教育提出的要求,这使专业课程设置方面不仅要增强学生的法学专业基础,还要增强交叉领域的学术理论基础。进而要求不仅要增加经济学、社会学等方面的研究方法的适用,还要求法学研究领域的交叉性。增加跨学科、交叉领域的相应内容,无疑对于增加法学研究的理论厚度、强化学生的综合理论水平、提高学生综合素质、提升教学水平和质量都有相应优势。

3. 推进法学理论与实践融合

法学学科不仅是理论学科,也是社会应用型学科。这要求在法律教育的过程中,不仅要培养学生的法学专业基础理论知识和综合素质,还要使学生能够运用相应理论分析解决实践问题。这种理论与实践的融合不仅体现在法学教育环节中的社会实践、毕业实习等各方面,还体现为法学学科对于新业态发展等各方面的研究和专业与交叉学科领域等特点,以及社会发展相适应。这就要综合改善法学学科教育中的理论与实践环节,多方面、多层次提高学生适用理论的能力,适应法学教育中对于学生的实践能力要求。

三、法学专业课程教学改革之建议

(一)优化法学专业课程体系

由于办学规模的增加,一方面法学教育提高了相应的办学水平、层次;另一方面也出现了生师比增加、教学班级人数增多等情况。普通高校生师比从1992年的6.83∶1增长到2016年的17.07∶1[1]。在提升教学质量方面,增加普通高校专任教师师资,适当减少相应教学班级人数也是其中的可能路径。专业课程一节课一般为50分钟,由于法学专业的专业特点,不仅对于学生的专业理论知识有相应要求,还要求其能够适用理论进行实践问题分析。其中除了教师讲授外,还涉及大量的课堂讨论、问答式教学等,在教学人数较多的情况下,就可能出现

---

[1] 教育部.2016年全国教育事业发展统计公报[EB/OL].(2017-07-10)[2018-06-12].http://www.moe.gov.cn/jyb_sjzl/sjzl_fztjgb/201707/t20170710_309042.html.

学生不能充分参与课堂讨论等问题，对于相应的理论内容不能够充分理解掌握，对于其适用理论分析问题的能力也难以充分判断。因此，适当减少教学班级人数有益于完善教学环节、增加学生课堂参与度、提高学生理论素质和运用理论分析实践问题的能力及提升教学质量。

根据法学学科发展的特点及对应法学教育的相应要求，还有必要在法学专业课程体系中增加新兴领域课程内容，拓展对于法学基础理论研究的部分，使得法学课程内容及其课程设置能够适应社会发展的需要，增加跨学科交叉性理论内容、适当优化专业课程设置，提高学生的综合理论水平和实践运用能力。在专业细分领域加强相关内容的设置，使得学生在专业领域方面的水平有所增强。

（二）完善专业考核方式

在研究生考核方面，专业课程考虑增加"论文答辩"步骤。对于研究生的课程考查，其中不少课程除了平常成绩外，主要以论文方式进行考核。为增强学生的综合素质及对其所论述内容的进一步认识，加深其理论及实践运用能力，可增加在考核过程中的"论文答辩"环节。该环节同毕业论文中的论文答辩有所差异，主要以学生对其论文进行分析阐述为主，适当回答教师提出的有关问题。这一考核方式对于更全面地对学生的专业素质能力进行考核有一定作用。

（三）增加理论与实践融合环节

1. 在本科教育阶段增加法学专业社会实践

法学本科主要以毕业实习阶段为学生进行实践适用阶段，该阶段一般在本科的第四学年第一学期进行。该学期除了毕业实习外，部分学生还可能由于考研复习等原因，不能充分参与毕业实习，影响其毕业实习质量。建议在法学专业本科生学习的第二学年、第三学年增加专业实践部分，在法院、检察院、律师事务所、公司法务等部门进行相应社会实践，并且和毕业实习构成相应补充，至少参加两个环节的法学相关社会实践，培养学生实践适用理论的能力，提高学生的专业能力和综合素质。

2. 在研究生培养阶段增加社会实践环节

建议在研究生学习的第一学年、第二学年增加社会实践环节。研究生培养虽然主要以提升学生理论综合素质为主，但仍应重视其实践应用能力，因为法学领域中的各项发展与社会实践中的相关领域发展相关联。增加的社会实践环节其中一方面为专业社会实践，主要在法院、检察院、律师事务所、公司法务部门等各专业部门进行社会实践,该专业适用环节有益于提升研究生的专业素质。另一方面,专业实践领域外,建议在研究生社会实践中增加跨学科社会实践,对于提高学生的综合素质会有一定助益。

综上,法学学科随着当前社会领域的诸多发展而出现了不少新的特点,这也就要求法学教育领域随之进行相应的改革、创新,适应法学学科发展和社会发展的要求。通过专业课程体系调整、完善考核方式、增加实践培养环节等举措进行教学改革,对于优化法学教育体系、提升法学教育质量等方面有所助益。

基于微课的翻转课堂教学模式在侵权责任法教学实践中的运用

申开琼[*]

随着信息化的不断推进,课堂教学不再是45分钟的"填鸭式"教学,而是利用微课的翻转课堂教学模式,使学生在课上课下自主发挥。与教师课堂讲授、学生课下练习的传统教学顺序相反,"翻转课堂"将知识传授演化为信息传递。通过课前任务驱动,学生借助微课视频、课件、检测题目、案例分析、参考书目等自主学习,掌握基础知识点;知识内化置于课堂,由师生、生生互动完成,学生由被动接受蜕变为主动研究。[①]这一模式能更好地解决学生因上课时间长、内容多、学不会的突出问题,锻炼学生自主学习能力,提高教师的整体教学质量。微课的翻转课堂教学模式,较好地解决了前述问题。通过案例讲解,有声、有形的课堂教学更容易被学生们接受。2017年,贵州大学法学专业入选教育部评选的一流法学专业名单,为了推进贵州省一流法学专业建设,为国家和社会培养优秀法律人才,贵州大学法学院决定加强课程建设,设立精品课程、教学案例库,以及教材编写三类课程建设教学改革项目,其中侵权责任法入选了精品课程建设项目。本文将从不同角度,深入剖析基于微课的"翻转课堂"教学模式在侵权责任法教学实践中的运用,在该领域提出一些可供参考的建议。

---

[*] 作者简介:申开琼,武汉大学法律硕士,贵州大学法学院讲师。
[①] 王洪宇.侵权法课程Moodle平台翻转课堂教学探究[J].浙江万里学院学报,2017,30(5).

一、基于微课的翻转课堂教学模式在《侵权责任法》教学中运用的背景

目前，我国高等教育领域并没有广泛引进微课的翻转课堂教学模式。就法科学生而言，在传统教学课堂中，教师按照教学大纲和教材实施教学，学生学习积极性不高，教学缺乏明确的目标。关于法学教学的目标，在学术界一直存在争论。有观点认为，我国法学教育应以法律应用为目标，以司法考试为导向对法学教育方向进行调整[1]；有观点认为，我国法律教育应该培养应用型法律人才[2]；也有观点认为现实的目标应该是培养德才兼备的准法律人，应该具备相应的核心法律知识、核心法律技能，以及核心法律价值观[3]；还有一种观点认为，法学本科教育，既不是单纯的"通识教育"，也不是单纯的"法律职业教育"，而应当是"通识教育与职业教育相结合的基础性教育"[4]。由于教育目标不明确，导致传统的法学教育课堂氛围死气沉沉，老师满堂灌，学生被动学，学生学习效果欠佳。以上问题也存在于《侵权责任法》的教学中。在传统的教学模式下，教师通常习惯于将知识点一一罗列，要求学生掌握，忽视了学生思维方法的锻炼，学生得到的只是现有的知识，缺乏独立思考和探索能力。从授课过程来看，重在将结论展示给学生，轻视学生的思考过程，缺乏学生对问题的分析论证。同时，学生对教师与教材上的观点缺乏质疑与批判的能力和勇气。在学生答疑和辅导时，学生主要的问题是对法律条文的理解困难，很少对教材和其他相关读物上的问题或观点提出批评。[5]

期末考试是检验学生学习情况的一个比较客观的标准，传统的法学教育课程设置中，侵权责任法一直都是选修课，选修课的考核通常以难点问题论述和案例分析结合来考查学生对相关理论的掌握情况。历年考核结果表明，学生对疑难问题的论述要比案例分析题做得好些，案例分析显示学生对相关理论的具体应用掌握，考查的结果都不太尽如人意，大多数的学生思路不太清晰。学生在走出校门后无法较好地解决实际案件，必须经由资深的司法前辈指点，才能够独立完成案

---

[1] 杨斐. 法学教学方法的地位和作用再认识[J]. 广东外语外贸大学学报, 2007(5).
[2] 曲麟. 法学教学方法刍议[J]. 华章, 2010(4).
[3] 许身健. 明确法学教育培养目标，提升实践性法学教育[M]//实践性法学教育论丛（第一卷）.北京: 知识产权出版社, 2010: 1-18.
[4] 林旭霞, 杜力夫. 法学本科教学模式的探索与创新[J]. 中国法学教育研究, 2007(2).
[5] 蔡唱. 卓越法律人才《侵权责任法》课程教学改革[J]. 大学教育科学, 2015(2).

件的处理工作，究其原因，主要是因为学生对相关的法律概念、原理、规则的体系的理解并没有完全吃透，所以无法有针对性地应用。从2018年开始，法学院调整了教学计划，《侵权责任法》成为2016级本科生的专业必修课。课程的教学内容和重点，以及考核方式都进行了相应的调整，我们用"翻转课堂"的教学方式进行了一定程度的试验，同学们对此门课程的教学效果反映都不错。

微课的翻转课堂教学模式在《侵权责任法》的实际教学运用中，具有一定的灵活性，它能引导学生自主学习，激发学生的学习兴趣。学生从简单的短视频中，理解侵权责任法的相关概念，并能够在课外实践中较好地运用，这是微课的翻转课堂教学模式存在于法学教学中的目的。《侵权责任法》有些内容枯燥乏味，很难激发学生学习的热情，学生往往对一个问题需要不断摸索，即使如此有时最终也无法得到满意的结果。而微课的"翻转课堂"教学模式在侵权责任法教学中的出现，无疑能够解决这些问题。它是对相关案例的还原，从所还原的真实场景中，引导学生思考，进行积极主动的互动，活跃课堂气氛，使枯燥的法学内容，变得更为生动，使相关法理法条变得更为立体，让学生能够更易吸收，更容易理解，使之在今后的学习与工作中，都能够将自身所学运用到实际案例中，真正实现我国司法的权威性与公正性。因此，基于微课的"翻转课堂"教学模式在侵权责任法教学实践中的运用，具有可行性和必要性。

二、微课制作

基于微课的翻转课堂教学模式在《侵权责任法》教学改革中的运用，首先是进行微课的视频制作。在教学微视频课件的制作过程中，教学内容的选择是首要问题，而教学内容的选择中，法学教材的深度问题最难把握。已有的单独的侵权责任法教材，在理论上的讨论比较多，多针对研究生阶段的学生。而一般的民法教材中，都有侵权责任法部分，但这样的内容相对简单，不够具体。另外，大多数的教材，都是以系统讲授侵权责任法的规则体系为模式，缺少最新的案件分析、规则适用等内容。这样单一的教材就不足以帮助学生全面掌握侵权责任法体系和对相关技能的培养。贵州大学侵权责任法的学时只有32课时，如何在有限的时间里让学生从理论到实践全面掌握侵权责任法的理论知识和解决案件的技能，是制订教学计划时需要反复考虑的内容。课程组经过研究以后，决定结合我国侵权责任法的立法、司法实践和理论研究将侵权责任法的相关理论分解为12

个专题给学生制作微视频,让学生在课外先自主学习。

在微视频的录制过程中要始终把握两个关键点,一是保证课件的吸引度,生动化,能够激发学生对侵权责任法的认知;二是能够引导学生自主学习侵权法的法规法条,并将其较好地运用到实践中。对于微课的翻转课堂教学模式在侵权责任法教学实践中的运用而言,让学生学有所用,是微课视频制作的关键,因此在选择案例时要确保课件的案例真实性,能够触动学生,让其通过视频课件加深对侵权责任法的理解与认知。

笔者认为,教师在制作侵权责任法教学视频的过程中,视频不宜过长,应该注意时间的节点,能够将教学案件的内容丰富化,教学案件课题鲜明化,让学生更容易掌握知识点,加深学生对侵权责任法的理解。比如,侵权责任法的归责原则这一节课的制作,可以剪辑多个案例,让学生理解其内涵,以及相应的法律概念,明确归责原则的界定和适用范围。另外,在教学视频的制作过程中,还需要结合学生的实际情况,必须简单易懂,不可将视频内容录制得太烦琐,学生无法理解自然丧失对该课程的学习信心。也就是说,制定学生能够接受的视频课程,让学生更容易理解,从而提升学生的学习自信,巩固侵权责任法的学习能力,树立学生的学习信念。

在录制系统的微视频课程的基础上,还应重视课程资源的建设工作。为学生创建个性化、自主性、互动性、探究式学习资源与平台,拓展学生学习空间,解决其网络学习资源匮乏,互动空间、时间不足等问题,现在正在进行当中。

三、引导式教学

微课的翻转课堂教学模式在一般教学实践中的运用,微视频的制作仅仅是项目实施的第一步,在学生自主学习的基础上,教师如何进行有效的引导式教学是教学改革成功的关键。笔者所在教研组选取了侵权责任的构成要件作为翻转课堂的试验田。

在学生课外自主学习的基础上,首先,采取书面测试或组织学生分析微课程中的案例,检测学生课外学习的情况;其次,将该部分所涉及的知识难点编成抢答题让学生课堂抢答,激发学生思考的积极性,引导学生做出正确的判断,检验学生自主学习的效果,以便查漏补缺;再次,针对实践中典型的司法案例开展讨论活动,引导学生将所学知识运用于实践,解决具体问题;最后,采取角色扮演或诉讼情景再现的形式，开展课堂展示活动，展现学习效果。

总之，基于微课的翻转课堂教学模式在侵权责任法教学实践中的运用，必须展现课堂的灵活性，能够让学生在课堂中学习到知识，通过相互交流与沟通，促进知识的吸收。此外，倡导学生进行课下交流，对于一些不懂的难点问题，可以通过课下对课件的翻转式学习，加之与学生或者老师的沟通，将一些相关难点问题解决。

四、结　论

目前，基于微课的翻转课堂教学模式在我国新课改教学中具有一定的理论与实践意义。一些院校内采用微课的翻转课堂教学模式，对课堂教授的学生而言具有一定的积极作用，对教学改革的推进具有一定的促进作用❶。笔者认为，微课的翻转课堂教学模式在侵权责任法教学实践运用中，还应考虑学生课前预习质量、课堂的思维和反应能力等一系列问题，在合理安排和解决上述问题后，探索出一条教学改革的成功之路。

本研究大胆提出基于微课的翻转课堂教学模式在侵权责任法教学实践中的运用，将实际案例与相关法理法条相结合，将其融入微课翻转课堂教学中，以短为简，将难懂的法律概念予以简化，通过短视频加深理解，让学生从微课的翻转课堂得到自己想要的答案，从而提高学生对侵权责任法的实践运用能力。

综上所述，基于微课的翻转课堂教学模式在侵权责任法教学实践中的运用，能够改善教学面貌，有声、有形的微课翻转课堂教学，能够在很大程度上还原侵权责任法相关案例。学生通过案例的内容加深了对侵权责任法的理解，从而提高了整体学习效率，使课堂与司法实践紧密相连，提高了侵权责任法的实践教学水平。

---

❶　李建中.基于微课的翻转课堂教学模式在《电机与变压器》课程教学中的探究与实践［J］.科技与创新，2016（8）.

高校法律文书课程协同式教学探索

张雅洁　王春丽[*]

一、问题的提出

改革开放迄今已有40余年，我国法学教育取得了重大突破与进展。法科学生的数量呈现逐年递增之势，法科学生培养质量之评估更可谓标准多重，而法律文书写作能力堪称最为直观、最易洞察的维度之一。有关教师之"教"与学生之"学"的问题，始终是高校法律文书教学领域的重要命题。甚或可以说，法律文书写作能力既是法科学生的安身立命之本，亦是法学教育成果和教育质效的试金石。综观当下中国的法律文书教学，以下问题颇值得检视与省思。

（一）师生对法律文书课程的认知不清、定位不明

根据笔者的观察，但凡论及法律文书写作课程，无论是法学教师还是法科学生，对该门课程的性质、功能乃至价值取向大多较为模糊，难以达成共识。甚至在不少教师和学生看来，该门课程与其他法学基础课程并无二致，只不过格式化、套路化的东西稍显突出、实践性略强罢了。此种认知的存在与法律文书教学过程中，对"真问题"的发现之缺失、洞察之阙如，不无相关，更谈不上学生良好思维习惯的训练与养成。学生往往片面化地认为，只要将案件事实和法律规定嵌入法律文书格式文本当中，就理当能制作出合乎规范和要求的法律文书。众所周知，法律文书的样式和种类颇为繁多，用"千姿百态"来形容其形式与风格各异，丝毫不为过。仅以刑事诉讼法律文书为例，侦查文书、检察文书、裁判文书、诉讼程序性文书、各类笔录、律师法律意见、辩护意见等占据了刑事卷宗的绝大部分内容。更何况还有公证文书、仲裁文书、律师实务文书等非诉讼法律文

---

[*] 作者简介：张雅洁，女，贵州大学法学院2017级法律硕士研究生；王春丽，女，贵州大学法学院讲师，主要研究领域为诉讼法学、法律文书学。

书，其种类之多、内容涉猎之广，可谓一应俱全。2014年10月发布的《中共中央关于全面推进依法治国若干重大问题的决定》中指出，要加强法律文书释法说理，建立生效法律文书统一上网和公开查询制度。因此法律文书作为一项重要的司法公开内容，在制作过程中更需要重视个案处理的公平、公正与合理原则。法院裁判文书既是承办法官、合议庭与案涉当事人进行深度沟通与理性对话的特别方式，更是向社会传递法律信息、向普罗大众普及法律知识的透明窗口，其质量优劣不仅直接影响个案当事人对其所亲历之司法程序公正度的评价，更关乎民众对司法的信赖度乃至法律信仰的萌芽与养成。法院对于案件事实、证据和法律问题的专业评价与精准判断，还能成为民众对自身行为预测与把握的标尺，无形中强化了整个社会生活秩序的规范性。刑事裁判文书不仅关乎当事人本人的自由、财产与生命，更决定了其背后数个家庭乃至整个家族的命运与未来走向。从这一层面而言，法律文书写作既承载了法律人的伦理素养、责任担当，亦承载了厚重而又鲜活的人性与人生。法律文书的撰写与制作均需要有代入感，故学生需要将心比心、换位思考，将学习的视阈平移至司法实践的真实场景之中，甚或将自己想象成切实接触案件、办理案件之人，全面深入地斟酌、考量与案件有关的任何一个细节、任何一份证据。法科学生对于法律文书的态度需要一点一滴去培养，绝非朝夕之间可以养成，故法律文书写作课程就是历练学生对法律问题的研判能力、处理能力的绝佳机会与平台，渐次铺开的法律文书课堂亦成为学生进行模拟仿真练习的绝佳场域。教师提供真实的案例素材以供学生进行研究与剖解应当也是出于此种考虑，让学生深刻意识到以后他们所写的每个字都可能影响甚或决定着当事人的命运与人生，故不可有丝毫怠惰与含糊。法律文书写作责任重大、意蕴非凡，它需要教师与学生目标一致，高度负责，并报以强烈使命感方能不负法律工作之使命。

（二）学生学习主动性不足、综合能力亟待提升

法律文书课程不只是教师传授学生如何撰写一份法律文书、掌握一项技能，更是通过这一互动过程引导、启发学生成长为一名合格的法律人。法律文书写作需要法科学生具备将问题框定在程序范围内思考的能力，而在程序范围内思考的前提是具备一定的法律思维，对既定法律程序有相当程度的了解，并能够遵守与之匹配的具体规则，但在其规则内还需要学生充分发挥自己的能动性，点滴积累、不断推进，从而创造出契合个案事实、符合证据法理且法律适用精准的作

品。以全国法律专业学位研究生教育指导委员会一年一度举办的"全国法律专业学位研究生法律文书写作大赛"为例，按照其既定规则，承办方会事先给定基础案情和部分背景材料，以供参赛同学在掌握相同素材、相同背景知识的前提下，遵循相同的竞赛和写作规则展开博弈，然而即便针对同样的素材，同样的案件事实，为什么参赛同学写出来的文书内容、论证质量却参差不齐，文书风格亦大迥其异？拿法律文书案例中的证据来说，每个案例中的证据都不是以静止、毫无生机的样态存在着，它代表着案件中的一个事实片段，隐含着一段或悲或喜的往事，甚或一个跌宕起伏的人生故事。意欲撰写出合格的法律文书，就需要制作主体对给定事实和证据进行解构，并依循一定的逻辑体系和证据规则重构案情，需要依据证据来还原事实，寻找证据之间的联系。当然，证据并不必然被全部采纳，就像一个人讲的话不能完全相信一样。学生们需要根据案情和法律规定判断每个证据的效力及证明力，将所有证据进行甄别并有所取舍，将关联证据衔接在一起重塑案件的法律真实。案件的情况千差万别，对于证据的处理方法也需要因案而异，这些方法不是通过几次的课程学习能学到的，需要自己不断地锻炼并从中体会总结。同时，法律文书的写作质量会直接影响大众对于案件是否公正的评价，引起法律效果和社会效果的涟漪，因此需要较高的法律职业伦理意识。法律职业伦理主要体现在法律文书的说理部分，在程序和实体部分均有所彰显。程序上保证公平正义是对法律职业伦理的最低要求，更高的要求表现在实体事实的认定方面，不仅要保证结果的公正，也要保证过程的公正。

（三）传统法律文书授课方式与实践需求疏离明显

我国传统的法律文书写作教学模式为填鸭式教学，学生们在课程中处于被动的地位，缺少独立自主的思考能力，仅仅是将教师讲授的内容机械地灌输到自己的脑海里、记忆中。这种教学模式导致学生过分重视应试能力，对于自身应当具备的应用型技能一窍不通，甚至不以为然。调查发现，通过"法考"几乎成为法科学生的首要任务，甚或唯一任务。通过"法考"代表着具有法律职业资格，但绝不意味着具有了法律职业的能力，更不意味着法律职业伦理的内生与养成。而学习法律文书课程就是培养法律职业能力和法律职业伦理的直接途径。法律文书课程的传统授课模式为教师首先强调法律文书的格式要求，再讲述案件的所谓"基本事实"，且所谓的"事实"大多是经过教师人为、主观加工过的事实，甚至碎片化的文字材料，继而要求学生参考格式范本制作完成一份法律文书。这种机械死板的教学模式难以达到良好的教学效果，充其量只能做到格式上的"规范"，但绝难形成合格的法律文书。如今司法实践中所需要的不仅仅是牢靠掌握法律知识的人，更注重的是应用能力和书面表达能力。背熟法条就像纸上谈兵，未必能够处理和应对鲜活的法律事件。身为法律人，在熟谙法律知识和法学基础理论的基础上，还应当结合具体案情，以科学方法寻找可兹适用的法条，规范分析证据、进行证据采纳说理，以还原案件的本真。

构思、写作法律文书的过程，是思维从抽象到具体、从宏观到微观，不断深化、逐渐细致的过程。首先根据证据对案情有基本的判断，再寻找适当的法律解释和论证方法对案件进行定性分析，最后进一步结合事实证据做出具体的判断。整个过程需要将目光穿梭于事实和证据之间、往返于细节与脉络之间，将理论和实际不断地进行比对，这无疑对学生的应用能力和行动力提出了较高的要求。如今高校学生的语言表达能力似乎远远超过了书面表达能力，说得多、写得少。因为写得少，故不知道如何将语言转化为文字。而法律文书课程锻炼的就是这个短板，将自己的思路转化为大众都能接受和了解的文字，清晰明了地表达自己的观点和判断。法律文书作为一种对社会和受众公开的内容，其面对的大众为社会的全体民众，其中当然包括对于法律了解度不高的普通人士。如何掌握法律专业性和语言通俗性的尺度成了法律文书书面表达的难点，但在高校教学中教师很少讲授到这点，认为法言法语用得越多就代表法律文书越成功，忽略了大众对法律文书效果与价值之肯认。

二、高校法律文书课程协同式教学的内核

法律文书写作课程的协同式教学，乃"教师与学生协同""学生与学生协同"的多维度、多层面新型教学模式。其打破了教师为唯一主体的传统授课思维，强调课堂延伸的时间维度和空间维度，旨在激发学生在课前、课中、课后的全方位、立体式自主学习能力，形成教师与学生共同教学的新局面。具体而言，该教学模式包括以下几个方面：一是激发学生在课程中的主动性，使其增强课程参与感；二是教师适当引导，告知学生学习过程中的注意事项；三是教师与学生的配合，双方思想上的碰撞。以下将依次对此做出简要分析。

（一）学生自主学习能力的激活

学生习惯了传统教学模式中被动地吸取知识，忘记了自己才是教学活动的参

与者乃至"第一顺位受益者"的主体地位。协同式教学意味着需要学生亲力亲为、深度参与课堂设计与推进，与核心知识直接接触从而加深理解和阐释。教师只是整个教学过程中的辅导者与引领者。对于学生来说，法律文书的撰写与制作较为陌生，因其是一门偏向于应用技能型的学科，需要学生们在了解法律文书制作背景、目的、动机、范围等内容后充分发挥自己的主观能动性。但是现在大多数法科学生对此尚不了解，更谈不上发挥主动性了。协同式教学则要求学生与教师充分沟通，在沟通中了解双方的想法，从而达到一个更加体系化、趋于完美的教学效果。学生不但吸收教师的经验，而且充分发挥自己的主动性，切实地推动法律文书写作教学主旨与目标的实现。

（二）教师精准适时的理念引导

教师在协同式教学中更多地充当一个引路人的角色，保障法科学生在正确的思维路径上走得更远。法律文书写作课程是最能体现学生法律职业伦理的课程，学生们在构思、撰写和制作法律文书时需要具有较强的代入感，想象自己书写的法律文书将会切实发生在当事人身上，清楚自己的责任之重大。而教师就需要恰如其分地做好此类引导工作，特别是对那些有志于毕业后进入公检法部门供职的学生，更具现实意义。法律文书写作需要法理学、法律解释学和法学方法论等诸多前置法学理论与民法学、刑法学、民事诉讼法学、刑事诉讼法学，以及证据法学等前置专业课程的支撑，以有效激活学生的法治理念与信仰，让无罪推定思维、证据意识根植于学生内心，从而使其具备对案情进行理性客观、审慎评判的理论基础与理念基础。教师应当适时引导学生，在其接触卷宗材料之初，不宜先入为主、带有明显不利于当事人的个人前见或确证偏见，同时需要克服心目中的"想当然"或"理所当然"，应对案件中的线索细致梳理、对证据作条分缕析后进行精准研判。

（三）教师与学生思想的充分碰撞

在协同式教学场景中，没有明确的教师与学生之分。二者更像是共同完成使命的合作者，需要不断地进行双向沟通与探讨，最终打磨形成一份臻于完美的法律文书作品。经验丰富的教师经过无数次的教学实践业已形成了较为成熟、较为专业的教学方案，即便如此，仍然需要将教学方案与课堂设计提前告知学生，让学生充分了解、认可和接受。当学生对教学方案提出自己的见解和观点时，教师应当认真考量并吸收合理建议，适时对教学设计做出科学调整。在探讨具体案例时，教师和学生可以扮演不同的角色，站在各自的角度充分进行阐释、论证与说理，力求达到自己的"诉讼"目的。分工协作不仅使学生在思考问题时更加投入和仔细，而且在协作过程中学生掌握了对方的思想并与教师产生强烈的内心共鸣，碰撞出思想的火花，教学效果无疑会有质的提升。撰写法律文书的过程还是一场知己知彼、理性博弈的智慧旅程，需要担任不同角色的学生各尽所能为己方诉讼请求寻找更多的事实依据和证据，同时有能力发现对方的漏洞并逐个击破。在整个协作的过程中采取"教师画地图，学生选择道路"的方法，确定任务安排，制订教学方案。

三、法律文书课程协同式教学的贯穿

协同式教学最看重的是法科学生的沟通与表达能力，需要切换不同的角度来思考问题。法律文书写作是一个动态的过程，良好教学效果的取得，往往是教师与学生双向沟通顺畅且共同为之努力的结果。通过课前的沟通和交流，教师在较早阶段便形成了较为成熟的教学思路；在形成教学思路的基础上，教师将教学计划和安排详尽地告知学生，使其领会教师的教学意图。而后，在课堂进行过程中，教师会形成操作性更强的授课方案，通过课前的沟通，既能及时掌握学生的学习动态和心态，又能对学生进行必要的预习指引和辅导。在教学实践中，其目的在于引导学生按照教师的战略意图和角色安排来组织预习活动，在收集信息、分析案例素材、组织小组讨论及发现问题、解决问题方面，服从教师的战略部署。

协同式教学模式同样重视法律学生的表达能力，法律文书是将思想形成文字的过程。首先，语言表达要准确，甚至连标点符号都需要注意。中国语言文化博大精深，文字容易产生歧义，需要在撰写文书时格外注意。例如，张某还欠款5万元，还可以解释为"还是"或者"归还"，两个解释会产生截然不同的效果。所以在撰写文书时应格外注意字、词、句的用法准确。其次，法律逻辑要清晰。不同的法律关系决定着不同的诉讼程序，直接影响到法律适用问题。有的复杂案件可能同时涉及刑事法律关系和民事法律关系之处理，需要考虑二者之间的契合与冲突，二者的处理结果是否会互相影响。因此，在了解案情后，需要在头脑中梳理清楚案件的所有法律关系，法律关系是否真实，是否有事实证据证明。最后，表达应详略得当。大部分人不喜欢去看冗长复杂的内容，既费时间又难以理解。在书写文书时也需要考虑到这点。以判决书为例，双方对案情一定是有争议焦点的，整个审理过程也应该围绕争议焦点来讨论。判决书的释法说理亦应当直面焦点，充分阐释和论证支撑裁判观点的理由。

特别值得一提的是，法律文书写作课程的协同式教学，有着实现教师勤勉尽责义务的重要考量。传统的法律文书教学中教师常独立设计教学方案，忽略学生的真切需求，甚至对最终教学效果究竟如何并不在意。而学生自主性学习理论，强调激活学生的学习能力，却没有对学生与教师的教学立场加以协调，容易造成教师与学生在教学理念、思路上的分歧乃至观点上冲突的局面。而协同性教学则要求教师与学生通过充分的对话与沟通，保障学生对课堂组织和设计的参与权与知情权，在形成教学思路时充分考量学生的需求和背景知识掌握情况，说服学生接受教师的教学方法与思路，并为不同基础、不同性格的学生量身定做可行的教学操作方案，为其课前预习、小组讨论活动提供战略或战术上的指导。这种教学方式消除了教师只顾教学效果的可能性，大大减少了教师与学生之间发生理念冲突与心理隔阂的机会，双方所进行的教学操作方式，既经过了专业化知识的检验，也经过了双方的反复协商与沟通，往往成为兼顾专业化和现实操作性强的教学方案。通过这种教师与学生共同推进的协同式教学，教师所实行的是深思熟虑的教学思路及协调一致的教学操作方式。很显然，这种方式可以最大限度地确保教师勤勉义务的履行，使得学生的受益得到最大限度的扩展。

协同式教学的开展还离不开教师对学生、学生对学生思考和行动的及时反馈。基于法律文书写作课程的强实践性，唯有及时反馈，方能尽可能准确、迅速地了解学生在写作思维训练与写作技能习得过程中的具体表现。经验丰富、方法得当的教师通常会就学生当下的表现做出及时反馈，给出中肯的意见或建议。与此同时，推动学生与学生之间的互评与反馈机制的形成，用同伴的力量促进技能的快速学习与领悟。

换言之，要想取得成功的法律文书教学，教师往往需要与学生形成一种相互信任和协调一致的师生关系。最好的教学是教师将学生转化为教学助手的教学。一方面，教师运用其智慧、经验和技巧，秉承着尽职尽责的职业精神，提出专业化的教学思路和方案；另一方面，学生基于对教师的信任、尊重乃至推崇，在全面理解教师教学思路的前提下，对教师的教学进行全方位的支持和配合。如此一来，师生之间的密切配合就不存在任何负面和消极的影响因素，"教"与"学"协调一致，可望达成最大的教学合力，理想效果的取得亦属必然。

创新驱动发展战略下应用型知识产权人才的培养[*]

张惠彬　吴运时[**]

党的十八大明确提出实施创新驱动发展战略。作为创新的载体，知识是人类思想开出的智慧之花，有着深厚的文化与经济属性。因此，知识应当得到尊重与保护，知识产权制度的核心就是赋予创造者财产权利。党的十九大报告更是提出"倡导创新文化，强化知识产权创造、保护、运用"，这为未来我国知识产权事业的发展指明了方向，是新时期知识产权事业发展的根本遵循。知识产权事业的发展呼唤高素质的知识产权应用型人才。知识产权人才可以推动知识产权制度的完善，知识产权制度能够有力地推动创新。因此，人才、制度与创新环环相扣，三者之间形成了良性循环。但是，纵观目前我国高校知识产权人才培养方案，仍有诸多问题束缚着面向市场与实务的知识产权人才的发展。这些问题的解决，是我国实施创新驱动发展战略的关键。

---

[*] 本研究系重庆市教育科学"十二五规划"重点课题"推进'互联网+'知识产权本科教学改革研究"（2015GX017），重庆市高等教育教学改革研究项目"人才与产业耦合：创新驱动下知识产权人才培养模式研究"（163032），西南政法大学校级教育教学研究项目"推动'互联网+'知识产权本科课程改革研究"（2015C19）。

[**] 作者简介：张惠彬，西南政法大学法学博士，西南政法大学副教授，重庆知识产权保护协同创新中心研究员，剑桥大学访问学者；吴运时，西南政法大学法学硕士，重庆知识产权保护协同创新中心研究人员。

一、创新驱动与知识产权人才需求

（一）创新驱动发展战略的实施

创新驱动发展战略，指的是发展要依靠科学技术的创新，而不是传统的劳动力和能源。近500年的历史深刻地说明了一个道理：科技革命对国家的兴衰具有重大，甚至是决定性的影响。❶ 知识是科技创新的载体，科技的创新就是知识的创新。我国早在2008年就颁布了《国家知识产权战略纲要》，正式将知识产权战略与科教兴国战略、人才强国战略并列为三大国家战略。❷ 创新驱动发展战略则是知识产权战略在理论上的提升。无论是知识产权战略还是创新驱动发展战略，都需要知识产权人才的参与。❸ 实施创新驱动发展战略，必须培养大批知识产权应用型人才，推动知识产权管理战略、知识产权保护战略、知识产权运用战略的有效实施。❹

（二）应用型知识产权人才的需求

应用型知识产权人才通常包括：企事业单位的知识产权管理人员、知识产权服务机构的知识产权服务人员、知识产权行政管理和执法人员、知识产权行政部门的专利及商标审查人员、知识产权领域的研究人员。他们为我国知识产权事业的发展保驾护航，是实施创新驱动发展战略的中流砥柱。《知识产权人才"十三五"规划》也指出："知识产权事业需要知识产权专业人才的支撑，知识产权人才是发展知识产权事业和建设知识产权强国最基本、最核心、最关键的要素。"

"十二五"规划实施以来，我国知识产权人才队伍建设已经取得了瞩目的成就。❺ 但是，仍存在着诸多问题，人才的数量和素质与社会的发展不协调，人才结构不合理，高端知识产权人才稀缺等问题都是制约知识产权事业发展的瓶颈。

---

❶ 马一德.创新驱动发展与知识产权制度变革[J].现代法学，2014（3）：58.
❷ 陶丽琴，朱一飞，周泛海.知识产权人才培养本科层次的定位与发展[J].行政与法，2010（11）：77.
❸ 张惠彬.商标权属于人权？——从欧洲人权法院判例谈起[J].广州大学学报：社会科学版，2016（15）：24-31.
❹ 顾晓燕.创新驱动战略背景下高校知识产权人才培养模式研究[J].统计与管理，2014（8）：108.
❺ 比如，目前全国知识产权专业人才队伍15万余人，与"十一五"末相比翻了两番，知识产权从业人员超过50万人，人才能力素质不断提高，基本形成了梯次合理、门类齐全的知识产权人才队伍体系。人才工作逐步实现科学化、体系化、制度化，为知识产权强国建设提供了重要的人才基础。国家知识产权局.知识产权人才"十三五"规划[EB/OL].（2017-06-02）[2018-03-25].http://www.sipo.gov.cn/gk/fzgh/201706/t20170602_1311289.htm.

2017年，我国发明专利申请量为138.2万件，连续第8年居世界首位；我国商标累计注册1237万件，连续16年居世界首位。与此同时，根据最高人民法院发布的数据，我国法院新收各类知识产权一审案件从2013年的100 800件持续上升到2017年的213 480件。知识产权保护与纠纷"井喷"式的激增，说明需要大量的知识产权人才，而目前我国知识产权人才队伍远远不能满足现实的需求。又如，在企业知识产权人才的配置上，知识产权人才的数量和质量都有待提高。有关调研表明，企业和科研机构一般应按研究开发技术人员的1%~4%的比例配置拥有知识产权专业背景的人员。❶有学者以广东东莞地区的企业为对象进行调研，虽然有80%的企业拥有自主知识产权，但是知识产权工作人员的配备与科技的发展不相协调。❷

二、我国知识产权人才培养模式的困境

我国知识产权人才需求大，然而知识产权专业的毕业生却不好找工作。在这对矛盾中，除了待遇、个人的选择等原因外，高校知识产权人才培养模式的一系列难题是制约知识产权人才就业的重要原因。有学者统计发现，知识产权专业的岗位中，近一半的岗位是要求理工科背景的，包括专利代理人、专利分析师、企业专利顾问、专利工程师等。剩余的岗位中，有近1/3的岗位理工科背景更有优势，包括专利诉讼、专利许可、标准事务、知识产权管理等。而适合知识产权本科专业的知识产权岗位只占到30%左右，在这30%的岗位中，包括法院、检察院、商标事务、版权事务、知识产权流程管理人员，也会遇到其他专业学生的挑战。知识产权本科专业几乎没有匹配的岗位。因此，我国高校在知识产权专业本科教育问题上，依然处于初步探索阶段。如何培养合格的本科知识产权专业应用型人才，仍然是各高校面临的一个紧迫而又现实的问题。❸

（一）知识产权人才定位不明确

根据《知识产权人才"十三五"规划》，"十三五"期间，知识产权人才工作的总体目标是："加强知识产权人才体系建设，培养和造就一支人才规模、结构和层次符合知识产权事业发展需要，人才分布适应国家区域经济发展布局，人

---

❶ 陶鑫良，等.我国知识产权人才需求与培养初步调研[M].上海：上海大学出版社，2006：112.
❷ 王根，李文伟，朱晓光，等.东莞市企业知识产权人才现状及发展需求调查与分析[J].科技管理研究，2012（3）：35.
❸ 邓建志.知识产权专业本科教育问题研究[J].知识产权，2017（11）：78.

才制度具有国际竞争力，能够基本满足国家经济社会发展需要的知识产权人才队伍。"这是国家对知识产权人才的明确定位。具体到高校知识产权人才培养方案，就是要培养数量众多的复合型人才。复合型知识产权人才，要求知识产权专业学生既要精通法学，又要懂得经济学、管理学及自然科学。

2012年，知识产权专业被正式作为法学类的特设本科专业列入《全国普通高等学校本科专业目录》（专业代码：030102T）。这就意味着，知识产权人才的培养还是要立足于法学本位，经济学、管理学与自然科学只处于辅助地位。几乎所有培养知识产权人才的高校都意识到了这个问题。以某理工大学知识产权人才培养方案为例，其通过知识产权与工商管理专业的结合，培养既懂知识产权，又懂工商管理的复合型人才，这并无可非议。但是它在实践过程中脱离了知识产权法学本质，呈现出工商管理偏重的态势。根据学校安排，该大学知识产权专业硕士具体的研究方向为技术创新与知识产权管理、知识产权法律与政策研究、文化产业与版权管理、电子商务与网络知识产权、品牌管理与商标战略等。此外，其硕士研究生毕业时获得的是管理学硕士学位而非法学硕士学位。

（二）知识产权课程设置不科学

课程设置不科学是制约知识产权人才培养的又一个因素。很多高校在知识产权人才培养中偏重理论轻实践，以理论教学为主，缺乏知识产权实务技能的训练，与社会需求相脱节。❶这是知识产权课程设置不合理最主要的表现。以某邮电大学为例，该校知识产权专业在2007级、2008级、2009级培养方案中，仅设置了模拟审判、法律咨询等常规法学本科实践课程，操作中既没有强调必须与知识产权相关，也没有安排知识产权实务案件的咨询。❷

此外，有的高校为了专业特色课程的比重，大规模设置诸如经济学、管理学和工学课程。增加多元的课程对于培养实务型人才来说本是好事，但是有的高校在实务课程的安排上出现了"多而不精"的现象。有学者经过实地调研发现，有几所高校的知识产权专业课程设置除了涉及法学与管理学课程外，单在理工科专业课程设置上，就曾经同时开设过化学、物理学、机械学、计算机科学、生物学等不同学科的相关课程。这种课程设置模式的主要特点是涉及的学科领域非常广

---

❶ 杜伟.高校知识产权应用型人才培养路径探究［J］.政法论丛，2013（6）：122.
❷ 朱涛.理工类高校知识产权专业培养方案设置探究——以重庆邮电大学的探索与实践为基础［J］.吉林省教育学院学报，2013（5）：8.

泛，但没有一个学科的知识体系是全面的。❶ 知识产权是多学科融合的产物，短短本科四年，单是学好法学一门专业就需要耗费很大精力，遑论那么多门学科的知识。复合型知识产权人才不是个体概念，而是整体概念，它本身也有不同类型、不同层次之分，其所要求的知识技能的"复合型"应在不同个体身上实现，而不是在同一个体上培养"全才"。❷

（三）知识产权教学方式不变革

传统教育模式下，知识产权教学方式和其他人文社会学科一样，主要依靠教师讲授。在这个过程中，教师是教学内容的施教者，而学生则是教学内容的接受对象，在教学中处于被动地位。教师主要利用"四个一"，即"一面黑板、一支粉笔、一张嘴、一本书"，凭借个人的经验进行教学。❸ 这样的教学模式存在很多缺陷。首先是时空上的限制，学生只能够在特定的时间、地点接受教育。时空上的限制使得学生看不到外面的世界。而知识产权具有强烈的实践性，与外界的隔绝也就是与实务脱节。其次是手段上的限制，知识产权涉及很多科学技术上的知识，单靠教师的讲授学生很难明白。最后是专业的限制，很多高校所掌握的优势教学资源都是不一样的，在传统教学模式下，手段的限制便文理学校的知识产权专业之间很难资源共享。

因此，传统教学方式的不变革是制约我国知识产权人才培养的又一瓶颈。而如今，"互联网+教育"快速发展，突破了传统教学的"围墙"，使得教学内容、方法、教学模式获得了重整的契机，凭借与网络连接的移动终端，学习者可在选定的时间、地点进行学习。❹ 即使如此，很多高校的知识产权人才培养方案都只是把目光局限于本校特色资源，不愿意和其他学校实现资源共享。❺ 无论是文科院校还是理工科院校，关起门来单独培养知识产权人才，效果自然不明显。

---

❶ 邓建志.知识产权专业本科教育问题研究[J].知识产权，2017（11）：79.
❷ 李国英.高校知识产权人才培养模式的优化[J].高教论坛，2012（2）：70.
❸ 王兵.网络技术社会化对传统教育模式的影响[J].江苏高教，2003（1）：78.
❹ 平和光，杜亚丽.互联网+教育：机遇、挑战与对策[J].现代教育管理，2016（1）：15.
❺ 《重庆邮电大学知识产权人才培养方案》说道："依托学校信息技术学科的优势，本专业强调交叉型、复合型人才的培养，以培养符合信息时代知识产权实务，特别是符合信息通信领域知识产权人才需要的高素质复合型人才为特色。"

三、国外知识产权人才培养模式的借鉴

(一) 美国知识产权人才培养经验

在美国，知识产权的发展与法律密不可分，也只有法学院具有培养知识产权人才的资质。美国高校知识产权人才培养目标非常明确。很多时候美国是把知识产权教育作为职业教育。学生入学之前对自己的学习生涯、职业生涯都已经有了清晰的规划，这种培养模式不会出现教育资源浪费的情况，学校所教授的也是学生希望学习的。在课程设置上，美国知识产权专业除了讲授法学基础课程以外，特别注重将实践中的问题引入课堂。这主要体现在选修课上，选修课是根据美国科技与知识产权政策的调整而开设，根据学校的传统特点，课程包括了娱乐法、传统知识保护、电子商务、网络法等。不管是必修课还是选修课，课堂教学的材料主要来自于美国司法实践中的知识产权案例。学生可以通过课程的学习提前为职业做好准备。❶ 师资上，美国知识产权专业多是兼职教师，他们有着丰富的实践经验，因此可以在课堂上给学生带来一线实践体验。

(二) 德国知识产权人才培养经验

德国知识产权人才的培养方案，就是把法律实践活动作为人才培养的必经阶段，纳入人才培养计划，使他们在学习阶段就能边工作、边学习，理论联系实际，学以致用，学用结合。在理论与实践的结合中培养知识产权的专业人才。❷ 学生在完成学业后，需要参加两次国家举行的司法考试才能取得州政府颁发的合格证书。从此，他们才能成为合格的法律人从事法律工作。在这其中，学生花在见习上的时间有两年到两年半，并且这是他们参加第一次司法考试的必要条件。另外，德国的知识产权人才培养对象不仅仅是高校里的知识产权专业学生，企业员工也是知识产权人才培养的对象。德国的不少企业特别注重对员工的知识产权知识的培训，如定期对员工进行法律、技术等知识的轮训，或者选派员工到高校、专利事务所去学习，鼓励有专业背景的员工去参加专利律师资格考试，从而为本企业做好知识产权人才储备。❸

---

❶ 余燕，黄胜开.美国高校知识产权教学对我国的启示 [J].东华理工大学学报：社会科学版，2012 (4)：383.

❷ 叶美霞，曾培芳，李羊城.德国知识产权人才培养模式研究及其对我国的启示 [J].科学管理研究，2008 (5)：83.

❸ 冯涛，杨惠.德国企业知识产权管理的现状与启示 [J].知识产权，2007 (5)：94.

（三）日本知识产权人才培养经验

日本很重视实践性知识产权人才的培养。❶ 在具体的教育中，日本从小学就开始普及知识产权教育。❷ 在高等教育方面，日本一方面促进大学开办法学研究生院、知识产权专门人员研究生院、开设技术经营专业课程、开办法学研究生院夜校、增加晚间知识产权讲座；另一方面加强法学研究生院的知识产权教育，促进法学研究生院与理科研究生院联合培养既具有科技素养又有法学素养的知识产权人才。另外，在课程设置上，日本知识产权专业本科生和研究生的课程涉及法学、理工科学等方面的知识，注重课程的产学结合。在课堂上，也是由具有丰富实践经验的教师讲授。日本政府还出资联合知识产权研究会、发明协会等社会组织，撰写与编辑出版了针对不同人群的知识产权教材与教辅，实施有针对性的知识产权全民教育。

（四）新加坡知识产权人才培养经验

2003年，新加坡成立知识产权学院。2012年，新加坡知识产权学院经过重组成为隶属于新加坡知识产权局的组织，其宗旨有所改变，虽然也进行学术研究，但更加倾向于短暂性的职业培训。新加坡知识产权学院提供广泛且持续的知识产权培训机会和教育，其主要对象为商业组织、科研机构、知识产权专家和其他知识产权的创造者和使用者，根据客户的需要提供多元化的训练方法。其教学对象主要有专利代理人和律师、中小企业知识产权顾问、研究人员和负责知识产权组合的人士、政府工作人员四类。

四、我国知识产权人才培养模式的改革

（一）培养以市场为导向的应用型人才

以上所举四国的知识产权人才培养模式，无一不是以市场为导向，着力于培养应用型人才的。以市场为导向培养应用型知识产权人才不仅是一种国际潮流，也应该是我国未来人才培养模式改革的方向。开设知识产权专业的高校制订知识

---

❶ 2002年7月，日本政府就提出要培养应用复合型知识产权人才。2005年发布的《知识产权推进计划》中更是从质和量两方面提出了具体的培养目标，突出强调培养全方位的、能展开国际活动的、具有较高商业意识的人才。

❷ 日本政府要求在小学与中学的课程中必须讲授"制物教育"，在中学"科技·家庭"课程中必须讲授"材料与加工技术"等四个与知识产权相关的课程。松岗守，吉日嘎拉．日本"制物教育"及知识产权教育[J]．内蒙古师范大学学报：教育科学版，2010（4）：149．

产权人才培养方案时，应当以市场调研为基础，根据当前及将来市场的需求做出可行的决策。据预测，2020年前我国知识产权人才社会需求中，至少75%以上是企业知识产权经营管理人才，其次是直接为企事业单位服务的知识产权服务业人才。❶ 据此，高校在制订人才培养方案时就应该着重培养服务于企业的知识产权经营管理人才，在课程的设置上适当增加企业管理方面课程的比例。

（二）明确知识产权人才的定位

针对我国当下知识产权人才培养存在的定位不明确的问题，先要在实质上为知识产权专业"正名"，让其真正回归法学专业本位。首先，在学位设置上，既然教育部已经明确将知识产权作为隶属于法学一级学科下的特设专业，就不要将知识产权专业归属到法学以外的一级学科下。将知识产权专业归属于其他一级学科，虽然可以体现该高校的优势学科特色，但在公务员考试资格审查时会涉及专业认定问题。目前我国公务员招考中存在专业认定模糊的弊端。在专业的分类上，不同的招录单位所采取的做法存在很大的差别。对于同一专业，有的招录单位以专业类别作为区分标准，有的则以专业名称为标准。比如，考生所学专业属于该专业类别，那就符合招录单位要求，但招录单位往往会因其专业名称不符而不接受其报考。❷ 比如，获得管理学硕士的知识产权专业研究生去报考法学类的岗位就可能被拒绝。其次，在课程的设置上，应该坚持"法学为主，其他学科为辅"的原则。刘春田教授认为："知识产权法制的运作，一直处于民法的阳光普照之下。离开民法的制度观照与理论滋养，知识产权的实践寸步难行。"❸ 因此，不能够为了增加"特色课程"的规模而随意缩减法学核心课程。

（三）丰富知识产权课程设置

纯理必借应用而始圆满，应用必以纯理为其基据。❹ 理论的重要性不言而喻，然而实践却是理论的最终归宿。创新驱动发展战略下的知识产权课程设置应该面向社会、面向实务。首先，应当在保证法学核心课程不压缩的基础上，增设实践性课程。比如，可以邀请实务界的知识产权工作者为学生开展实务讲座，增加学生校外实习时间等。有条件的理工类院校还可根据应用型知识产权人才培养的实际需要，加强实践教学环节，建立开放的知识产权专业技能实验

---

❶ 陶鑫良.培养企业知识产权人才迫在眉睫［N］.中国知识产权报，2013-09-27（第8版）.
❷ 邢占军，曹东卿.公务员考录资格审查的梳理与思考［J］.行政论坛，2013（4）：51-52.
❸ 刘春田.知识产权法［M］.北京：高等教育出版社，2010：24.
❹ 梁启超.先秦政治思想史［M］.北京：商务印书馆，2014：1.

室和知识产权综合平台实验室，以满足不同层次、不同类型、不同结构的各类应用型知识产权人才培养及其教学需求。❶其次，在实践性课程的设置上，应当克服"多而不精"的弊端，不能让学生东学一点、西学一点。

（四）变革知识产权教学方式

创新驱动战略实施背景下，知识产权教学方式变革最主要的手段是充分利用互联网的优势。首先，可以利用互联网手段给学生打通课堂与实务界的通道。比如，课堂上教师可以带领学生一起观看知识产权案件的庭审直播并对相关案件进行讨论。❷法庭犹如一个远程的教室，庭审直播能够直接明了地为学生展示知识产权纠纷的解决现场。又如教师可以邀请律师、法官、专利代理人等知识产权实务人员为学生开展线上讲座，这样既解决了学生实践知识不足的问题，也节省了教育成本。其次，可以利用互联网技术推进文理学校之间的优势资源互补，打破只有本校教师教学的传统模式。文科学校的知识产权专业学生可以通过互联网聆听理工科学校教师讲授理工科知识，反之亦然。最后，学生在课后也可以通过"慕课""爱课程网""云私塾"等软件在线上选择自己感兴趣或者存在知识盲点的课程，也可以通过这些软件增进与教师的交流。

---

❶ 杜伟.高校知识产权应用型人才培养路径探究［J］.政法论丛，2013（6）：124.

❷ 庭审直播，顾名思义就是运用网络传输技术，对庭审过程依法可以公开的案件审理进行直播。随着我国阳光司法的推进和互联网技术的成熟，我国很多法院都实现了庭审网络直播。

以需求为导向的法科生实践能力培养问题

——从实务视角谈实践教学改进的路径

刘智彤　杨柳青青[*]

这些年来，法科生就业率低，入行艰难，入职后的职业成长困难，症结何在？原因就在于法学教育一直坚持理论教育为主，实践能力教育、技能性教育严重不足。笔者拟从实务部门的角度，以社会需求为导向，谈谈法科生教育中存在的问题与解决思路。

一、社会对法科生能力需求多元，要求其具备实践性

法科生的出路在于能否满足社会需求，适应职业要求，也就是能入行、能胜任，而法学教育也必须以此为导向，造就一批满足社会需求、胜任职业要求的法学本科生、法学和法律硕士生。元代的杂剧《马陵道》就曾言，"学成文武艺，货卖帝王家"，直指教育要以社会需求为大导向。社会对法科生有哪些需求呢？

（一）法科生就业需求主要集中在一线执法、司法

中共中央办公厅、国务院办公厅印发的《关于完善国家统一法律职业资格考试制度的意见》就明确提出："法律职业人员是指具有共同的政治素质、业务能力、职业伦理和从业资格要求，专门从事立法、执法、司法、法律服务和法学教育研究等工作的职业群体，担任法官、检察官、律师、公证员、法律顾问、仲裁员（法律类）及政府部门中从事行政处罚决定审核、行政复议、行政裁决的人

---

[*] 作者简介：刘智彤，女，扬州仲裁委员会秘书处研究咨询部部长，扬州仲裁委员会仲裁员、盐城仲裁委员会仲裁员；杨柳青青，女，湖北大学学生。

员，应当取得国家统一法律职业资格。国家鼓励从事法律法规起草的立法工作者、其他行政执法人员、法学教育研究工作者等，参加国家统一法律职业资格考试，取得职业资格。"可以说，社会对法科生需求主要在以下几方面：从事立法、执法、司法、法律服务、法学教育研究等。具体到行业而言，立法主要在各级人大机关，另外，各行政机关、法制办等单位大量需求能够拟定法规、规章、细则等条文性人才，实际上也是从事立法的工作；在执法和司法等执法岗位领域，主要包括行政机关各类一线执法和行政处罚决定的队伍；司法领域包括监察委、公安、检察、法院、仲裁等行业；法律服务包括专业服务队伍——律师；专职雇员型如各大公司单位法务部门人员。法学研究领域主要是进入各院校就业。从社会总需求量来看，绝大多数在从事实践性的工作而非专门的研究工作。其工作的模式，除少数从事立法工作外，绝大多数基本从事执法、司法、法律服务的具体事务，精准执行法律规章规定，而非制定法律文本，更远非专务高深理论、撰写研究文章。因此，总需求是以一线执法岗位为主，立法类次之，法学研究在当前高校扩招、法学教育各高校遍地开花背景下，持续补充队伍的需求处于萎靡状态。

（二）用人单位对法科生的需求，主要集中在技能娴熟

用人单位有哪些需求？以公司的法务为例，有人指出"因用人单位性质不同，用人标准也有所差异"，如公司一般对所招聘的法务人员的要求是"通过司法考试""精通公司法、合同法""能够审核合同""能够对公司法律风险进行防控"等。总之，对于用人单位来讲，其用人标准最直接的就是能够为本单位创造效益，其用人标准无不体现出对法学毕业生职业能力的要求。[1]这是从单位的总需求来说的，即单位需要法科生入职以后入手快、上手好、动手强，即能用、好用、管用，能为单位带来价值。

其实，不同单位对法科生的需求是不同的。法科生毕业后主要流向三大块，即执法、司法、法律服务一线—法律适用类一块，立法类一块，法学研究类一块。

1. 一线执法岗最大的需求：娴熟适用的法学职业技能

这些充满应用性要求的一线岗位，日常碰到的是大量的、普通的，甚至是琐碎的涉法实务，那些深奥的法学理论，在绝大多数实务中是难以碰到的，且单

---

[1] 柴丽. 教育文化用人单位需求视角下的法学实践教学研究 [J]. 2017（8）（下）：223.

位的运营也是淹没在这些日常的琐碎实务中，因此，从单位角度而言，这些单位更多的需求的是娴熟适用的法学职业技能，虽期待法科生能够技惊四座，成为法律施行领域的工匠，但更迫切期待法科生能够迅速平稳办理涉法实务，能够处理纠纷，撰写文书，进行纠纷调解等。但在这一块的各行业需求是不一样的。

行政执法岗位更需要熟悉一线执法技能，与人打交道并解决纠纷实现执法目的的能力，同时还要有相对熟悉的行政执法理念、知识、规定，能够娴熟操作起来。在行政执法单位的裁决审查部门，则更需要熟悉较深的行政法规规章，以及各类细则和行政裁决文书的制作和对复议案件的解决。

公安、检察、法院、监察委等机构对法科生的能力需求也是不一样的。就公安而言，其基本与行政执法类似，同时，增加了涉及刑事司法部分工作，既需要有一线执行力，又需要熟悉刑事的实体、程序法律法规。就检察、法院而言，除通识的司法业务技能外，还需要通晓检察、法院业务知识。

在行政执法和司法领域，则需要进一步细分，有相当一部分是需要从书记员做起的，因此，制作各类笔录为入行必备基本技能。在法律服务工作中，上文已经有人对单位、公司的法务人员的执业技能进行了描摹，而就律师执业而言，除一般性具备类似于司法的各类技能外，还需要具备与人沟通能力，通透的纠纷识别能力，熟悉的法规运用能力。

总而言之，有人曾总结指出，法科生需要具备专业的"听、说、读、写"四个方面能力，[1]这是颇有见地的总结。所谓"听、说、读、写"能力，一是准确倾听有关案件事实、案件证据，并迅速从中把握案件核心内容的能力，即确立请求权基础的能力。作为法律职业人，能在较短时间内从当事人逻辑混乱甚至颠三倒四的"倾诉"中迅速把握案件事实，迅速厘清当事人的诉讼请求，决定着最终能否准确地做出判决，解决纠纷。二是查阅法律规定、指导性案例材料，深入理解并从中提取有用信息以解决实践案件，提升自身业务素质的能力，并为实际案件的处理寻找法律依据。阅读各类法学专著、有关法学论文、专著等的能力，不断提升个人理论素养，并为实际案件的处理寻找理论支撑依据，即检索法律规定的能力。三是清晰阐述自己对案件的分析和判断，从而赢得法庭辩论或者说服法

---

[1] 段贞锋.论法学本科生专业"听、说、读、写"能力的培养——以平顶山学院为例[J].厦门广播电视大学学报，2017（1）：82.

官、当事人等接受自己的观点,解决法律纠纷的能力。大多社会民众对法律人的重要印象是能言善辩,对诉讼的最大印象是法庭辩论中激烈的唇枪舌剑。从某种程度上说,是否具备过硬的"说"的能力,是衡量一个法律人是否称职的重要标准,也是决定一场诉讼能否成功的重要因素,即释明的能力。四是具备较高的写作能力,包括书写案件涉及的各类法律文书、相关的书面材料,以及对案件进行总结和理论提升,撰写专业论文的能力,即结论能力,也是前三项能力的升华。❶

在此基础上,在法科生的职业场上,想要展示出法科生相较于非法科生更为胜任工作,并以显著性优势在职业生涯中成长成才,就必须进一步以工匠化为追求开展教学。在一些基层司法机关,工作压力非常大,如果我们加大人才培养的力度,正确培养出适合时代发展需要的技术娴熟的法学工匠,就可以弥补这些不足。在场景化教学中,我们的学生每时每刻都可以像法官和律师一样思考,让他们能尽早形成法律工作者的职业操守,并最终形成法律信仰,始终忠实于法律。即笔者所言,通过法学教育,要让学生养成"学思践悟"的习惯,在学习中思考,在思考中实践,在实践中感悟,从而进入下一个学思践悟的循环,真正培养出一批批合格劳动力,更是有追求、能动手、善思考的法律工匠,从而推进法治,让少数精英脱颖而出成为推动法学研究向深入解决实务问题的专家学者。

2.广义上的立法更多的职业需求是:拟定法律文本的经验与技能

在拟定法律文本,创制设定和完善、细化法律制度、法律规则过程中,需要有本土与国际并顾的视野、技能与品德齐具的修为、理论与实践贯通的知识结构与经验积累,以及对本国法治框架、构造和细节上宏观与微观兼顾的洞察。在此基础上,要增强对如何拟定法律文本、设计制度、制定规则等进行技术化、方法化的教育,法学教育不仅要授之以道,更要传之以技。我国在立法实务领域是有一些成熟经验可以提炼总结和拷贝复制并在此基础上传授给学生的。为此,有人曾指出,需要做好法学院师资队伍的建设,着力培养或聘请掌握立法学方面知识与技能的人才,传授实际有用的立法技术;通过实践学习立法学的教学模式;立法资料的研读;教学实习基地选择有立法权的人大机关或政府法制工作机构,了

---

❶ 段贞锋.论法学本科生专业"听、说、读、写"能力的培养——以平顶山学院为例[J].厦门广播电视大学学报,2017(1):82-83.

解立法的实际过程，特别是立法方法的运用状况，取得第一手的立法实践经验，提高法案起草能力等。❶ 其实，这背后依然反映出教学与实践严重脱节问题。

3. 法学研究更多地需要解决实践问题、难题的研究，而非照搬国外做法、设计

实际上，仍然是法学缺乏基于中国实践的总结与发掘，而擅长照搬、拷贝国外做法，进而忽视了法律本土化及基于中国本国法治实践、社会构成、机理的法律理论成长问题，这仍然反映出理论研究与实践需求的错位问题。

综上所述，无论哪一块对法科生的需求，都提出了有能顺畅进入实践活动，有娴熟适用的法学职业技能处理事务的能力需求。而这一块，恰恰是当下法治教育的薄弱环节。正如美国法学家霍尔姆斯在《普通法》中指出的那样："法律的生命不在于逻辑而在于经验。"社会和职业要求法科生获取经验知识和练就职业技能，远比掌握冷冰冰的书本知识、法律文本更加重要。

（三）法科生供给与职业需求存在总体供大于求、局部结构性缺人的矛盾

有学者曾指出："目前，我国普通高等学校中，有626所开设了法学本科专业、202所拥有法学硕士学位授权点、201所拥有法律硕士学位授权点、43所拥有法学博士学位授权点。由于这些高校所在地域经济、社会发展程度高低不等，办学条件及水平差别较大，法治人才培育差距很大。"❷ 这基本体现了当下中国的法科生的总供给状况。

法学作为一个应用性很强的专业，更加需要基于社会需求来培养人才。从历史上的司法考试角度观察，2002—2017年司法部共组织考试16次。全国619万余人次报名，513万余人参考，96万余人通过并取得资格，还有2万余人待申请资格。在取得法律职业资格人员中，有近一半人员从事法官、检察官、律师和公证员等法律职业，还有大量人员从事立法、行政执法、仲裁、公司企业法务等法律工作。

当下需要引起重视的是，自从法官和检察官实现员额制管理后，直接招录成为员额储备的人员越来越少，两家处于消化原有人员阶段。同时，两家需要大量的书记员和其他辅助人员，因此，近几年的需求将总体上以书记员岗为主，该岗位并不限于法科生招录，那么，作为这类人员，对记录及做好其他辅助工作要求

---

❶ 刘风景.法治人才的定位与培养［J］.南开学报：哲学社会科学版，2017（5）：6.
❷ 刘风景.法治人才的定位与培养［J］.南开学报：哲学社会科学版，2017（5）：7.

就成为硬指标。此外，监察法出台后，监察委系统的人才供给尚未重视起来，目前该系统主要是从其他系统招录已在岗带编人员为主。在律师市场，绝大多数的城市，成熟的法务市场已经饱和，亟须有新知识结构、新法律服务技能和具有开拓精神与承受重大压力又具有良好人际协调能力的新入行法科生去开创。

总体而言，法科生供给总量目前已远超过行业需求总量，但同时还存在用人单位找不到对口人才，有需要的市场没有胜任的人去开拓等结构性矛盾问题。

二、法科生入行的职业门槛与必经的职业晋级阶梯

司法部共组织实施的16次司法考试，逐步成为进入律师、检察、法院的资格。2015年9月，中共中央办公厅、国务院办公厅印发《关于完善国家统一法律职业资格制度的意见》，明确将现行司法考试制度调整为国家统一法律职业资格考试制度。2017年9月，全国人大常委会审议通过《关于修改〈中华人民共和国法官法〉等八部法律的决定》，对《中华人民共和国法官法》《中华人民共和国检察官法》《中华人民共和国公务员法》《中华人民共和国律师法》《中华人民共和国公证法》《中华人民共和国仲裁法》《中华人民共和国行政复议法》《中华人民共和国行政处罚法》进行修改。2018年的《国家统一职业资格考试实施办法》明确法律职业人员考试的范围、规定了取得法律职业资格的条件，并定于2018年开始实施国家统一法律职业资格考试制度。

《实施办法》与法学教学实践相关的主要有以下新规定：一是需要参加法律职业资格考试人员有新规定。明确应当参加国家统一法律职业资格考试取得法律职业资格的人员范围，从法官、检察官、律师、公证员扩展到初次担任法律类仲裁员、行政机关中初次从事行政处罚决定审核、行政复议、行政裁决、法律顾问的人员。二是考试报名的专业学历条件有新规定。报名参加法律职业资格考试的一般应"具备全日制普通高等学校法学类本科学历并获得学士及以上学位；全日制普通高等学校非法学类本科及以上学历，并获得法律硕士、法学硕士及以上学位；全日制普通高等学校非法学类本科及以上学历并获得相应学位且从事法律工作满三年"。提高了报名资格门槛。三是考试内容和方式方法有新规定。考试方式将一次性考试分为客观题考试和主观题考试两个阶段，只有通过客观题考试的考生才可以参加当年的第二阶段的主观题考试，客观题的合格成绩在本年度和下一个考试年度内有效。考试实行纸笔考试或者计算机化考试的方式。考试内容和

命题范围以司法部当年公布的《国家统一法律职业资格考试大纲》为准。

从上述规定可见，从事法律类行业要迈过几个门槛：一是法律毕业或从事过法律工作；二是法律资格考试成为几大主要就业岗位入职的门槛；三是即便获得法律资格，国家机关事业单位现在是凡进必考，还要参加国家公务员、事业单位人员考试；四是即便通过上述考试，也存在法学生走上岗位无法满足用人单位需求问题。

单纯看法科学生，包括本科生、硕士生，从毕业后第一次就业岗位看，绝大部分学生会从事实务工作。从我国今后社会主义法治发展情况看，法律实务界迫切需要契合实际的人才，这就要求高校结合法科生入行晋升的路径来设计课程，不断提升学生的过关能力，以此获得入行从业资格。

三、我国法学教学的问题与不足

一是课程设置不科学，实践性差。法学本科四年中，仅公共课、专业必修课、选修课就占去学生大部分时间，加上教育部规定的必修课和几门专业选修课已基本填满学生课时，实践课程安排余地有限。

二是实践课短促集中，安排时段不合理。法学的理论与法律的制度规则，只有在实践中不断地验证，才能做到真正理解和掌握。法科生毕业实习作为最重要的实践课，却被安排在大三或者大四下学期进行。学生忙于毕业论文、就业和考研，根本无心、无暇、无力去考虑实习的事情。

三是部分学校虽有仿真实践课程，但形式大于内容。模拟法庭实验等实践课程，仅限于效仿而缺乏实战的体验和经验积累，更具表演性，形式僵化，不能实际提升学生分析案情、制作文书、当庭辩论等能力。

四是评价学生主要考"知"，缺乏考"行"。通常任课教师出题，包括选择题、名词解释题、简答题、论述题等多种题型的试卷，以分数论高低，内容限于"知"的范畴，缺少"行"的内容，而法律的生命在运用，在于"行"。

五是学术理论性有余，从教师到学生实践性少。法学是应用性极强的专业，学成后需要面对面解决现实的法律实务。法学本科教育还有意无意沿袭原有的学术理论方向的定位，采用"一站式"专才教育、通识教育，培养方向以法学理论研究教学人员、律师、法官、检察官等法律职业人员为主要目的，可见当下社会亟须的是法律职业化教育而非理论学术教育。

六是职业必需的复合能力奇缺。法科生过关斩将入职后，更需要的往往是动手能力，偏偏这部分能力几乎完全依赖天赋而非后天训练。法科生走上工作岗位，往往生搬硬套法律条文，缺乏对具体案件的全面分析，不能独立应对各种突发事件和复杂疑难的法律问题，不了解法律实务实际运行方式，法学的运用与生活法则、其他领域规则、知识结合脱节。另外，法学教育各专业内部相对隔离，对新职业、新事务领域关注较少，如处理国际法务人才奇缺。

四、解决当前法学教育困窘的可能路径与方法

笔者以为，要解决上述问题，必须重新设计法学课程设置，加大实践性课程，突出强化卷宗式、现场复盘式、诊所式、职业代入式教学方式，优化有实践经验的教师队伍，以职业需求为导向实行一专多能的组合式学科设置，优化对学生和各学院学科考核标准。

（一）加大实践性课程设置，并将其贯穿课程设置始终

参考法学入门书籍《法律之门》，在案例化教学中发现法律条文与宗旨方式，这样的教学方式，有利于在案例的探索中，逐步培养学生将条文精神与法律事务之间的转换与适用能力，将死背知识理论，从"知"的教育到"行"的过程，构建知行合一的课程。同时，进一步在本科四年、研究生三年（两年）的不同时间开展不同阶段的实践课程，扩大实践课的课时和丰富实践课内容。

（二）突出职业模拟式教学，提升"知行"合一能力

革新教学方法，活用案例教学法，将课堂教学实践化。案例教学法并非简单地在课堂教学内容中加入案例介绍，而应当结合教学内容精选案例，突出学生的课堂主体地位。让学生对案例进行深入分析，提出解决问题的方案。教师结合学生出现的问题讲授知识，以及课堂知识在实践中运用的技巧，纠正学生的法官、检察官、律师、学者的定式思维。让学生在与司法实践相同的环境中去运用知识解决问题，经过长期的训练，才能在将来从事法律职业时得心应手。让学生把实践活动当作真正的司法实践去对待，通过真刀真枪的实战演练，独立解决问题。笔者认为，一要开展角色化模拟教学，让学生在模拟中进行角色体验。所谓角色化模拟，就是在实践课和案例教学中，将学生分为不同的组别，分设担当不同的角色。二要探索和强化卷宗式教学方式，从中感知每

一个实务进程。即各自从自己的角色完成案件材料收集,全程模拟一个案件的形成到司法判决全过程的证据收集、文书制作、出庭应诉、上诉等过程,一边模拟,一边看真实的案例如何推进。三要开展现场复盘式教学,让学生在现实场景中边复盘边推演边思考。所谓现场复盘式教学,就是将各种一线处置活动的录像进行逐步推进方式展示,每展示一个环节,让学生在模拟中实现角色带入,从角色角度思考如何处置,再复盘现场录像,看一线执法司法如何推进,结合学科内容探讨是否有更优化的选择路径方法等。四要开展诊所式教学,在诊所活动中得到验证和思悟。将学生带入诊所,在担任不同角色会诊中开展教学。同时,在做好先期准备情况下,有目的地引导组织学生开展现场观摩,了解自己模拟与法律实务之间的差异。同样,对于立法工作,尤其是在立法调研阶段,也可以进行模拟立法或者适当承接行政部门及立法部门的立法事项进行先期模拟等工作。

(三)瞄准实践,增智引智,提升教师实践教学能力

目前高校法学教师大部分是出校门进校门,从博士到老师,缺乏实践工作经历,擅长理论推演,容易理论高起、实践走低。因此,一方面,必须力求实现教师眼高手也高,理论高水平、实践高能力,教出更高水平的学生。另一方面,要在实践行业中吸引有丰富经历、善思考、会总结的优秀人才进入教师队伍,做兼、专职或特聘教师,有利于迅速增强实践教学力量。

(四)强化职业导向,开展一专多能式学科组合式设置

一要加大实践性课程设置,进一步增加教学课程设置,如将文书制作、现场处置、矛盾冲突关系处置等作为共同的实践课。二要将专业课与其他不同职业导向需求相结合,设置某个职业所必需的技能型课程,以不同的职业给学生选择不同的组合式学习方式,在一个大法学专业下,进一步细分组合成不同职业倾向的专业结构。三要瞄准法律资格考试内容设置,将法学教育与职业考试适度对接,强化法科生的法律资格考试通过能力。四要在考试考核内容上借鉴国家法律职业资格证考试、借鉴职业技能需求,侧重考查学生分析能力的实践性知识,使考试成为学生实践应用的"书面演习",特别是资格考试开放查阅法条后,在校生考试也应当予以变更,以适应新的变化。依此设计,在总学时不变情况下,在总的法学专业不变的情况下,强化职业导向的细化分类设置,突出职业法律知识素养与职业技能集合型学习,既可为实践课程腾出更多时间,又能强化职业考试、职

业能力的对接。

（五）完善教学评价，强化实践能力

这里的教学评价标准包含三方面：一是对教师授课活动的评价；二是对学生学习成果的评价；三是对整个教学活动成果的评价。对教师授课评价，既要重视理论知识传授的方式方法效果，更要重视实际操作性经验的传授和实践性操作方式方法的传授，以及学生的参与度。对学生学习成果的评价，既要考察每门课程的知识掌握、对实践课参与程度，更要考评其职业技能操作，从而立体反映学生将来能否适应职业要求。对整个教学活动的评价，包含法律职业资格考试通过率。这有利于引导法学教育既重视教育过程、教育结果，又重视学生实际就业率、职业资格考试通过率。

大数据时代中国法学教育体验式教学研究

徐 文 刘 欢[*]

一、问题的提出

党的十九大将"明确全面推进依法治国总目标是建设中国特色社会主义法治体系、建设社会主义法治国家"纳入新时代中国特色社会主义思想,将"坚持全面依法治国"纳入新时代坚持和发展中国特色社会主义的基本方略,明确了建设教育强国,加快教育现代化的目标,进一步强调要推进中国法治建设。党的十八届四中全会颁布的《中共中央关于全面推进依法治国若干问题的决定》不仅明确要求"全面推进依法治国""向着建设法治中国不断前进",而且首次以中央决定的形式明确要求"创新法治人才培养机制"。[❶] 随着信息技术的迅速发展和大数据时代的到来,经济市场的各领域受到不同程度的冲击与影响,法学教育也不例外。近几年,网络课程、学习、教学等资源呈爆炸式增长,人工智能技术开始在法律服务市场涉足,数据收集共享、自然语言处理、人工智能+法律等成为学术界探索的前沿课题,这些对当前各国的法学教育产生了深远的影响。其他国家如美国对于法学教育一直实践着案例式、诊所式的体验式教学法,虽然在大数据时代同样受到冲击,但体验式教学注重学生的参与性,强调教学效果的实用性,注重培养学生的职业能力,故相较于我国教师传授、学生吸收的传统教学,美国体验式教学在应对改革时更加具有优势。目前,缺乏体验式教学的法学教育难以满足社会需求,法学教育改革势在必行。

---

[*] 作者简介:徐文,女,西南科技大学副教授,西南政法大学民法学博士,McGill University法学博士后;刘欢,女,西南科技大学2016级法律硕士。

[❶] 焦富民."法治中国"视域下法学教育的定位与人才培养机制的优化[J].法学杂志,2015(3):42.

二、困境：中国法学教育现状评析

（一）法学教育的现状梳理

1. 历史沿革与现状

传统中国是没有法学教育的。❶古代的法学传播具有地域性，多为父子相传、私人相授，并未形成学科教育。19世纪，中国开始引进西方的法学教育，京师同文馆开设法律课程标志着中国近代法学教育的开始。法律学堂及法学人才的培养顺应了时代的需要。辛亥革命后，不同模式的法政大学开始涌现。中华人民共和国成立后确立了大陆法系的教育模式，该阶段属于现代法学教育的转型期。1977—1984年，全国政法院校及综合大学法律系恢复重建，政法类人才队伍逐渐扩大。1985—1994年，我国对法学教育的结构进行了调整，开设法律专业的大学逐步增加。1995—2005年，我国高校扩招，法学教育规模持续扩大。2006年至今，我国法学教育顺应时代发展，基本形成了本硕博为主体，专业教育和职业教育结合的法学教育体系。目前，我国法学教育规模扩大，法学教育进入"大众化"教育阶段；法学教育结构调整、教学改革，法学教育形成多层次、多类型的法学学位和人才培养体系；法学专业课程设置日益完善，各类培养方案和教学方法固定化、体系化；法学教育投入增长，基础设施、师资力量增强；法学研究成果日益增多，法律人才也成倍增长。

2. 法学教育的特点与法律人才的特点

我国自全面恢复法学教育以来，经过几十年的发展，呈现出办学规模大、法学教育体制层次多、法学课程多样化、法学教学模式化、学位教育项目与法律职业准入相互脱节❷的特点。法学教育本身最直接的目的是培养法律人才，因此，伴随着法学教育的发展，法律人才的供应大于市场需求、法学理论基础扎实、实践和操作能力差、国际视野局限构成当代中国法律人才的特点。

（二）法学教育的问题所在

1. 教育理念界定不清

在我国法学教育发展过程中，存在着法学教育到底是素质教育还是职业教育、精英教育还是大众教育的争论。就我国目前高校扩招，法学教育规模的扩大

---

❶ 苏力.当代中国法学教育的挑战与机遇［J］.法学，2006（2）：3.
❷ 冯玉军.略论当前我国法学教育体制存在的问题［J］.政法论丛，2014（1）：47.

的现状看，我国法学教育已经步入"大众化"教育阶段，但坚持素质教育还是职业教育仍界定不清。素质教育偏重对法律知识的传授，职业教育侧重对法律实践技能、操作技巧的训练。因此，法学教育理念界定不清在一定程度上使教育单位对学生的培养方向与目标不明确，不利于培养学生的专业素养。

2. 教育结构过于繁杂

第一，教育层次方面，我国法学教育形成了中专、大专、本科、硕士研究生、博士研究生的形式多样的法学教育体制；第二，办学形式方面，我国法学教育由全日制教育和非全日制成人教育组成，其中非全日制法学成人教育包括自考类的成人教育、函授、夜大、网络远程教育等，办学形式多样；第三，教育机构方面，我国法学教育兼具公办和民办学校，法学办学规模持续扩大；第四，教育管理体制方面，地方可自主设置法学专业，相关部门具体设置标准的缺失导致法学专业开设泛滥。自完全恢复法学教育以来，庞大繁杂的法学学位体系模糊了各阶段的法学教育目标，不利于教育质量的提高。

3. 教学方法模式化

在我国法学教学中，受应试教育的影响，法学教育更加注重理论知识的传授。传统课堂上，教师主要讲授概念、特征、性质、原则、现行规定等，学生记录笔记，以老师讲授的内容为标准，学生与老师缺乏互动，缺乏独立思考与实践运用能力，学习很被动。法学教学方法的单一模式化，使得课堂枯燥无味，学生上课效率不理想，对知识的实际理解不够透彻，不利于适应社会发展的法律人才培养。

三、选择：体验式教学的引入

（一）体验式教学的基础理论

1. 何谓体验式教学

体验式教学是指为达到教学目标，在教学过程中通过引入或创设与教学内容相吻合的场景或氛围，以引导学生体验和感悟，进而在潜移默化中掌握知识、提升能力和升华情感的教学方法。❶体验式教学是由体验式学习理论发展而来。而建构主义教学理论、现代教学观、情知教学论、布鲁纳的发现学习模式是体验式

---

❶ 张圣亮. MBA 体验式教学探索与实践 [J]. 学位与研究生教育，2013（12）：49.

学习理论的基础。1971年，美国的戴维·库伯提出体验式学习理论。库伯认为体验式学习是一个多维度的过程，是指一个人通过体验而建构知识、获取技能和提升自我价值的过程；进行过程是由具体的体验到观察和反思，然后形成抽象概念，最后在情境中检验新概念的含义。❶体验式教学让学生在课堂上成为主体，营造积极良好的课堂氛围，充分激发带动学生学习的热情，有利于提高学生的主观能动性和自主学习能力，有益于操作能力和创新能力强的实践人才的培养。体验式教学相较于以往的以教师为课堂主体，教师传授知识、学生吸收的死板教学具有一定的创新性，适应了当下经济发展时代的人才市场需求，有利于提升办学质量，使理论学习与实践操作更好地衔接。目前，不少国内外学者对体验式教学进行了研究，其中研究内容主要涉及体验式教学的概念、特征、理论依据、具体学科的运用等。以体验为理念的教学方式改变了以往单一的以"教"为主的模式，随着其在实践中被不同学科具体运用，将在未来得到更好的完善。

2. 体验式教学的特点

体验式教学在一定程度上诠释了马克思主义认识论的哲学理论，符合"实践—认识—再实践—再认识"的认识规律，能调动学生的主观能动性，让学生亲自体验感知，在实践中应用、证实所学理论，并在实践的过程中提高创新能力，从而提高学生综合素质。该教学模式呈现出以下几个特点：第一，参与性。体验式教学强调学生作为课堂主体，学生一方面通过角色体验等方式参与实际活动，在实际活动中用心思考和体会，有利于提高理论知识运用实践的操作能力；另一方面，通过对自身参与进行总结，可提升学生的研究和创新能力。实践层面和心理层面的参与，更有利于学生构建知识架构。第二，差异性。不同的主体对于同一场景或者氛围的体验感受并非完全相同，相同主体通过不同方式体验同一场景或者氛围，其感悟也会存在差异，而这些差异更好地顺应了时代对人才的需求。第三，创新性。体验式教学不同于传统教学模式，学生并非一味接受知识，而是通过实践参与、体会感悟，发挥自己的主观能动性，努力在实际活动中理解探究理论知识，提出疑惑，发现问题。第四，互动性。体验式教学强调师生之间的情感交流和学习互动，改变了传统的教师教授知识、学生接受的传统方式。在该种模式下，学生成为课堂主体，教师尊重学生的个性特点，对实践参与活动进行分

---

❶ 乔伊斯·奥斯兰，大卫·库伯.奥斯兰组织行为学［M］.王永丽，译.北京：中国人民大学出版社，2011：101.

析建议，与学生分享学习感悟，共同进步，有利于形成良好的师生关系。

（二）体验式教学在其他学科的运用

1. 体验式教学在自然科学学科的运用

自然科学是研究自然界的物质形态、结构、性质和运动规律的科学，它包括数学、物理学、化学、生物学、天文学等基础学科和医学、材料学等应用学科。因此，自然科学学科课程具有以下特点：第一，兼具理论的抽象性与应用的广泛性；第二，强调理论与实践的结合；第三，知识的综合性和系统性。而体验式教学是学生通过不同的方式亲自参与体验，在"做中学"获取知识与掌握实践技能的教学方法，自然科学为实施体验式教学提供了基础的条件。目前，体验式教学在自然科学学科中的实践与探索主要采取以学生为主体，教师为主导，课堂案例教学与项目实训教学相结合的方式。对于课堂教学，教师根据需讲授的内容事先综述学习任务，分解学习单元，提出启发性的问题，进而围绕教学内容选定合适的案例，充分利用多媒体、电脑、投影仪等现有教学资源，以案例讲解形式集中讲授基础理论，建构学生的理论知识框架；采用随机分组、混合分组等方式对学生进行分组，学生通过角色扮演、情景模拟等形式亲身体验，进而引导学生讨论交流，学生发现问题、提出问题，师生共同解决问题，提升学生的自主学习能力。实践教学以学生实训为主，学生通过实验课堂、实地调研、课外实习、项目比赛、创业活动等形式亲身体验实践中的技术和管理等问题，发现和探索运用自身的知识系统去解决实际问题，实现做学合一。体验式教学在自然科学学科中的实践可以看出，该方式不仅能培养学生的自主学习能力，还能提升学生的协助和实践能力，有利于应用型、复合型、创新性人才的培养。

2. 体验式教学在人文社会学科的运用

人文社会科学是人文科学与社会科学的总称，社会科学以人类社会为研究对象，人文科学是以人类的精神世界为研究对象，其与自然科学的分界比较明确。尽管人文社会科学依赖实验、数学等方法的程度很小，但随着大数据时代的到来，市场对综合能力、实践操作能力等复合知识结构人才的需求越来越大，国家对培养应用型、复合型、创新性人才也越来越重视，人文社会科学学科中传统的填鸭式的教学模式受到了严重的冲击，因此，体验式教学在人文社会科学学科中逐步开始得到运用。

四、引入：法学体验式教学的实施路径

（一）内在因素：教学理念和教学结构的"重体验"

1. 职业教育和素质教育并重

在大数据时代和全面依法治国的背景下，培养高素质、复合型、应用型的法律人才是应有之义，因此，我国法学教育应当改革教育理念，职业教育与素质教育并重。以往的素质教育强调法律知识的传授，学生被动接受教育，自主学习性和创新性被压制。法律职业教育的地位提升之后，各高校应当引入体验式教学，制订具体实施计划，改革教学内容，注重法律职业伦理教育和法律职业技能训练，将书本上的法变活，将法条中的法变为现实中的法，通过实践案件发现问题，开拓学生思维。这样有利于让学生在掌握法学学科体系基本知识的同时，又具备法律实践技能。

2. 由知识传授向知识共享转变

随着大数据技术的迅速发展，简单的课堂传授已经不能与大数据技术相适应，因此，法学高校、教师应从以下几个方面去认识法学知识共享教育。第一，大数据与课堂教学的有效结合。一是教师应当通过大数据技术尝试个性化教学理念的实践，改变标准化、统一化培养学生的方式。一方面，注重学生课堂参与，针对参与的实际情况，通过概率预测优化学习内容、学习方式；另一方面，运用大数据全面进行学情分析，分析学生的学习兴趣、知识基础，教师通过分析报告因材施教，制订个性化培养方案。二是提升学生、大数据在教学中的地位。以往的法学课堂教学以教师传授、学生被动接受为主，其教学效果并不理想。因此，在大数据背景下，要充分认识学生主观能动性的重要性及大数据技术的新颖性，明确课堂教学以学生为主体，引导学生运用在线平台自主学习，实现课堂内与课堂外教学结合，并且利用微信、电子邮件等工具实现学生与教师互动交流。第二，教师与学生的互动性。大数据技术使教师不再是知识权威，教师的能力也受到了挑战。因此，教师应当根据学生的实际接受能力，与学生互动，引导学生深入学习，发现问题、提出问题，并一起探索解决问题。

3. 优化教学结构

第一，我国应该严格把关本科、硕士、博士学位点的审批，明确法学专业各层级的设置标准，适当控制法学院校的数量，改变法学招生规模畸形扩大的现

状。第二，各大高校应当增加教学资源。一是增加经验丰富的从事法律实务的法学教师，给予学生更多的法律实践辅助。二是各大高校利用大数据技术，建立兼容各种输入设备的数据平台，为教师、学生查找资料提供方便，改变校内计算机、多媒体教室等数据资源相互独立的状态，实现资源共享。

（二）外在因素：人才培养目标和教学方法的"重体验"

1. 重新定位人才培养目标

在全面依法治国的背景下，我国应当根据形势培养具备扎实的法律知识功底、丰富的课外知识、严密的逻辑分析能力、突出的语言表达能力和写作能力，以及具备崇尚法律、恪守法律职业道德的品质，具有开阔的国际视野的高素质、复合型、应用型法律人才。第一，注重素质教育的同时，也应注重职业教育，包括法律职业伦理教育与法律职业技能训练。一是增加专门法律技能课程，如法律方法论、法律修辞学等，强调学生实践能力的培养；二是加大力度推进协同育人、合作育人，完善高校与法院、行业企业联合培养人才机制，增加学生亲身实践的经历，在实践中学会运用所学理论知识，培养创新思维。第二，探索创新涉外法治人才培养机制，探索国际合作与双学位联合培养等多种国际合作与交流模式，引进国际化教学资源，全面提升法治人才国际化视野。

2. 改革教学方法

目前，大数据技术与法律人才培养目标的定位给传统法学教学方法带来极大的冲击，因此法学教育应当依据实际形势，借鉴其他学科有益教学经验，运用大数据技术，引入体验式教学。第一，案例分析教学。案例教学是典型的体验式教学，可充分调动学生的参与热情，引导学生思考，培养学生案件分析能力。教师可以利用大数据技术选择与教学内容相关的真实或者虚构的案例，设计并形成基于数据分析的教学方案，课堂上教师先通过多媒体等设备帮助学生进行理论知识梳理，然后学生分组对案件的事实和法律适用进行探讨分析，最后教师对案件及学生的思考进行评析和总结。第二，法律诊所式教学。法律诊所是效仿医学院学生的临床实习，法学专业的学生在具有法律执业资格的教师的指导下，在"法律诊所"的环境里，为生活贫困又迫切需要法律援助的人提供法律服务。一般先对学生进行分组，两到三个学生运用网络资源、所学法学知识，针对具体的法律援助案件进行分析，在老师的指导下、团队合作下，给予解决方案。这种方式可以让学生直接参与法律实践，熟悉实际法律程序，促进学生对法律理论知识的进一步理解，通过法律文书写作、与当事人沟通等提高学生法学写作、操作能力，增强团队意识，提高沟通交流的能力。第三，模拟法庭教学。教师可通过与学生互动，运用大数据技术分析学生的学习兴趣、知识基础、实践经验等，根据学生的特点采取引导启发式的教学，让学生积极参与。在老师的引导下，学生依照审判程序组成原被告及合议庭，审理具体的案件，通过此种角色扮演使学生置于案件之中，在实际参与中理解个运用所学知识，发现问题、解决问题。同时，教师还可在模拟法庭的基础上，将调查取证、律师代理等连接起来，实现学生从案件起源到最后结果判定的连贯性参与学习。第四，校外实习教学。各大高校应该加强与法院、检察院、律师事务所等单位的联系，为学生提供更多的实习基地，进一步提高学生的实践能力。

五、结　语

全面依法治国事关中国共产党执政兴国，事关人民幸福安康，事关党和国家长治久安，而法律人才培养是推进法治中国建设的重要步骤。基于大数据时代和全面依法治国的契机，我国法学教育应该进行新一轮的法学教育改革，即准确定位法学教育理念、优化教学结构、明确法律人才培养目标、改革教学方法，通过大数据技术与体验式教学的结合，不断提高课堂教学的多样性和趣味性，提高学生参与热情，促进教师与学生良性互动，使学生在实际参与中理解、运用理论知识，最终提高法学教学质量和学生的应用实践能力。

法学案例分析教学法的意义与发展*

魏 红 罗晶菁**

案例分析教学法源自欧美,后在中国蓬勃发展。法律案例分析教学则是由实践与理论相互融合的教学模式,特别相对于缺乏法律基础知识的本科生,一方面能够引导其法律基础知识的简单认知,另一方面推动了使用所学到的法律常识在实践中的运用。

一、案例分析教学法概述

(一)案例分析教学法起源

1.判例教学方法

案例分析教学法的最初原形实际上来自美国课堂中的判例教学方法,但是却不尽相同。判例教学法在史料当中所记述的应当是在1869年哈佛法学院院长兰德尔创造的教学模式。判例教学法一开始提出便立刻引入法学院的教学课程中,并逐渐延伸到其他学科教育之中。判例教学法其实简单而言就是把美国上诉法院的逐年判例汇总编成教材,从而让学生在每次课前进行自主的阅读学习,而在课堂之上会对于自主思考学习的案件知识用古希腊之时苏格拉底和学生之间博弈辩论之法开始教学与思辨,而在最后的考核之中则是用案例分析的方法来对学生进行测试。伴随着判例教学法的逐步成熟,其渐渐开始用于培养学校或公司的精英人士。

---

* 基金项目来源:贵州省教育厅教学内容与课程体系改革项目——《案例与法》课程教学模式改革研究与探索(项目编号:SJJG201604)阶段性成果。
** 作者简介:魏红,女,汉族,贵州大学法学院教授;罗晶菁,女,苗族,贵州大学法学院刑法学硕士研究生。

2. 案例分析教学法的萌芽

判例教学法在20世纪80年代后期被引入中国。但是中国的法学脱胎于苏联，对于西方国家判例法，中国无法将其完全吸收应用。但是在判例教学法当中，注重于对学生法律应用能力、通过分析案例来理解法律背后的原理，其方式是值得借鉴的。于是法学家们将其与我国传统的教育模式结合起来便发展出了有别于判例教学法，但是又不同于传统教学方式的案例分析教学法。

（二）案例分析教学法与判例分析法的区别

案例分析教学法是通过对法学案例由学生自主地利用各种方式进行分析，教师最终做出总结的方式使学生掌握具体的法律知识。相较于普通判例教学法有些许不同。首先，案例分析教学法的范围更为广泛，不仅仅局限于上诉法院的判例之中，教师可以选择任何级别法院中带有特点的判例，而且案例最终目的是消化与理解法律理论知识。其次，案例分析教学法教学形式并不仅仅是停留在通过判例来对法律规则分析及归纳，而是用更加多元的方式进行案例分析教学。例如，通过课堂研讨、课后讨论准备、自主学习研究，以及现场案例教学等方式来进行课程教学。最后，中国并非一个判例法国家，仍然以传统的教学模式为主，不合实际地生搬硬套只会造成制度的水土不服，而将判例分析当中的优点与当下传统模式相结合才是适合如今我国制度的。

二、案例分析教学的意义

（一）法学的实质

法学是一门立足于社会及现实世界的科学。不同于单纯的规范性科学，法学更是一门注重应用的学科。法学并不是依靠单纯的法条堆叠而创造出的学科，相反，法学是在整个社会及文化的变动下，随着国家政治、经济的发展而衍生出来的一门学科。它是由每一个生动的实例而升华成为的规则，并非创造者闭门造车的思绪。所以对于法学知识的讲述，特别是对于非法律专业的学生，单纯的讲授方式很难让学生有效吸收知识，甚至会导致学生的厌烦情绪等，这也是在许多课堂上无法引起学生兴趣的原因之一，所以将理论的讲解与实际的应用相结合起来才能够让法学这门课程更加生动，也能让非法学专业的同学在较短的课程时间里接受。

（二）能力的培养

通识课程不仅是让学生学习自己领域之外的公共社会课程，更应当在通识课程中培养学生各方面的能力。案例分析教学方案一方面帮助学生学习、掌握基本的法律知识，另一方面通过各种方式让学生自主地利用所讲述的知识思考、分析具体的案件，同时提高了学生自主学习与自主分析问题和解决问题的能力。除此之外，案例分析的方式还能够加强培养思维逻辑的思辨能力。这也是当时苏格拉底为什么采用一种辩论的方式来进行授课❶的原因。虽然我们的案例分析与判例分析有些许不同，但是在逻辑思维能力的培养上是有异曲同工之妙的。同时，这种思维逻辑的培养能为自己所处的专业打开更为广阔的视野与思维。

（三）分析中的法律素养

中国当下正处于法治中国的发展路程之中。法治中国要求更多的人士懂法、知法、守法，会用法律来保护自己。作为社会建设者的大学生更是在法治中国的大浪潮之下的积极参与者之一。因而，在大学本科通识课程当中设立法律类型的课程正是为了培养大学生的法律素养与法律知识。尤其对于非法律专业的学生以案例分析教学的方式更容易接受。在老师初步简单的讲解下对于法律有一定的了解后，通过自主的课后分析、课后学习，以及在对一个个案件的分析讨论当中，逐渐培养出自觉的法律素养以及法律知识，这种潜移默化的方式更容易让法律意识在头脑中根深蒂固，并且在实际生活当中遇到类似的情况能够自主分析，这样才能够构建出一个真正的法治国家的基础。

（四）案例分析的实用性

案例分析教学方法能够让学生在学习法律的同时将法律真正实际应用于生活中。不论是在什么法系的国家，在实习律师的学习当中都会有案例分析这个模块，培养实习律师快速的对于具体发生的案件事实，以及根据自己所学的法律知识来快速地做出判断。而对于非法学的学生的要求虽然不会像法学生一样，但是案例分析可以让学生通过事实来更加深入地学习法律、了解法律的本质。在熟悉了相应的法律知识后又能够反过来从法律的角度来思考生活中的问题。在分析案件的过程中逐渐熟悉法律、了解法律背后的实际意义，并且在整个过程之中知道如何将枯燥的条文与具体的现实联系起来。在参与的过程中了解每一个诉讼参与

---

❶ 段志平.案例教学法及其在法学教育中的作用［J］.中北大学学报：社会科学版，2006（3）.

人的思维方式，以及心理的变化，并且在整个案件分析结束后不仅是对法律的了解还有对整个司法程序的接触。

（五）案例分析的真实性

案例分析的案件都是真实存在于生活之中，每次采用的案件都会由老师在课前精心挑选，相较于枯燥的课本而言，一个个的案件更加贴近于生活、更为真实，同时也更加容易让学生接受，从而积极地参与到课程的学习当中。案例分析教学的特色之一是用这种方法让学生更能够参与到实际的案件当中，身临其境地感受到案件。除此之外学会并且理解适用法律，从另一个方面来说，也是本科生抛开书本走出自己所熟悉的圈子去体验生活疾苦的过程，而这种真实的体验是开阔眼界的一种方式。

（六）老师与学生共同的挑战

每一次的课堂采用案件将会由任课老师进行挑选，而在整个过程之中必须考虑到诸多因素。老师对课程案件的选择要考虑到大纲中所设计的知识点与难点，除此之外，要考量所属专业不同学生对新知识的接受能力会有所不同。这样虽然会加大课下老师的工作量与工作难度，但是通过课程将不同的难点和知识点与案例相互结合，对于非法律专业的学生更能保证在短时间内高效地接受。此外，老师在整个课程中所扮演的引导者角色对老师自身也是的一种挑战，老师同学生间的指导需要拿捏有度，要在保证学生畅所欲言、发散思维的前提下，同时能保证课程方向的正确。

（七）模式的探索

案例分析教学模式虽然并不是什么新生的产物，但是直到今天仍处于发展探索之中，还有许多创新的制度可以融入其中。早期的案例分析教学模式主要用于法学院的学生教学，后来逐渐在许多学校开始在大学生的通识课程中采用这种方式进行法律知识的教授。其实，案例分析模式作为一种探索的教学方式更能够激发学生的课堂兴趣，让学生自己主动地参与到课堂的整个过程之中，从而更加自主地学习，而不是传统的填鸭式的教学方式最后演变成老师自己一个人的独角戏。处于教改背景之下的高校，更应该尝试不同的模式，并且在原有的模式基础之上发挥创新精神，探索出更多能让学生更容易接受知识的方式。

三、案例分析教学的发展

（一）特色专业相结合

通识课程的案例分析教学法不单单是简单法学课程，更是能够融合各个学科特色的通识课程。当下的大多数英美国家在法学课程的教授当中最常用到的仍是案例分析及判例分析方法。教授会在每次课前以邮件的方式将需要预先学习及阅读的案例发到每位学生的邮箱当中，保证学生在课前能够做足充分的准备，在课堂上与同学和老师进行分析以及讨论。法学不仅是独立的专业性科学，更是值得社会当中所有普通人去了解并且培养法律思维的科学，它能够为本专业带来超越基础而更加开阔的思维方式与知识领域。除此之外，作为通识课程设置，会与各种各具特色的学科相遇，将法学的独特思维与各个学科相结合会碰撞出不一样的火花，也将为其他学科的研究开拓不一样的眼界。

（二）案例选择的细化

1. 专业

法学案例分析作为通识课程，面对非法学专业学生在案例的选择上对于专业性要求相对有难度。案例分析要展现出法学课程所该有的专业知识，换句话说必须体现法学专业性的一面，不论是刑法领域或是民法领域，案例分析并不仅仅是简单地说故事，相反是用现实的案例来讲解法律。但是由于所面对的对象是非法学专业学生，所以在课程的初期法学专业性不能够太强，应当是一个逐渐递增的过程。

2. 时效性

选取的案例在时间上应当选择有较高社会关注度并且较为热点的案件。通识课程当中学生对于法律并不熟悉，过于复杂的案件不但难以理解并且也会导致学生最后失去兴趣。所以对于案件的选择可以偏向社会热门，运动在全国范围内有影响的案件，这样学生对于案件也足够熟悉且有较好的代入感，能快速地融入课程中。除此之外，也能够引起兴趣积极讨论。

3. 争议性

案例可以选择较有争议点的案件，这种案件可以激发学生的思考，在相互辩论时碰撞出火花。过于单纯简单的案件很难激发学生积极的讨论和思考。但是这种争议点又该有所控制，不应过于专业化，应是普通的非法学学生也足以激发思维思考的问题。

4. 疑难性

选择案件的时候对于难度的把握应当拿捏有度。首先，课程设置的对象是非法学专业的学生，法学基础参差不齐，所以对于新领域知识的消化有一个循序渐进的过程，不能一下子讲解过于困难的案例。其次，由于是法学的课堂，可以存在一定适量的难度，这样有助于学生更加有挑战性和成就感。

5. 综合性

对于案例的选择还需要考虑逐渐从简单的法律到较为综合的案例。案例分析教学课程的目的是最终在实际生活当中能够将课程当中所学到的知识应用起来，然而现实生活中遇到的案情是综合性的、极其复杂的，所以在课程的进行当中也不能过于简单化地抛开实际情况去讲案件。

（三）方式的转化

第一，对案例讨论的模式进行转化。可以在传统的教授模式的基础上，穿插讲解一些较为典型的案件。在学生课下已做足充分准备的前提之下开始讨论，这样既能保证对于基本知识知悉，又能够在这个基础上通过案例活用知识。可以让老师先较为系统地讲解知识点作为引导。学生在课下通过自学以及阅读，来对案例进行自我初步分析，在课堂辩论后，对不同的观点可以提出质疑并且进行辩论。最后，老师进行总结。

第二，可以采用观看庭审的方式来对一些案例进行感官上的了解，看真正的律师和法官如何站在不同的角度上运用法律来对案件进行分析与思考。同时，观看庭审还可以了解法院的诉讼程序和诉讼构架，而且还能够通过观看庭审的影片片段了解在不同法系之下不同的庭审模式和不同的思维方式，从而开阔视野。

法学实践教学改革研究

阮志群　张依依 *

一、问题的提出

在当前依法治国的背景下，我国的法学教育还处于依法治国的基础性环节，且全面推进依法治国的关键也在于法治人才的培养。因此，要想实现依法治国，保障善治，法学教育的重要性不言而喻。但是一直以来，在我国的法学教育中都存在一个矛盾，即枯燥乏味的理论教学和应试教育同社会对实用性人才的需求之间的矛盾。虽然经过长期的教学改革和实践，以及对其他国家法学教育经验的学习，这一矛盾有所缓和，但如今"重理论，轻实践"的法学教育传统还是占据上风。随着社会和经济的发展，社会之间的各种矛盾纠纷越来越多，应用法律解决纠纷的频率也越来越高，所以，高素质法律人才的培养显得越发重要。高素质的法律人才不仅要求具有扎实的法学理论功底，还需具有较高的实践能力，能够利用法学知识解决实际问题。因此，法学教育不仅要重理论，也要重实践，两者相辅相成。文章通过分析当前我国法学教育在实践教学方面出现的问题，提出几点粗浅的改进建议。

二、法学实践教学概述

（一）法学实践教学的内涵

"实践"一词有多重含义，从字面意思理解即实际履行。从马克思主义哲学观来看，实践是马克思主义哲学的核心概念，其指的是主体通过手段、方法和思想等媒介探索和改造客体以实现主体目的的对象性物质活动。[1]法学实践教学的内

---

* 作者简介：阮志群，贵州大学法学院副教授；张依依，贵州大学法学院2017级国际法研究生。
[1] 鹿军.马克思主义哲学实践观的内涵浅析[J].成功：教育，2011（23）.

涵是指，为训练学生的法律思维和法律逻辑，培养学生的职业技能和职业伦理，更好解决社会生活中的法律问题，在对传统法学理论知识学习的基础上而专门设置的法律实践环节。❶ 相对于理论教学而言，实践教学是通过使学生积极参与各种实践活动，对学生的实际思考能力和动手能力进行训练的一种教学活动。

（二）法学实践教学与理论教学的关系

《中共中央关于全面推进依法治国若干重大问题的决定》在党的十八届四中全会上通过，该决定明确提出要"加强法治工作队伍建设""创新法治人才培养机制"，这无疑给我国法治事业的发展注入了新的活力，也给法治人才的培养带来新的挑战。要想解决如何培养卓越的法律人才这一全国各高校面临的重要课题，就需要在法学教育上下功夫。法学教育包括理论教学和实践教学，要想搞好法学教育，厘清两者的关系至关重要。

学院式教学法是我国传统的法学教学方法，该种教学方法显得单调刻板，已经不能再满足现如今建设法治社会对高素质法律人才的需求。长期以来，法学教育界对理论教学与实践教学的关系一直都存在争论，但当前，其对这个问题已经取得了基本一致的看法，即培养卓越的法律人才，理论教学与实践教学都是法学教育中不可分割的环节，两者是并行不悖的，具有同等的重要性。❷

一方面，理论教学为实践教学提供理论指导。没有理论的指导，实践也只能是空谈。学生在法学理论的学习过程中，可以理解和掌握法学的基本知识和原理等内容，不仅为实践提供了理论支撑，也为实践指明了方向。另一方面，实践教学是对理论教学的进一步巩固和深化。学生法律职业技能的提升和法律职业伦理的培养只靠理论的灌输是不能实现的，还需要进行实践的训练。实践教学正好满足了这一要求，在实践教学活动中，学生不仅可以对法学理论知识进行巩固，还可以对其进行进一步的运用和深化。

三、法学实践教学的必要性

（一）实践教学是培养卓越法律人才的必然要求

2011年12月，教育部、中央政法委员会颁布了《关于实施卓越法律人才教

---

❶ 蒋梅.基于现代教学设计理论的法学实践教学设计［J］.教育研究，2012（2）.
❷ 刘英俊.法学教育理论教学与实践教学的同构——以《民事诉讼法》为例［J］.湖北函授大学学报，2016（8）.

育培养计划的若干意见》,该文件明确提出培养法律人才的主要任务之一是"分类培养卓越法律人才",即实施卓越法律人才教育培养计划的重点是培养应用型、复合型法律职业人才。要成为应用型、复合型的高素质法律人才需要具备很多条件,这一实践需求不仅给法学生自身的学习带来了严峻的挑战,也为各高校对法学生的培养质量提出了更高的要求。

培养应用型、复合型法律职业人才,应首先明确应用型、复合型的本质是什么,这类法律职业人才需要具备哪些条件,分析我国现在法学教育方面存在的不足,才能对症下药,提高法学职业人才培养的质量。应用型人才的本质是学以致用,应用型法律职业人才主要是指能够将所学的法学理论、法律规则、原则等知识直接运用到实践的人才,其中"用"的基础是掌握法学知识与能力,"用"的对象是社会实践,"用"的目的是满足法治社会的需求,推动法治社会的建设。[1]复合型人才的关键在于"复合"二字,简单地说就是一专多能,其具有基础扎实、知识面宽、知识运用能力强、有科学创新精神的特点,该类人才还具有通晓国际惯例、具有脚踏实地的工作作风和良好的语言文化交流能力。[2]那么要培养满足这两种类型要求的法律职业人才,理论教学与实践教学都是不可或缺的。理论教学培养学生对有关的法律概念、法律原理以及法律规则的掌握,使学生明确国内国外的基本法律体系和司法程序,使学生形成良好的法律思维能力;实践教学的重要性不低于理论教学,法学生不仅要牢牢掌握理论知识,更重要的是运用其所掌握的知识去解决社会的实际问题。作为一名法学生无论是做学术研究还是实务工作,拥有解决实际问题的能力都是至关重要的。实践教学有利于培养学生的应用能力,可使其在法律实践中养成不断学习的习惯,去发现新问题,解决新问题。

法学专业的实践性很强,仅仅通过理论教学无法培养出符合社会需求的法律职业人才,需要理论教学与实践教学双管齐下,共同作用。因此,实践教学是卓越法律人才培养的必然要求。

(二)实践教学是促进法学生就业、拓宽就业渠道的重要方式

2018年6月11日,麦可思研究院在京发布《2018年中国大学生就业报告》(就业蓝皮书),报告显示,2017届大学生毕业半年后的就业率(91.9%)与

---

[1] 吴中江,黄成.应用型人才内涵及应用型本科人才培养[J].高等工程教育研究,2014(2).
[2] 孟庆研.高校复合型人才培养的思考[J].长春理工大学学报:高教版,2010(5).

2016届、2015届（分别为91.6%、91.7%）基本持平，高职高专就业率首超本科，未就业人群中近半数仍在求职。本科毕业生半年后就业率最高的学科门类是工学（93.5%），其次是管理学（93.2%），而法学专业的就业率最低，为85.3%。[1]从这些数据可以看出，法学专业仍是本科就业的红牌专业。法学专业学生的就业问题也已经成为高等教育面临的重大而紧迫的挑战。

出现这一问题的原因很多，但最重要的应是法学生的培养、教育问题。教学培养是基础，其培养的法学生需要具有较强的专业性和法律思维，以及逻辑思维和逻辑分析能力，才能真正地为社会法律实践服务，这一能力的训练也离不开实践教学的培养。且当前法学生要想进入与法律相关的某些行业都需要通过国家统一的法律职业资格考试，该考试的形式和一般考试的形式有些不同，其注重理论与案例相结合，考查学生实际的应用、分析能力，难度较高，也是我国最难的考试之一。所以从这两方面来说，法学生就业的门槛相对较高，才会成为就业红牌专业。

因此，各高校在制订法学生的培养计划时，应在注重理论教学的同时，加强对法学生实践方面的教学，使学生在学校的学习过程中就加强理论知识的运用，积累更多的实践经验，这有利于其更好地择业、就业，也有利于解决当前高等教育面临的法学专业就业率低的问题。

四、当前法学实践教学出现的问题及分析

目前，我国各大高校在法学教育方面并不缺乏实践教学的安排，而是大多数高校由于各种原因使得实践教学的重要作用没有得到发挥。当前法学实践教学主要有以下四个方面的问题。

（一）实践教学流于形式的问题

现在有很多高校都采取与相关实践部门对接的措施来进行实践教学。例如，与各级法院、各级检察院、律师事务所等对接，相关的实践活动有实习、见习以及旁听庭审等。不可否认，该措施对于提高法学生的实践能力有着十分重大的作

---

[1] 麦可思是中国首家提供高等教育管理数据与解决方案的专业公司，也是高校、社会大众、用人单位和政府公认的第三方权威数据机构，每年编著出版《中国大学生就业报告》（就业蓝皮书），且长期为国内多所高等院校提供年度数据跟踪与解决方案服务，是教育部、人社部、司法部、中国科协、中国社会科学院、中国机械工程学会、中国民办教育协会高等教育专业委员会、中国职教学会质量保证与评估研究会、世界银行、哈佛大学中国教育论坛等机构的合作单位。

用,但现在一些法学院和相应实践部门仅仅将其作为形式上的装点,而不发挥其实际作用。一些实践部门为了应付上级检查而只是与法学院挂个牌子致使法学院与相应的实践部门对接不畅,这种做法不仅浪费了很多实践资源,而且对于学生实践能力的提升也是相当不利的。另外,还有一些法学院虽然与相关实践部门进行了相应的对接,但也只是让学生去进行一些简单的实践活动,且机会很少。

(二)教师的评价及资源问题

首先,目前大多数法学院对教师的评价都是单一的,都是对教学进行统一评价考核,而对教师的实践教学评价却没有给予太多的关注。若对教师的实践教学进行单独评价和考核可以在很大程度上激发教师的实践教学积极性,其是至关重要的。其次,当前法学院的教师大多都是专职教师,当然也有一些教师在律师事务所或相关的实践部门兼职,但为数不多。所以在教学过程中一些教师因缺乏实践经验或因专注于学术研究而不太关心实践问题,从而导致课堂上缺乏足够的实践知识。例如,在教学时不能引用最新案例、对于新近发生的法律方面的实践不熟悉等情况。最后,对于师资力量问题,现在一些法学院师资力量严重缺乏,一些教师要身兼数职,教授这一部门法的同时也要教授另一部门法,且其还有学术研究的压力,常常深感力不从心,无法做好教学工作,更谈不上带学生出去进行实践教学活动。

(三)学生的评价和考核问题

对于学生来说,一个好的评价方式不仅可以提升学生学习知识的积极性,还可以给学生提供一个好的价值引导。但由于现在对学生的评价和考核方式都是通过学期末的考试来进行,该种方式不是不可取,而是要注重考试内容的多样性。若是只有一张对理论性知识的简单考核试卷,则考核的效果可想而知,只能让老师了解学生基础知识的掌握情况,且大多数学生在考试前也是临时抱佛脚,用死记硬背的方式来应付考试,这对学生实践能力的提升并没有多大用处。这种考核方式缺乏对学生实践分析能力的考核,不利于学生法律思维与法律逻辑的训练,与实践脱节。因此,需对学生评价与考核方式进行适当的改进和完善。

(四)实践教学经费投入不足的问题

实践教学不同于理论教学,理论教学不需要投入较多经费,这也是各大高校都热衷于开设法学专业的原因之一,其不像许多理科专业一样须投入大量资金购买实验器材等,但是法学专业在实践教学方面却还是需要较大的经费投入的。例如，法学院需要举行一次为期不长的见习活动，都需要较大的经费支持，学生的住宿费、交通费等支出都很大，若没有足够的资金，一些实践教学活动根本无法举行。从当前的情况来看，实践教学经费投入不足也是法学院面临的一大重要问题。

综上所述，为了更好发挥实践教学的作用，促进法学生实践能力的提高，推动法治社会建设，上述问题亟须解决。

五、法学实践教学改革措施建议

（一）实现法学院与实践部门的良好对接

1.建立法学生见习、实习基地

现在各法学院一般安排学生在大一和大二时学习理论知识，从大三开始才逐渐安排见习和实习，这种安排较为单调，不利于法学生知识的吸收、巩固与深化。因为课堂上理论知识的教授只是通过教师的简单讲解，较为抽象，学生并不能亲自体会；再者，法学专业的考核方式一般也只是对理论的考核，如名词解释、简答、叙述等题型，对知识实际的运用考核较少。因此，建立见习、实习基地是必要的，该措施对于解决教学效果较差、学生实践能力较低的问题是非常有效的。

虽然很多法学院都为学生建立了实践基地，但是由于各种各样的原因导致实践基地的作用没有得到很好的发挥，所以法学院应该调整实践安排、整合实践资源，做到让见习、实习基地真正发挥效用。例如，理论课教授的同时可以给学生提供一次见习的机会，哪怕是一次简单的庭审旁听也会对学生带来很大的影响，因为在此过程中，学生可以亲自感受到一个真实案例的庭审程序，会给其带来深刻印象，也利于其更好地理解理论知识。在这方面，一些高校的法学院做得很好。例如，温州大学的法政学院，其在法学理论课的教授过程中都会安排学生出去见习，短则1天，长则3~5天，可以让学生实实在在地感受整个庭审程序，且其还会安排几个任课教师与学生一起，既保证了学生的安全，也为学生提供了和老师更多交流的机会。此外，还有贵州大学法学院的每月一庭活动，像这样定期的见习活动也是值得推广的。

另外，相关实践部门，如法院、检察院等也应当出台一些便利政策，为法学生的见习和实习提供更多的机会与便利，为法律职业人才的培养做出贡献，致力于形成高校—实务部门的共建共享机制。且相关实践部门还可与法学院协商建立法科生培养基地，就人才互聘、干警培训、智慧法院建设等诸多事项进行合作，共建人才培养基地、共同培育研究成果、实行人才互聘机制、构建学术合作机制等。

2. 建立法学院人民调解、仲裁基地

为了使法学生能够有更多机会进行实践，各高校法学院还可以与当地人民调解委员会、仲裁委员会合作采取在法学院内建立人民调解基地、仲裁基地的措施。充分利用法学院的资源，打造法律援助、调解、仲裁"一站式"服务机制，促进人才培养、科研、教学、社会服务一体化建设，该措施不仅可以为广大法学生带来更多实践的机会，也可以更好地服务于该高校的广大职工和师生。法学院的教师可以担任人民调解员，也可以担任仲裁员，该院的法学生可以做一些辅助性工作，在这一过程中，学生可以学到更多的实践知识，获得更多的实践技能。另外，还可以与相关实践部门合作建立实验实训基地，为辖区内符合条件的劳动者以及高教园区的师生免费提供法律咨询、法律援助等公共法律服务。例如，代书、劳动者人事争议仲裁或诉讼代理等，该措施也可以为法学院学生提供实践实习场所，促进其实践能力的提升。

（二）优化、整合教师资源

要想培养高质量的法学专业人才，法学专业教师的重要性也不可低估。一位教师不仅要求具有深厚的专业知识，更要会教学。对于学生来说，教师的教学方法十分重要，一些教师虽然理论知识非常丰富，但是却没有好的教学方法，导致教学效果不佳；还有一些教师缺乏实践知识，无法在课堂上给学生们传授实践经验，也不利于学生实践知识的积累。因此，要想加强实践教学，必须在法学教师方面给予必要的关注。

首先，在对教师实践教学的评价方面，"双师型"标准值得应用，即是否具备良好的职业道德，有较强的语言表达能力和科研能力，热爱法学教育事业，懂得教育心理学等基本的从师条件；是否具备丰富的法学实践经验，或具备熟练高超的法律职业操作技能，如法律文书写作、调查取证、法庭辩论等技能。在对法学教师的实践教学进行评价时，可以从这两方面入手，取得更加合理、科学的评价结果。其次，应适时调整教师的工作量，不应给教师太大的研究和教学压力。若教师工作压力太大，对学生的实践教学也只能是有心无力。因此，应该为教师进行实践教学工作设定恰当的计算标准，还可制定相应的奖励机制，根据实践教学的效果给予不同的奖励，激发教师对于实践教学的积极性。再次，不仅要注重法学教师理论素质的培养，还要注重教师实践经验的积累，为其提供充分的实践机会，定期对他们进行实践教学的培训，提高其实践教学能力。在这方面，教师也可以到相关实践部门挂职锻炼，应注意挂职锻炼并不能像有些教师一样只是去挂个名号，对实质性的工作内容却知之甚少。这要求教师认真对待，融入其中，丰富其实践经验。最后，应注意在人才引进时注入年轻的师资力量，不仅要引进高学历、实践经验丰富的人才，也要引进具有创新思想、勇于创新的人才，这对于培养法学专业的学生来说也是至关重要的。

（三）完善学生评价考核体系

从上述分析可以知道，各法学院当前对法学专业学生的评价、考核方式存在着重大的问题，因此需要进行必要的改进和完善。根据现代认知心理学的观点，法学实践教学是对程序性知识的学习，是与实践操作密切联系而具有动态性质的学习，是解决做什么和怎么做的问题。[1]因而，法学院对法学专业学生的实践评价不能简单地用一张理论性试卷来考核，应该创新评价考核的方式，使考核方式多样化。由于在法学专业中每一门专业课的教学目的与宗旨都不同，所以每一门课程应该根据自身的教学目的和宗旨采取适当的方式来对学生进行考核。例如，可以采取案例分析、撰写论文和调研报告等综合评价的方式来进行考核，同时，还应注重对学生参与实践活动的效果进行考核，评价学生的实践分析能力。此外，还需注重学生实践积极性的激发，现在学生的学习压力也很大，有些可能无心参与实践活动，因此，学院应该设立奖励机制，对学生在实践活动中取得的有效成果进行奖励和宣传。这样既有利于带动学生的实践积极性，也有利于扩大辐射面，进一步增强教学实践的实效性。

（四）加大法学教育经费的投入

毋庸置疑，加大实践教学的力度需要更多的教育经费的投入，若没有教育经费支持，法学院根本就无力开展实践活动。在这个问题上，首先，相关政府部门应当予以重视，加大教育投入，完善投入机制；其次，法学院自身也应该合理规划教育经费的使用，把经费投入到真正需要的地方，避免造成不必要的浪费。另

---

[1] 蒋梅.基于现代教学设计理论的法学实践教学设计[J].教育研究，2012（33）.

外，经费的申请也应经过正当程序的审批，审批标准也不能过于苛刻，导致教师和学生举行实践活动的积极性被挫伤。

六、结　论

新时代的法治建设，需要一流的法学教育，一流的法学教育不仅仅是对公平、正义、效益等法治精神的现实实践，也是对推进新时代社会主义法治创新和发展的必然选择。[1]当前，我国正处于在全面依法治国伟大事业的建设过程中，高素质法律职业人才的培养承载着重大的使命。通过上述分析发现，我国法学教育虽然在慢慢进步，但现状仍然不容乐观，法学院与相关实践部门对接不畅、教师和学生的评价体系不完善、实践教学经费投入不足等问题导致现在大部分法学生的实践能力与社会的需求脱节，进而导致法学专业学生就业率低等问题。因此，需要深化法学教育实践，促进我国全面推进依法治国目的的实现。

---

[1] 刘从德，陈永峰.保障善治：深化依法治国实践背景下的法学教育创新［J］.黑龙江高教研究，2018（3）.

浅议司法案例分析报告的写作

——以法律硕士专业学位研究生毕业论文为视角[*]

陈 松 孔 伟[**]

所谓司法案例分析报告,是指以司法实践中的具体案件为对象、运用案例分析的方法进行研究而得出的研究成果形式,由于其体现了实证性的研究方法、理论与实践相结合的研究导向,该种成果形式在法学教育中也得到了越来越广泛的应用,尤其是在法律硕士专业学位研究的培养中,已经被法律硕士教育的决策层和各个培养单位作为一种主要且大力提倡的毕业论文形式。[❶]然而,尽管案例分析作为一种较为成熟的研究方法在我国法学界早已被广泛应用,但是如何撰写和评价案例分析报告,特别是作为研究生毕业论文的案例分析报告,却缺乏具有广泛共识性的方法和标准,也少有对此问题进行专门研究的成果,[❷]由此造成了实践中关于司法案例分析报告究竟该如何写、如何评判还存在不少分歧。鉴于此,本文基于笔者多年来指导法律硕士研究撰写作为毕业论文的司法案例分析报告的经验,试图就作为毕业论文的司法案例分析报告的写作与评判提出粗浅的看法,以达到抛砖引玉的目的,促成学界在此问题上形成共识。

---

[*] 本研究系贵州省研究生工作站项目成果(合同编号:GGZ2017009)。
[**] 作者简介:陈松,贵州大学法学院副教授;孔伟,贵州大学法学院2017级法律硕士研究生。
[❶] 在2017年全国法律硕士专业学位研究生教育指导委员会发布的指导性培养方案中,明确规定"学位论文应以法律实务研究为主要内容,提倡采用案例分析、研究报告、专项调查等形式"。
[❷] 笔者在知网以"法学案例分析报告写作"为主题词进行搜索,仅得到一篇关于法学案例法学写作的论文,即吴情树,白晓东.法学教育的机遇、问题与努力方向——以本科生案例分析报告的撰写与指导为例[J].广西政法管理干部学院学报,2018(2).

一、基本概念与讨论范围

案例分析又称个案分析，其作为一种实证研究方法广泛应用于管理学、经济学、社会学、心理学、法学等社会科学领域，其中作为分析对象的案例指实际发生、存在的具体个案、事例、事件等，其所指范围甚广，可以是一个管理个案、一个营销案例或者一起群体性事件，即便在法学领域中，案例分析的对象除了司法案件之外，也可以是一个公司的法律风险防控或内部治理事例，还可以是法社会学意义上的法律事件。但是在本文的讨论中，笔者使用了司法案例一词，意在表明本文所讨论案例分析报告仅指以司法个案为分析对象的报告，其原因主要有两点。

其一，对法学专业学生而言，其运用案例分析方法的研究对象在多数情况下是且应该是司法案例。虽然如前文所言，法学领域内的案例不止于司法案例，但同时要看到，那些经过司法程序处理的具体案件，数量极其庞大，同时由于其具有裁判文书、卷宗等正式、规范的表现形式或载体，且在司法公开的原则下，案例材料的可获得性较强。这些因素的共同作用使得司法案例在法学学生看来是主流的法学案例，或者说是法学案例的主要类别；另外，由于法学专业的学习对象是法律，而法律社会功能的主要表现就是定分止争，从现实情况来看，定分止争的主要途径就是司法，因此，引导学生关注、研究司法案例对法学教育和法律人才培养具有无可替代的意义，后文对此还会有详细讨论。

其二，司法案例分析报告的写作模式与方法相对易于统一，或者说更可能形成的共识性看法，故而比起其他类型案例的分析报告写作更具有讨论意义。司法案件经过了较为统一的处理流程，其具体内容具有稳定的结构和规范的表现形式，因此，相对于其他类型的案例，对该类案例的研究更可能在不同的研究者之间形成相对固定的模式和趋同使用方法，进而就使得关于该类案例的分析报告在内容结构和撰写方法方面的共识具有形成的可能，也因此才能证成本文的讨论意义。

二、司法案例分析报告作为毕业论文的意义

在法学教育界，司法案例分析能否作为法律硕士毕业论文，目前还存在着一定的争议。持否定立场的意见认为，研究生毕业论文应能全面反映研究生的知识

储备、理论功底、分析能力和创新能力，尤其是对观点的创新性和理论分析的深入程度具有较高的要求，而司法案例分析如果定位于运用法学知识分析一个特定案例，不利于全面反映和考察研究生的法学基础知识和法学理论素养，而且研究方法单一，尤其是对学生提出创新性观点的要求较低，或者说达不到研究生毕业论文应有的创新性标准。简言之，如果让法律硕士研究生的毕业论文撰写案例分析报告，是降低了毕业论文质量标准，是"放水"。在笔者看来，如此的看法，一方面是因为对法律硕士研究生的培养目标定位和培养理念的理解不足；另一方面，也存在着对司法案例分析报告的认识有偏差的问题。实际上，以司法案例分析报告作为法律硕士研究的毕业论文，符合现阶段法律硕士教育的培养目标定位，对法律硕士研究生的实务视角、解决实际问题的能力具有充分的养成、促进作用。同时，高质量的司法案例分析报告，同样也符合高端法律人才培养中的学术性、创新性要求。

我国的法律硕士研究生项目始自1996年，该项目从成立之初，就定位于培养复合型、应用型法律人才，虽然2009年后，法律硕士项目新增了本科专业为法学的法律（法学）硕士类别，但培养应用型人才的目标定位至今没有改变。❶这样的定位意味着在法律硕士的培养中，理论研究能力不应该成为教育培养的首要目标，恰恰相反，关照法治实践的视野、理论联系实际的思维习惯和解决实际具体问题的能力以及职业基本技能才应该是法律硕士研究生教育中的努力方向。为此，与该定位相适应，对法律硕士研究生毕业论文的评价，当然也不能对学术型研究生那样强调理论分析的深度和观点的创新性，而应该重点考察研究生运用法学知识和基本理论分析和解决实际问题的能力。从这个角度看，可以说，司法案例分析报告恰恰是最适合的论文形式之一。一方面，司法案例分析以真实存在的具体案件为分析对象，这本身就是对研究生研究视角和学术方向的一个引导；另一方面，撰写司法案例分析旨在明确某一具体案件的司法裁判结果的基础上，为司法、执法等处理同类问题，提出了具有参考价值甚至指导意义的具体措施建议，这必然对研究生运用法律知识解决实际问题的能力提出正面的要求。总之，法律硕士研究生撰写司法案例分析报告，能够让他们养成目光向下的研究理念、促进他们形成以解决问题为导向的务实研究风格，这与法律硕士研究生的培养目

---

❶ 上述2017年指导性培养方案分别将法律（非法学）和法律（法学）硕士专业学位研究生的培养目标设定为复合性应用型人才和专门性应用型人才。

标是完全一致的。

同时，应该认识到司法案例分析报告同样为研究生展现其理论功底和创新能力提供了充足的空间。实际上，一篇质量上乘的司法案例分析报告在说理方面的深入、精细程度及说服力应该远超一份普通的判决书，而其对案件处理方面的评价以及据此提出处理该类案件或者解决案件所反映的问题的法律措施，也完全可以承载研究者的创新性观点。简言之，司法案例分析报告并不必然意味着理论水平低和创新观点少，虽然可能从现有的实际情况来看，确有不少作为毕业论文的选择司法案例分析报告在分析能力、理论修养、观点创新性等方面不及较为传统的专题研究类法学论文，但笔者认为这应该更多地归因于写作者本身的能力和态度，其实培养单位完全可以用更高的标准来要求司法案例分析报告。此外，如果案例分析报告所分析的案例的核心问题具有充分的争论空间，比如在法律和法理上都缺乏现成的依据，学界也尚未就其中的核心问题达成共识，则据此撰写的案例分析报告的前沿性以及可能存在的创新性，完全不会亚于基于同样的问题而写作的专题论述。

总之，认为司法案例分析报告不足以充当本来应该显得高大上的硕士研究生毕业论文的观点，既未正确认识法律硕士培养的目标定位与教育特征，也未公平看待案例分析报告对研究生学术能力的要求，故该种观点不能成立，司法案例分析报告完全有资格成为研究生撰写毕业论文时的主流选择。

三、作为毕业论文的司法案例分析报告的写作要求

前文提及，案例分析是一种常见的教学方法，故而案例分析报告的应用范围也很广泛。就法学教育中的司法案例分析而言，其可能出现在课堂教学中，也可能出现在期末考试中，当然也可能出现在一个专题研讨中，因此，司法案例分析报告的形式和规模必然是多样化的。比如，我们既可以读到结构严谨、形式完整、长达数万字的长篇大论，也可以看到由许多法官撰写的言简意赅、三五千字、以交流审判经验为目的的短文，甚至还可以看到答题性质的更短小精干的案例分析结论。显然，这些不同规模、不同目的、不同性质的司法案例分析报告，在形式与内容要素方面，具有不同的要求，那么，本文所讨论的作为法律硕士专业学位研究生毕业论文的司法案例分析报告，有何特殊的写作要求、有何特殊的内容要素呢？

毕业论文对研究生来说，具有特殊的意义。理论上其应是对写作者的知识与能力的充分、集中体现，而且还是一名苦读三年的硕士研究生是否达到了应有专业水准的衡量依据，此外，毕业论文还需要经历开题答辩、预答辩、反学术不端行为检测、匿名评审和正式答辩等多重质量监督环节。这些因素都决定着研究生的毕业论文撰写应该是一个大规模的系统工程，而毕业论文本身理应是一种高规格、大容量、高水平的学术成果载体。无疑，毕业论文的这些特质也应该体现在作为毕业论文的司法案例分析报告中，换言之，作为毕业论文的司法案例分析报告，也就应当从形式、内容要素和质量等方面，符合研究生毕业论文的要求。与此同时，司法案例分析报告作为一种以司法案例为核心、解决实际问题为目的的写作形式，也具有其固有的形式与内容特征。

1. 形式与要素要求

首先，作为毕业论文的司法案例分析报告应该含有一般学术论文应该具有的形式要素，具体而言，应当具备前言或绪论、研究综述或学术史回顾、主体部分、结语，以及参考文献、附录材料等。在前言或者绪论中，还应该同一般学术论文一样包含选题原因、研究意义、研究方法、研究素材说明和创新性说明。这些大规模学术论文特别是毕业论文的标配，同样应该体现在作为毕业论文的司法案例之中。在主体部分中，一般应包括案情分析与案件结论，延伸思考或解决问题的办法。

其次，司法案例分析报告的写作思路和结构安排也应该遵循其他学术论文常用的提出问题、分析问题、解决问题的总体框架。这个框架是由学术论文通过试图解决问题从而赢得研究价值的本质特征所决定的，作为司法案例分析报告，也同样要服务于试图解决问题的目标。

再次，司法案例分析报告同样应当遵循学术论文的写作规范或者遵守学术规范。这一点体现在总分结合的论述模式、主题句的合理运用、规范且严谨的语言表述风格、有据可查的数据、简明的图表、诚实且完整的引注、明确的观点表述，以及符合要求的格式和排版等。

最后，作为司法案例分析报告，必须包含案情介绍和争议焦点的提炼。司法案例分析报告以研究真实、具体案件为核心或首要任务，出于案例分析的需要，应首先详细地介绍案情，包括案件事实经过和司法处理情况。同时，对司法案例的分析应当紧扣有关案件的争议焦点，因此，在完成案情介绍之后，应当明确地提炼出争议焦点。此外，由于司法案例分析报告所研究的案例应是真实案例，因此，在多数情况下，作者有义务交代案例的案号、获取途径等来源信息，甚至可以考虑在不违反有关规定、不涉及泄露国家机密、商业秘密、个人隐私和审判机密的情况下，以附录的形式附上关键的卷宗材料。

2. 写作内容要求

除了学术论文尤其是毕业论文这种要求较高、质量监督程序严格的学术论文在内容上都应有的分析细致、论证严密、观点创新等要求外，作为毕业论文的案例分析报告，在写作内容上，还有如下要求。

第一，案情介绍方面，要做到详细，特别是影响案件判决的关键情节、关键信息不能缺少。如果案例介绍不充分，会使得论文的读者无法与作者做到信息对称，影响读者对作者观点的接受。但是，介绍案情时也要避免写成事无巨细、未经归纳整合的流水账，这样会造成文字表述效率低下，既浪费纸笔，也浪费读者的时间。在实践中，有的作者照搬判决书中关于案情的叙述，特别有的判决书在写作时法官大量地直接复制起诉书、答辩状里关于案情的各方陈述，浪费笔墨、重复啰唆的现象会更加严重。也有的作者在介绍案情时借鉴了小说的表达方法，甚至将案情直接写成了故事性强的记叙文，这样的方法虽然增强了案情的可读性，但是却偏离了学术论文应该坚持的理性、客观、严谨的语言风格，会使得案情的真实性受到读者的怀疑。此外，在介绍案情包括司法处理情况时，要给出完整、准确的时间、地点、人物、诉请、判决结果等关键信息。此外，案情信息的来源，应该以生效的裁判文书为主，并可以辅之以权威媒体的报道，切忌依据非正式的信息来源和网络文件叙述案情，更不可以使用得自私人渠道的信息。

第二，提炼与呈现案件的争议焦点时，要围绕着后文分析的关键问题。换言之，对案件本身的分析，是以争议焦点为纲领的。但是应该注意，司法案例分析报告中分析的案件争议焦点并不必然等同于在实际司法程序中存在过争议的问题，包括庭审时法官归纳的争点。一个真实案件的争议焦点，有的是事实问题，有的是法律问题，有的有普遍性，而有的只是针对个案，而作为学术研究者，一般都倾向于讨论具有普遍性或典型性的法律问题，对典型性、代表性不足的，可以从略。这是因为作为学术研究成果的司法案例分析报告有着不同于裁判文书的目标，后者仅仅在于解决具体案件，而前者往往伴随着更高的追求，如提出这类案件的处理原则与方法。如琼瑶诉于正案中，由于原告诉称的被抄袭作品的署名人并非原告本人,庭审中双方就原告是否是案涉作品的著作权人展开了较为激烈的争议,[1]但这种争议对侵犯著作权纠纷不具有代表意义,故对该争议点讨论的价值就不大。案例在司法处理过程中,当事双方及司法机关均未涉及,但从学术研究的角度有争论空间、具有典型意义的问题,也可以作为案例分析报告中的争议焦点进行讨论。

第三,对案例的分析应该以建立在对每个争议焦点的逐个分析的基础上,即首先应在每个争议焦点上深入分析,形成明确的结论,然后形成对案例的总体裁判意见。在围绕着每个争议焦点分析时,要将关于每个争议焦点的各方意见列举出来,而且要对每种意见都明确地提出作者的看法。如前所述,作为毕业论文的司法案例分析报告比裁判文书应该更充分地说理,必须对争议焦点进行全面的分析,因此就需要对争议焦点涉及的各种观点进行明确的评价,并说明理由。

第四,分析论证过程中,不能止步于法律分析的层面,还应该甚至可以说主要应该从法理的层面进行分析论证。这也是作为学术表达的案例分析报告与裁判文书之间的差别。法官的职责是依法裁判,因此,在绝大多数情况下,法官的说理是以法律的明确规定为依据的,这就使得法官的分析过程,一般限于法律的层面,比如,解释法条的含义、在法律条文与事实之间建立联系,以及基于证据认定事实,法官没有义务也不太可能深入到法理的层面来分析,除非法律在案件涉及的问题上并无明确规定。但是在作为学术论文的案例分析报告中,其讨论空间就扩大了许多,一方面,研究者不必像法官那样因受限于依法裁判而止步于依法分析;另一方面,研究者所要讨论的问题是研究者自己选择的具有充分争议空间的问题,因此,研究者完全可以,也应该超越法律的层面,深入到法律背后的基本法理进行论证,从而使其关于案件的观点具有更坚实的理论支撑。在这个过程中,研究者应当充分借鉴、利用或结合法学界的研究。换言之,司法案例分析报告的撰写者需要充分考虑学术界的相关成果,这一方面是不做重复研究、突破既有研究的学术伦理的需要;另一方面也是增强作者观点的说服力的需要。唯其如此,我们才能说,该分析报告站在了学术研究的前沿,具有充分的理论性,也才可能具有观点的创新性。

第五,通过分析、论证,应该力求得出具有超越个案意义的结论,或者提出

---

[1] 温文.琼瑶诉于正侵犯著作权案分析报告[D].贵阳:贵州大学,2019:2-3.

具有普遍意义的观点、方法。在这一点上，实践中存在着一定的争议。有的观点认为，案例分析报告的核心任务就是通过分析，得出关于某个具体案件应该怎样裁判的结论，或者对已经形成的司法裁判情况进行评价，没有必要进行从个别到普遍、从特殊到一般的原理归纳、方法提炼的延伸思考过程。从实践看，我们确实可以发现大量作为法律硕士研究生毕业论文的司法案例分析报告在完成案例介绍、焦点提炼、焦点逐个分析之后，得出关于案件裁判的意见，全文即告终了。另一种观点则认为，作为毕业论文的案例分析报告应该首先完成对所研究的案件的分析评判之后，得出具有普遍意义的结论，或者提出解决类似问题的司法甚至立法办法。❶ 相比之下，笔者更为支持第二种观点，即作为毕业论文的案例分析报告，作为一种严肃、大规模的学术写作，其本质上是一种学术研究成果而非简单的个案对策探讨，学术乃社会公器，其目标应该不止于为个人、个案服务，而是应该追求更大的社会效益。因此，以法律硕士研究生毕业论文形式出现的司法案例分析报告，应该比法官们撰写的以经验交流为目的或以个案研讨为目的的案例分析报告有更多的追求，在完成对所研究的案例的分析评判之后，应当进行延伸性的思考，得出具有普遍意义的结论，力求为今后的类似案件的司法处理提出具有指导意义或参考价值的方法，或者为从立法上解决案件所反映的问题提出建议措施，或者为今后可能涉及类似案件、类似法律纠纷的主体提出预防法律风险的建议。

四、撰写司法案例分析报告时应注意的问题

通过前文的讨论，明确了作为法律硕士专业学位研究生毕业论文的司法案例分析报告应该具备的形式特征、内容要素和内容写作上的要求，这些特征、要素和要求构成了一篇采取司法案例分析报告形式的毕业论文的基本条件，但是，想要成功地撰写该类论文，还应该注意如下几个方面的问题。

1. 案例选择问题

首先，案例选择问题涉及讨论的案例的数量问题。在这个问题上有不同的说法，有的观点认为一篇案例分析适宜讨论一个案件；但也有观点认为，一篇案

---

❶ 如西南政法大学制定的《法律硕士专业学位论文规范》中规定：案例研究应提炼出法学上的问题，结合学理和司法的观点进行综合分析，研究结论有助于解决该案例本身并为解决类似案件提供有益帮助。

例分析报告应该至少讨论三个相似案例,❶以便保障讨论研究结论具有普遍意义。在笔者看来,一般情况下案例数量并不涉及案例分析报告的本质特征,无论是一个案件还是多个案件,都需要从争议焦点入手。

首先,完成对案例本身的分析评判。实际上,只要案例本身够典型、讨论空间够大,一个案例足矣。当然,如果案件类型特殊,难以找到一个足够典型或足够容纳主题涉及的主要问题的案例,用三个或五个案例组合起来,完整地呈现某个法律关系、法律问题的各个方面,也是可以接受的。不过,需要注意的是,如果案例数量过多,造成无法对涉及的案例的司法裁判情况进行评判,仅仅是以这些案例来印证某一观点,或者对数量庞大的案例的裁判理由与裁判结果进行数量统计,然后进行总体的分析,那么应当认为,这种研究方法,已经脱离了个案研究的范畴,在此基础上形成的毕业论文,就不再是司法案例分析报告了,可以归结到调研报告或者专题研究类论文了。

其次,作为毕业论文研究对象的司法案例应该是真实的案件。不同于法学教师在课堂上为了教学的需要可以改编甚至凭空创作出一个案情,作为严肃、正式的学术研究活动,个案分析方法要求所研究的案例一定是真实的案例,除了可以对涉及国家秘密、商业秘密和个人隐私的当事人姓名、地名、公司名称等进行技术处理外,不得对案情进行任何剪裁、改编,否则就违背了个案研究方法的初衷,也不符合求真务实的科研伦理。研究者不能为了让讨论的案例具备更充分的典型性和更大的讨论空间而修改案情,这是不可取的错误做法,其性质就好比理工科的研究者按照自己的需要修改实验结果数据一样。实际上,现实生活远比最戏剧性的故事更为精彩,只要足够用心,总能找到理想的案例作为分析对象。

最后,司法案例分析报告所分析的案例应该是已决案件,至少也应该存在着生效裁判文书的司法案件。因为学术研究活动和学术论文往往被社会赋予了具有较高的公信力,具备一定的影响力,所以如果以学术活动、学术论文的形式对尚未定谳的司法案件进行评论,客观上可能比一般社会舆论更可能影响司法裁判。以学术影响司法,既不符合法治国家的司法原理,也不符合法学研究者应具备的职业道德。

---

❶ 2009年版的全国法律硕士教指委指导性培养方案中就有此要求。

2. 区分案例分析报告与带有案例的专题研究论文

法学是实践性很强的科学，因此在法学研究中，案例分析法是一种广泛使用的方法，在非案例分析报告性质的其他学术论文中，完全可能会出现司法案例，甚至很多论文的题目中也会出现真实案例的名称，或者在论文一开始就用案例引出要讨论的问题，这就需要我们认真区分专门或主要研究司法案件的案例分析报告和带有案例的其他论文。区别二者的关键在于看案例在论文中的地位与作用。对以个案研究为特色的案例分析报告来说，案例是整篇论文的讨论基础和中心材料，不可或缺，论文的主要或首要目的是搞清楚一个司法案件到底应当怎样裁判；而带有案例的其他非案例分析报告论文，如专题研究类论文，案例在这种论文中完全是可以删去的，因为其在论文中的作用不外乎引出真正要讨论的问题，或者印证文章中的某一个具体观点，起到一种举例说明的作用，而且论文往往不会对这个案件的司法裁判进行完整的评判。❶此外，直观地看，在案例分析报告中，案件的案情介绍篇幅更大，内容更全面、细致，而在非案例分析报告中的案例案情介绍就相对简略。区分出真正的案例分析报告，有助于写作者牢固把握写作方向，避免不自觉地滑向专题研究类论文等其他论文形式，避免研究与写作的最初目标被模糊，同时也有利于评阅人依据正确、合适的标准来评判论文。

3. 把握好以案例为中心与延伸思考的关系

前文已经论及，司法案例分析报告，其主要的或首要的目标是通过深入细致的法律和法理分析，在厘清各个争议焦点的基础上，形成对案件该如何裁判的明确意见。但前文也认为，作为毕业论文这种大规模的科研活动成果载体，司法案例分析报告还应该有更多的追求，即在个案的基础上，力争提出超越个案的具有普遍性的观点、方法和措施。那么这二者之间到底该如何平衡呢？首先，笔者认为，对案情的详细分析和对案件裁判提出明确意见，是司法案例分析报告中的首要工作甚至是核心工作，相比之下，根据已有的分析进行拓展、延伸，从被研究的个案得出普遍性结论，是必要但非更为主要的任务。在直观层面上，笔者认为围绕着案件展开的分析，应该占据全文至少一半的篇幅。从具体内容上看，延伸思考或者拓展部分的分析论述，应该与前文对争议焦点的分析相对应，应当以前

---

❶ 如《论不当得利的返还——以李某某诉张某某侵占财物案为例》，这里题目中的"为例"二字，也可能是"为视角""为切入"等，这类标题实际上已经表明，这类文章的中心在于某个法学原理、法律制度、法律原则，案例只不过是一个例证，一个引入或一个切入点，文章并不会以该案例的应当如何裁判作为首要的或主要的任务，这个案例完全可以置换成另一个反映同样法学问题的案件。

文的分析为基础，可以在前文的基础上向纵深推进，但不能重起炉灶、重头开始进行分析论证，否则，就不构成前文分析的延伸与拓展，而是开始一个新的论证分析过程，这就容易形成前后重复的问题，或者和前文的案例分析之间形成"两张皮"现象，这是论文写作中的大忌。甚至有的作者在延伸思考部分开启了对另一个跟案例无关的问题的讨论，则是更低级的错误。简言之，延伸性、拓展性的思考、讨论是必要的，但一定要与案件相关，一定要以前文对争议焦点的分析为基础。

4. 一般不讨论事实问题

笔者认为，作为法律硕士毕业论文的司法案例分析，其分析的具体问题，一般情况下，只能是案件所涉及的法律问题，不能讨论事实问题。因为多数情况下，法律硕士研究生撰写案例分析报告时，关于案件事实的信息来源极为有限，不外乎起诉状、答辩状、判决书以及少量的新闻报道。如果研究者认为判决书认定的案件事实存在着疑问，往往没有条件也没有必要去调查取证，更没有机会参与质证、询问证人，所以研究者事实上无法形成一个具有足够权威性和公信力的案情认定，❶ 此种情况下，对该案件的研究就难以继续。解决这个问题的办法有二：一是重新选择一个案件事实不存在着明显争议的案件；二是不管客观真相如何，只以判决书认定的事实作为讨论的基础。实际上，这两种选择都要求研究者不讨论事实问题，只研究案件中反映的法律问题。当然，在极少数特殊案件中，当裁判文书依据裁判文书已经明确判定为存在着"合法性、真实性、关联性"问题的证据来认定事实时，或者裁判文书赖以认定事实的证据之间存在着未被裁判文书中发现的冲突时，研究者当然可以从评判的角度讨论事实问题，但仍然不能在进行案件分析时由作者自己去认定事实并据此形成裁判意见的结论。

5. 遵守学术伦理，不评价当事人、法官，不泄密

客观、中立是社会科学的学术伦理要求。研究者不得对研究所涉及的人物进行评价，在案例分析报告中，更不能对当事人进行道德、人品的评价，也不能对法官的业务水平和职业道德表现进行评价，❷ 否则就偏离了学术研究的方向。此

---

❶ 即便某些情况下，研究者的确掌握了足以推翻判决书对案情的认定的证据，但由于研究者本身不是司法人员，研究案件本身不是司法活动，所以，也不宜由研究者基于未经司法程序审查的证据去建构一个法律事实。

❷ 2015年，某位著名法学研究者曾以论文对自己所代理的案件进行案例分析，其中出现了对法官的不当评价，引发了巨大争议。参阅"一篇论文砸出的法律界混战"，《南方周末》2015年8月13日。

外，在案情介绍和分析中，对可能涉及国家秘密、商业秘密、个人隐私和审判秘密的信息，应当进行技术处理，避免泄密。

五、结　语

以司法案例分析报告作为法律硕士研究生毕业论文，符合法律硕士研究生的培养目标定位，对培养研究生的实践视觉、形成实证研究风格、锻炼其解决实际问题的能力，具有十分重要的意义。总体上，以司法案例分析报告作为法律硕士毕业论文，还存在着写作方法和评价标准上缺乏共识的问题。这一点可以从笔者遍寻各大数据库却难以找到讨论该问题的研究成果一事中得到旁证。有鉴于此，本文结合司法案例分析报告的特征和硕士研究生毕业论文的要求，就毕业论文的司法案例分析报告的形式与内容要素及写作要求提出了粗浅的看法，并就如何写好该类论文提出了几个关键问题，但笔者对该问题的思考仍处于探索阶段，尚谈不上成熟，遑论高明，唯希望本文所讨论的问题能够引起法学教育界的重视。[1]因为我国法律硕士教育规模越来越大，截至目前，全国的法律硕士培养单位已经超过二百五十家，法律硕士教育正在成为我国未来法律人才培养的主渠道，在此种情况下，从法学教育工作者的角度看，推动关于法律硕士培养模式、标准、方法的共识的形成，其意义甚大，而在法律硕士毕业论文普遍倡导研究实际问题的大背景下，本文对司法案例分析报告的写作方法问题的讨论，也就具有了价值。

---

[1] 本研究定稿之际，闻悉数日后中国政法大学法律硕士学院将举办题为"灵魂与皮囊：法律硕士学位论文规范研讨"的沙龙活动，这说明法学教育界已经开始认真地根据法律硕士的培养特点来面对法律硕士培养中的毕业论文问题，甚慰。

法律硕士分类实务教学的重点及难点问题解析

康 军 石小玉[*]

一、法律硕士教学分类的依据

(一)学生分类：在职全日制、全日制非法学、全日制法学

法律硕士是学生在本科毕业以后攻读法学专业的硕士学位的一种，法学研究生根据培养侧重方向的不同分为法学硕士和法律硕士。法学硕士侧重于培养研究学术型人才；法律硕士侧重于培养司法运用的实务型人才。而法律硕士根据攻读学生的本科专业的不同又可以分为法律硕士（法学）和法律硕士（非法学），此外还有一种在职法律硕士的类别。在本科阶段学习专业为法学的毕业生继续攻读法律硕士也就是法律硕士中的全日制法学，而本科阶段学习的专业为其他专业，不是法学专业的毕业生攻读法律硕士，即为法律硕士中的全日制非法学；还有一些已经工作了的毕业生在工作之余来攻读法律硕士，则是在职法律硕士。

(二)教学计划安排的差异性

对于法律硕士（法学）以及法律硕士（非法学）和在职法律硕士的教学安排略有不同。相对于法律硕士（非法学）而言，法律硕士（法学）的招生对象是具有国民教育序列大学本科学历（或本科同等学力）的法学专业毕业生。其在本科教育阶段系统学习过法学知识，已经具备系统的法学专业基础理论和专业知识结构，故其定位应是"专业一贯制"地培养法律业务更精深、技能更娴熟的法律硕

---

[*] 作者简介：康军，男，汉族，河北涉县人，法学博士，贵州大学法学院副教授，刑法教研室主任，主要研究领域为刑事法学；石小玉，女，贵州大学法学院在读刑法学硕士。

士，成为所谓的"高层次专门型法律人才"❶。所以对于法律硕士（法学）的培养应该在注重培养实务型人才的同时注重专业化。但是在进行专业方向设置时要有自己的特点，应避免受法学硕士专业方向设置的影响，笼统地分为宪法与行政法方向、刑法方向、民商法方向、经济法方向、诉讼法方向、国际法方向等，而应突出法律硕士（法学）的专业性、实务性特点，更为倾向某一专业法律实务领域。我国法律硕士的培养目标是培养适应社会主义市场经济和社会主义法治国家需要的、具有良好的法律职业技能和法律职业道德的高层次的复合型、实践型法律人才。❷由于对于法律硕士的报考要求和限制并不高，并不限制学生的本科专业背景，其制度的主要目的是培养出具有较强的实践能力，能够应用法律专业知识，同时结合本科的专业知识解决大量实践问题的高层次、复合型、实践型法律人才。复合型这一要求就决定了法律硕士的培养不是培养某一专业领域的专门人才，而是涉及范围广、拥有宽泛职业知识的人才。对于非法学的法律硕士来说，应该着重把握发挥其本科所学其他专业的优势，更好地培养复合型法律人才。而对于在职法律硕士来说，其拥有足够的实践工作经验，所缺少的是理论知识，所以应区别对待，对在职法律硕士理论课程的安排应更加重视。

而对于法律硕士（法学）与法律硕士（非法学）的应用实务型的培养目标的考虑，在教学计划中对于课程的安排上尽量多安排实践课程。针对其具体的专业，在课程设置思路上，应当遵循以下几点：一是适当缩减纯理论性的课程，相应地增加法律实践类课程，重点放在学生实践经验的积累和解决实际问题能力的提升上；❸二是可以设置具体的应达到的总的学分，如实践类学分和课程类学分相结合，学生在达到标准以后才能获得硕士学位。如此一来也可以鼓励学生积极参加社会实践，将理论知识与实践运用相结合。

（三）学位论文安排的差异性

全日制法律硕士研究生（包括法学和非法学专业）和在职法律硕士研究生要取得法律硕士学位，都必须撰写学位论文。学位论文是对法律硕士在研究生阶段学习到的知识、技能和取得的进步的体现，是对其是否达到了毕业要求，是否达到了法律硕士的培养要求的检验。通常法律硕士毕业论文的选题和形式较为灵

---

❶ 徐胜萍，田海鑫.法律硕士（法学）专业学位研究生培养模式探究［J］.研究生教育研究，2016（5）.
❷ 刘恒.中国法律硕士培养模式的思考［J］.中山大学学报：社会科学版，2005（4）.
❸ 徐胜萍，田海鑫.法律硕士（法学）专业学位研究生培养模式探究［J］.研究生教育研究，2016（5）.

活，包括典型案例或疑难案例分析、调查报告等，使法律专业硕士学位学生在撰写论文过程中能紧密结合实际，体现法律硕士的理论与实践的结合。如此进行安排是考虑到法律硕士培养的目标是应用型法律人才，所以对于学术型论文的选题比较少，侧重于鼓励应用型论文的写作。法律硕士（法学）的研究生由于接受的法律知识教学时间比较长，可以考虑进行学术型论文的写作，或者是从实践角度来进行应用型论文的写作；法律硕士（非法学）可以结合自己的本科专业，以一些新奇角度作为出发点讨论某一法律上的问题；在职法律硕士则可以鼓励学生利用自己所从事职业的便利，例如如果他／她是法官、检察官，则可以考虑以接触到的一些典型案例为主要内容来进行论文写作。

二、实务教学安排当前的分类及具体问题

（一）法学法硕

对于法学法律硕士的教学安排，在理论教学安排上与本科式的上课教学差不多。此外由于培养目标是复合型、应用型的法律人才，所以国务院学位委员会办公室和全国法律硕士专业学位教育指导委员会审慎提出了专业学位研究生教学与培养的双导师制度。双导师制度即为一名法律硕士研究生配备校内和校外两类导师，以校内导师为主，以校外导师为辅，共同开展并完成对研究生的教学与培养工作的一种导师制度。❶实质上来看，双导师制倡导校内理论与校外实践的结合，强调教学与培养中的应用实践成分，提高学生理论与实践相结合的能力，弥补校内导师纯理论教学与培养的不足。因此，双导师制中的"双"确切地讲是指理论与实践、校内与校外的"双向"或"两部分"或"两类"。❷但对于法学法律硕士教学存在的问题，主要有两个方面，一方面是课程安排上，仍然采取本科式的上课教材灌输，不利于研究生理论上的深化，在课程设置上仍以传授基本法学理论知识为重心，与法学本科生课程没有形成差异。此种做法忽视了法律硕士职业化的特征。法律硕士最需要培养和掌握的是法律素养、实务操作技能等方面的知识，最需要培训的是解决实际问题的能力。另一个方面是双导师制度还存在许多问题。有些院校的"双师型"教学队伍流于表面，所聘请的校外导师只是挂名，并不参与实际教学活动。

---

❶ 黄振中．"双导师制"在法律硕士教学与培养中的完善与推广[J]．中国大学教育，2012（2）．
❷ 黄振中．"双导师制"在法律硕士教学与培养中的完善与推广[J]．中国大学教育，2012（2）．

（二）非法学法硕

非法学本科的法律硕士由于基本没有从事过法律事务工作，同时也没有接受过系统的法律知识学习，多数学习对其开设的课程与法学本科生课程并没有多大差异，基本上是照搬法学本科生的14门核心课程外加一些专业相关选修课，但国务院学位委员会办公室对法律硕士的定位和课程设置认为，法律硕士是高层次的复合型、实务型法律人才。仅以本科生教育方式来对法律硕士进行培养，高层次特点并未体现。法律硕士的培养目标就不应该仅仅停留在普及法律知识的层面上，而是应该在经过普及基础知识后，引导学生进入某一专门领域。

（三）在职法硕

对于在职法律硕士的教学，由于在职的特点，所以多是安排周末进行教学。而实际上在职法律硕士的学制又与法学法硕以及非法学法硕相同，且在职法律硕士中也有非法学专业本科学生的情况。因此，对于在职法律硕士来说，时间并不足以系统地学习到相应的法学知识，常常是仅了解到皮毛就已经毕业了，甚至可能对于法律知识的了解掌握还不如法学学士。所以，如此的教学方式并不能够培养出高层次的法律人才，体现不出高层次的要求。

三、实务教学域外的借鉴

美国的法学教育是本科后教育，即美国大学法学院不招收本科生，法学院招收的是法学博士，由于攻读法学博士的学生中没有系统地学习过法学知识，所以对于法学博士的培养具"通识教育"与"专业教育"之特点，具体讲，就是既要让学生掌握法律的基本知识，又让这些学生在某一领域获取较深的专业知识。[1]所以要求学院要具有优良的师资队伍以及合理的课程安排。例如，在开设应有的法学专业必修课的同时，还要开设多种可供选择的选修课。例如，哈佛大学的法学院开设了245门选修课程和计算学分的各类研讨会，其既有像行政法、国际法等一批传统课程，也有涉及动物权益、网络技术等当今热门话题和前沿技术的课程。此外，有些课程实行开放式教学。例如，行政法、家庭法、民事权利法律等课程与当地社区结合，实行"诊所式"教学方式，学生将社会中的问题带到课堂

---

[1] 胡加祥.法学硕士研究化，法律硕士专门化——我国法学专业研究生培养模式刍议[J].学位与研究生教育，2008（2）.

讨论，再用课堂上学到的知识服务于社会。❶还有开设一些法律援助中心一类的让学生参与实践，如此一来，再加上对学生开设必要的深化的必修课同时兼顾多种选择的选修课，又对其进行实践中知识运用的教学，培养出既具有扎实的法律功底，同时又有广阔的其他专业方面的知识的法律人才，并且学生毕业以后很容易就能将所学知识运用于工作中。

从根源上来看，我国目前的法学教育模式是从欧洲移植过来的。以英国为代表的欧洲各国大学法学院的学生由本科生、硕士生和博士生三部分组成。英国的法律专业研究生教学主要有：一类是法哲学硕士，一类是研究型硕士（研究型硕士多是之后会继续攻读法学博士的一类，即我们通常意义上的法学硕士），还有一类是法律硕士。全日制的法哲学硕士学制是两年，在职的是三年，对于法哲学硕士的毕业要求方面，并不要求其必须完成必修课程，但是必须交出一份让英国学术委员会认可的毕业论文。英国的法律硕士与我国类似，也没有限制必须法律专业本科生报考，法律硕士在英国是课程硕士，学制为一年，学校一般开设20~30门课程，但是学生只需选择其中的7~8门，外加一篇被学术委员会认可的毕业论文。❷英国对于法律硕士的培养可见灵活性比较大，没有繁重的课程，同时学生也是在将近毕业时才会安排导师对其进行论文指导，平时都是学生自主选择进行选修听课的。所以英国的教育方面注重学生的自我学习能力，且给了学生较大的自由空间可以进行实习。

我国对法律硕士专业学位仍然存在定位模糊和教学模式上的缺失等问题，甚至有老师困惑，对于法律硕士的教学定位不知道是当作法学硕士来进行培养还是法学学士。学校为法律硕士开设的课程也通常与本科生的课程大同小异，期末考核方式也与法学本科生一样采取闭卷出题做试卷的方式。从国外对于法律专业研究生的培养方面来看，首先，我国的教育模式的缺陷首先是在课程安排方面，范围过于狭小，可供学生选修的课程少，多数学校仅开设一些法学相关的课程，对于一些非法学的法律硕士来说，不利于继续发挥他们本就具有的其他专业的优势，而对于法学法律硕士来说，不利于培养其宽泛的职业知识。其次，我国对于法律硕士培养考核方面，采取闭卷考核方式固然有利于巩固专业理论知识，但不

---

❶ 胡加祥.法学硕士研究化，法律硕士专门化——我国法学专业研究生培养模式刍议［J］.学位与研究生教育，2008（2）.
❷ 胡加祥.法学硕士研究化，法律硕士专门化——我国法学专业研究生培养模式刍议［J］.学位与研究生教育，2008（2）.

符合我国学位委员会对法律硕士的定位——法律硕士是高层次的复合型、实务型法律人才,所以对其考核方式应该注重其法律知识理解运用方面。最后,我国法律硕士的教育模式在实践方面的重视度不够高,主要体现在两方面:一方面是课程安排比较满,要求学生必须修完相应课程,有些学校甚至还要求学生必须参与足够次数的讲座之类的,学生可供自由支配实习的时间很少;另一方面是在课程的具体安排上,实践类的课程,如法律诊所、法庭辩论等开设很少,甚至根本不进行开设,如此一来,学生虽然学习到了法律知识,但是毕业却很难快速适应工作,在应用方面存在很大问题。

四、今后分类教学的合理安排途径

法律硕士制度在我国法治社会建设中发挥着重要作用,要如何对法律硕士进行更好、更全面的培养是我们面临的一项十分严峻的任务。霍宪丹在2001年10月法律硕士专业学位教育教学统一用书编写会上的题为《关于我国创立JM的宏观背景与基本要求》的讲话中❶,首次提出了对于法律硕士实行"3M"教育,并在中山大学开始实施。"3M"教育即是指法律硕士(JM)、公共管理硕士(MPA)和工商管理硕士(MBA)之间展开合作,打破专业间的界限,完全开放各自的课程,整合三方教学资源,❷培养出一批综合的应用型人才。但大部分学校仍然还是保持着固有的老式教学模式,以及教学安排,如上文所提到的,法律硕士培养中还存在的诸多问题,制度的不完善、课程安排的不合理等。所以结合我国国内、国外的法律硕士培养理论,我们应该着重对其进行合理安排。

首先,明确法律硕士与法学硕士以及法学学士应当分类培养。法律硕士和法学硕士在培养的目标上,法律硕士是以实践、运用为向导的定位于高层次的应用型的法律专门人才,法学硕士则是以研究为向导定位于高层次的研究型法律专门人才。所以法律硕士不同于法学硕士,不能照搬法学硕士的注重理论研究教育的培养模式。此外法律硕士是要培养高层次的复合型人才,也就决定了要区别于法学学士的培养方式,要体现其更高的层次,所以也要区别于法学学士的教材理论教学培养模式。

其次,对于法律硕士的应用型人才的培养,要注重实践方面的重要性。在开

---

❶ 霍宪丹.不解之缘——二十年法学教育之见证[M].北京:法律出版社,2003.
❷ 刘恒.中国法律硕士培养模式的思考[J].中山大学学报:社会科学版,2005(4).

设课程方面，不仅开设相应的法律理论专业课，还应该注重实践课程的开设。例如，西北政法大学开设的法律诊所、法律文书写作、法庭辩论等课程都是值得借鉴的。同时课程以外的实践运用也同样值得重视，法律专业素质培养应当注重职业伦理教育，有的院校开设的法律文书和法律职业伦理课程，往往停留在文书格式和规则介绍层面，部分只以系列讲座来代替，缺乏科学的、职业化的、完整的、系统阐述的教材或讲稿体系。❶所以，学校还应开设法律援助机构以供学生去学会在实践中运用所学到的理论知识；目前对于学生实习难以找到合适实习单位的问题，学校还应该加强校外实践基地的合作，给实习的学生提供实习的机会。此外，还应考虑到法律专业硕士非法学的多样化发展，注重培养综合型法律人才，设置多元化的专业方向，如律师实务方向、知识产权方向、政务法务方向、商事法务方向、工商管理实务方向、涉外法务方向等。能够培养不是仅仅只懂法律，还懂其他专业知识的复合型法律硕士。在课程考核方面，现在许多院校对于法律硕士的考核还是停留在本科教育式的闭卷做题的考核方式，此类考核方式并不适合于培养高层次的复合型、应用型法律人才为目标的法律硕士。课程考核方式的设计应该理论与实践并重，如采用案例分析、法律实务训练等多种方式进行成绩评定。部分院校实行题库制考试模式，采取实训课考核及实习考核相结合的办法。各培养院校也开始在实习实践环节进行改革，改变重课程考核轻实习考核的传统培养模式，把实习的效果和成果作为法律专业学位研究生教育质量的重要考核标准，从而提高了学生的实践能力。❷

最后，在学制方面，法学硕士的学制为3年，法律硕士也是3年，但有些院校近些年考虑到合理配置教育资源，同时为了适应研究生教育形势发展的要求和国家对高层次、应用型法律人才的需求，对于法律硕士的学制是实行的两年，提前让法律硕士能够进入实践。虽然此类制度有其可取之处，但考虑到对法律硕士的培养目标不仅仅是应用型人才，还是高层次法律人才，在理论知识方面也不应马虎，尤其是对于在职法律硕士的培养，笔者认为，考虑到在职法律硕士的在校时间短的特点，其并不缺少实践，而是缺少理论知识，可以相应延长学制。此外，要培养高层次的复合型、应用型法律人才，必然决定了国家和培养单位在制订培养方案时，必须加大对法律硕士职业语言、职业思维、职业知识、职业方

---

❶ 王利明.我国法律专业学位研究生教育的发展与改革［J］.中国大学教学，2015（1）.
❷ 黄振中."双导师制"在法律硕士教学与培养中的完善与推广［J］.中国大学教学，2012（2）.

法、职业信仰、职业伦理等方面的训练，要更加重视法律实务课程在培养方案中的分量，配备有实务经验的老师开展教学与培养。❶但我国目前的双导师制度，很多校外聘请的老师并没有实际上发挥到作用，由于要负责本校的繁忙事宜，其实很多学生名义上有导师，实则等同于没有导师，面对这种现状，要重视对双导师制度进行完善。

此外，对于法律硕士的培养，还可以考虑与国际接轨，在法律硕士的理论、实践教学中，与国外院校进行合作。我国较为常见的对法律硕士的培养模式，如"2+1"一类的中外合作培养模式，顺应了目前教育的国际化，使学生接触国外的新鲜思潮，学习、了解国外法律的精粹。如果学生符合外方学校的授予硕士学位的要求，可以获得外方院校的硕士学位，同时学生如符合中方的毕业要求可以同时获中方的硕士学位。❷此种模式，在打开学生思维的同时，还能给学生日后就业带来便利，可以值得推广。

五、结　语

法律硕士的教育培养对于推动我国法学理论的发展，以及法治社会的建设都具有重大意义，所以我们要在实务教学中完善相应的教学制度，以培养高层次的复合型、应用型法律人才为目标，对法律硕士培养制度进行合理安排。尤其是要把握好法律硕士的"复合型"，既要拥有法律职业人的典型思维方式和基本技能，又要拥有一类或一类以上其他职业人群所具有的基本思维方式和技能，而且，还要能将这两种或两种以上的思维方式和技能有机地结合起来从事法律实践活动。实务中，许多院校仅重视培养法律硕士的法学理论方面知识，容易忽视"复合"这一特点，所以扩宽课程的类型也是非常有必要的。

---

❶ 黄振中．"双导师制"在法律硕士教学与培养中的完善与推广［J］．中国大学教学，2012（2）．
❷ 刘恒．中国法律硕士培养模式的思考［J］．中山大学学报：社会科学版，2005（4）．

案例教学法在法学专业教育中的应用研究

杨智婷[*]

20世纪90年代以后,伴随着我国的经济快速发展,社会对律师的需求日益增加。国内高校也一直配合着进行法学专业的扩招,但仍无法满足高端法律业务的人才需求,与之形成对比的是,法学专业的就业率一直在所有专业中排倒数。也就是说并不是法学专业的人数不够多,而是能够从事高端法律事务的法律人才不多,这是一个值得反省的问题。对此,我国一直在探索、推动教学方式的改革与创新。

案例教学法是以美国为代表的国家采取的实践教学模式,在20世纪80年代就已经引入中国,一些知名大学如北京大学、清华大学、西南政法大学都纷纷采用案例教学法开设某些法律课程。但案例教学法在整个法学教育中的发展却并不如人意。许多法学院都没有改变传统的教学方法。在实施案例教学法的法学院也只是把案例教学法作为教学补充。因此,2011年教育部和中央政法委员会联合发布了《关于实施卓越法律人才教育培养计划的若干意见》,该计划在实践培养环节中强调了案例教学法的重要地位。希望能够通过对案例教学方法的改革,改变过去对实践能力培养不足的状况,以期为我国经济发展和社会进步培育出更多的法律人才。

一、域外法学专业实践教学模式简介

法学是一门综合性、应用性很强的学科,这就要求我们必须十分熟悉司法程序以及司法操作,不仅是理论上的熟悉,在法律工作过程中遇到问题也要能及时

---

[*] 作者简介:杨智婷,贵州大学法学院助理实验师,法学硕士。研究方向为中国刑法。

反应。基于此，无论是大陆法系国家还是英美法系国家，都极为重视实践在法学教育中的地位。在西方国家，法学专业实践教学的基本模式主要有两种：一种是以美国为代表，采用与实务紧密结合的案例教学模式；另一种是以德国、英国、日本为代表，采用让学生在特定机构中参加一定实践实务训练的模式。❶

美国是典型的判例法国家，案例教学事实上是一种实践性教学模式，它要求学生通过不断地阅读案例总结规律，由此探求法官判决时的原则依据，以提高学生对法学的理解力并使其具备一定的实践能力。

德国的教育模式则大为不同，德国的法律教育分为两个阶段，第一阶段是理论学习阶段，在大学进行，用4~5年的时间学习法学基础知识和法学基础理论，学生通过了期末考试也就获得了参加第一次司法考试的资格。第二阶段为实务训练，为期2~3年，在各个专门的法律实务部门进行，每个学生可以在五六个不同部门实习，这些部门包括民事审判庭、刑事审判庭、检察院、律师事务所等，每一个部门至少要待上三个月，这一段时间的主要目的是熟悉法律实践的诸多领域。对于这一阶段笔者认为是十分必要的，我国的校园经常会安排职业规划之类的课程，但空洞的理论并不能告诉我到底怎样选择自己的职业，只有经历过才知道是否适合、是否喜欢。毕业后频繁"跳槽"改变工作是一件十分困难的事情。因此，如果在毕业前就能有机会在各个岗位都实习一段时间，不仅对学生的职业方向选择有一定的帮助，还能使学生了解各个岗位的分工以提升对各种工作的适应能力。

日本的法学教育是通才式教育，大学四年中前两年在教养学习部学习人文科学基础知识，后两年在法学部学习法学知识。单纯学习法学知识并不能培养出符合社会需求的法律人才，在具体案例的处理中很容易遇到其他专业的内容，因此对其他学科的学习也是不容忽视的。日本设立了司法研修所，进入司法研修所的学生称为司法研修生，司法研修生在其中学习四年，分三个阶段：第一阶段为前期研习，为期四个月，这一阶段在司法研修所集中学习；第二阶段为一年零四个月，分别在法院民事裁判所、刑事裁判所、监察厅及律师事务所实习四个月；第三个阶段是后期研修，返回司法研修所再学习四个月。在司法研修所，研修生应当阅读过去的案件，研究案件事实与法律，练习起草判决书、检察官调查书及其

---

❶ 田国兴.对法学专业实践教学的认识与思考［J］.中国石油大学学报：社会科学版，2009（7）：177-179.

他司法文书等,目的是培养司法研修生解决实际问题的能力。这一过程很像我们从小学起就提倡的预习、听课与复习巩固的学习方法,这样的模式使学生对法学的理解更加深入,同时对实践运用也更得心应手。

英国也采取实务训练的教育模式来培养学生,其培养的对象是大学四年级的学生。英国大学的法学院一般分两个系,学生在法律系学习三年,三年结束后进入职业训练系,学习一年实务知识,训练结束,成绩合格者可以进入律师界。

二、我国案例教学法的现状

我国目前仍普遍采用的是传统的讲授式的教学方法,但也开设了部分实践类课程。我国实践性课程的类型可总结为以下四种:实习、法律诊所、模拟法庭和案例式教学。这四种课程类型均属于案例教学法的不同形式,此处的案例式教学类似于美国的判例教学方式,多为在课堂上通过案例分析的方式帮助理论、法条的理解与运用。这四种课程在我国高校也得到了普遍认可与采用,但由于很多教学模式是从西方引进的,因此在其本土化的过程中仍出现一些课程安排上和内容设计上的问题,使得培养实践型人才的目的无法实现,课程安排流于形式。

(一)实习课程

实习在我国高校已得到普及,教学方式也基本相同。这是一种让在校学生提前接触相关专业工作的方式,实习内容则要视学生选择的实习单位而定,根据单位的性质决定,这一点学校并不能做太多的改变。即便如此,以笔者自己的亲身体验及笔者了解的其他高校的同学,认为实习课程的开展仍然存在两点缺陷。

第一,单位安排的工作倾向于打杂的事务,教师的考核方式也流于形式,使学生无法重视实践学习的过程。实习的特殊性给老师的考核带来了不少麻烦,"将在外军令有所不受",指导老师除了根据实习日志了解学生的实习过程之外并无其他办法,然而实习日志的真实性却是值得怀疑的。

第二,实习时间一般安排在大三下学期,正是大家准备司法考试和考研的时间,大部分同学就会选择放弃实习认真复习。故不恰当的时间安排让许多同学失去了实习的机会。但如果将实习时间调整到大四下学期,又无法得到大部分同学的认同,大四下学期的课程如果不及格则意味着没有重修的机会。如此两难的境地也一直困扰着我们。

（二）法律诊所式教学

法律诊所是一种创新的教学模式，又称"诊所式法律教育"，是20世纪60年代在美国法学院普遍兴起的一种法律实践课程。顾名思义，其特点在于效仿医学院利用诊所学习培养医生的形式，通过诊所教师指导学生参加与法律实际应用的过程，培养学生的法律实践能力。❶它以提问、讨论式教学为主，以面向社会的法律诊所为依托，将实践范围延伸到学校以外的司法机构、律师事务所、社区街道等。由于这种教学模式特有的双向性和社会性，需要投入大量的资源，如需要有丰富司法实践经验的教师、积极配合的司法部门、长期而稳定的资金保障以及教学场所和设备等，除此之外，提供法律咨询时出现问题也很难找到愿意承担责任的人，可见这种教学模式对学校及社会都有较高的要求，因此目前我国只有12所高校开设了此课程。贵州省也只有贵州大学开设了法律诊所的课程，但课时安排却不是很多，课堂时间不是很宽裕。而且很多开设了这门课的高校也仅仅是提供案例给学生模拟实践，并未给学生提供真实的当事人进行实践，这样的方式省去了法律诊所课程最核心的部分，故其教学效果也大打折扣。但实际上法律诊所这样的模式也是我们不能轻易放弃的，还需要有更多的重视及资金支持才能将诊所式教育开展到更多的高校中去，遇到问题才能更好地解决。

（三）模拟法庭式教学

最早采用模拟法庭教学法的是14世纪英国著名的四大律师学院：林肯学院、格雷学院、内殿学院、中殿学院，通过组织模拟法庭的方式来决定哪些学徒可以成为英国律师协会的正式成员。❷而今，模拟法庭教学法已成为一门普遍的实践教学课程，相对前两类课程，模拟法庭更加容易开展。这种教学模式让学生自己做主角主宰庭审，并且全程参与，每一个步骤都由自己操控，这对提升实践能力有很大的帮助。不仅如此，在模拟庭审过程中法律文书全由学生自己书写，司法程序全由学生自己把握，书面表达能力及口才也能得到很好的锻炼。正因为这种教学模式不仅能全面培养学生各方面的能力，且对硬件的要求也不高，各高校才如此青睐这门课程。但模拟法庭课程仍有部分需要完善的地方。

第一，很多案卷材料没有经过筛选，不适合学生现阶段的分析能力。如果一

---

❶ 郑晓英.模拟法庭教学法完善探析——兼论中国法学实践性教育［J］.湖北经济学院学报：人文社会科学版，2008，5（2）：183-184.
❷ 郑晓英.模拟法庭教学法完善探析——兼论中国法学实践性教育［J］.湖北经济学院学报：人文社会科学版，2008，5（2）：183-184.

开始便让学生接触太过复杂的案例，会使他们毫无头绪，也难以提起兴趣，任何事情都有一个由简到难的过程，要先从简单的案例入手，慢慢熟悉，才能更好地调动学生的兴趣。不仅如此，案件性质单一，没有根据学生所学的专业来挑选。

第二，案卷材料不齐全，使学生难以做出正确的判断。很多细节性证据的空白，让学生难以想象整个案件的过程，缺乏合理的联想。

第三，开展次数太少，只有小部分学生能参与其中，且一次课程要耗费几周的时间准备。若是大班教学更是无法让每一个同学都能参与进来。

（四）案例式教学

我国是大陆法系国家，对判例的研究并不能作为定罪量刑的依据，因此案例式教学并不能起到与判例教学法相同的作用。尽管如此，在我国案例教学依然被广泛地应用在高校的课堂上，但已改变了它的初衷。我国的案例教学模式更倾向于让学生学会法律法规的具体适用情形，同时在学习的过程中熟练运用理论知识分析案件。往往这样的案例都是经过加工，公式化地呈现在学生面前，无法起到培养学生解决问题的思维能力。

三、案例教学法的改革与完善

面对案例教学法在我国面临的种种困境，笔者认为一方面是由于现有课程的考核方式大多以考试分数为准，因此学生在应对时都以考试分数的高低来评价个人能力；另一方面也因为学生数量与师资数量的严重失衡，且案例库的建设并不完备。对此，笔者认为，可以从以下几个方面进行改进与完善。

（一）加强案例教学教材建设

现有教材通常是采用理论叙述的方式铺开，部分教材会穿插个别案例对该部分的理论知识进行帮助理解。可见，传统教材仍旨在培养理论型人才，显然已无法满足案例教学法的需求。案例教学法旨在培养学生解决问题的能力，故教材应从案例出发，培养学生发现问题、解决问题的思路。

（二）进行小班教学

法学专业的扩招使得教师上课通常都是百人大班的情况，严重限制了老师与学生之间的交流。为了顾及所有学生，教师只能选择讲授式教学，教学效果也大打折扣。

（三）加强学校与实践部门的合作，进行案例库建设

实践教学中的案例来源不能仅仅依靠新闻报道或教师手里的资源，那些都无法提供给我们案件的整个过程的全部资料，我们应该鼓励学校与司法部门、律师事务所、街道社区等合作，使司法部门在遇到典型案例时能及时地让法学院师生所知，鼓励师生对典型案例展开讨论。同时，也鼓励教师到司法部门及律师事务所挂职锻炼，在条件许可的情况下，允许学校与律师事务所共同开展一个平台，让学生可以直接对外提供法律咨询，也可以在平台上对具体的案例进行讨论。这种产学研相结合的方式不仅能为学生提供更加真实的实践平台，为社会做出一定贡献，同时也可解决教师上课找案例难的问题。

（四）理论教学与实践教学并重

如果将教学比作建房，那么理论教学便是打地基，实践教学则是整个建筑的框架。在夯实理论基础的同时，还应引导学生形成法律思维，二者缺一不可。而学生对案例的分析是建立在一定的法律基础上的，因此运用案例教学法进行教学时应分别对低年级的学生和高年级的学生适用不同的难度。

总之，无论是理论知识还是实践能力，都是培养一名高层次法律人才必须具备的。在理论教学已基本完备的情况下还应加强实践教学的力度，因此，在日后的教学中应该更加关注实践教学的开展，对其投入更大、更多的财力、人力、物力，只为培养出真正适应我国司法实践需要的法律人才。

论法理学教育的实务性研究

向云鹤 *

  法学作为一门兼具实务性和理论性的学科,在现有的学习机制内往往是以它的理论性为基础和主导来作为法学生的日常培养。大学录取率的数据告诉我们,法学在文理分科阶段会有更多的大学选择以文科为主的学生来作为法学专业的主力军。在大学入学以后,学校对于课程的安排也是将公共通识选修课以及法学专业课交叉进行,但其中法学专业课的所有课程都集中于理论知识的学习。这样一来我们都忽略了法学的实务性,对于本科的法学生来说他们有极少的机会去进行法律知识的实践学习,这对于毕业就步入工作岗位的法学生是非常致命的。以笔者的本科学校为例,学校将我们的毕业实习和见习安排在了大三的暑假及大四的寒假。但是大三的暑假是法学生们准备司法考试如火如荼的基础阶段,而大四的寒假更是有很多学生在对考研复试做准备的时期。这样的时间安排对我们来说是极不合理的,这也会导致我们实习和见习的质量大打折扣。那些通过司法考试的同学也需要在工作以后花大量时间去适应法律工作的烦琐和复杂,因此,在本科学习阶段注重法学的实务性学习是非常重要的。我们都知道在研究生学习阶段,理论知识的学习范围会变得较为狭隘,如果是学术型硕士,他们的学习重心更是以理论为主,就会更忽视实务方面的学习。然而法学这一学科下分了诸多部门法,对于从事民商法、刑事法这种实务法的学生来说,主抓对于案例分析的学习,参与案件的审判,法典的学习及编纂过程都是有利于他们更好地对自己学习的部门法进行深入研究的方法。也许对于从事法学理论、法律史这种偏向于理论法的专业来说,法学的实务性并不像部门法那样突出,然而我们都知道,一部法

---

  * 作者简介:向云鹤,女,汉族,四川广元人,贵州大学2018级法学院研究生,主要研究领域为法学理论。

典的编纂，对于法律条文的学习和修改都是以法学理论为基础的。学习法学理论能够帮助我们更好地理解法律条文的出发点及它们解决的主要问题，编纂出更为精简和通俗易懂的法律也为我们在进行法律咨询、法律宣传的过程中起到了十分重要的作用。因此就算是法学理论这样的学术性极强的专业我们也不可忽视注重他的实务性研究。

一、法学理论学习面临的困难

在许多政法类大学或者涵盖法学专业的综合性大学，一般都是在法学专业课刚刚开始时就将法理学纳入学习阶段。但实际上，法理学作为一门囊括诸多部门法的法律方法、法律思维的专业课，是极其晦涩难懂的。法理学作为解释法律规律和法律溯源的学科，与法哲学有莫大的联系。在历史的长河中，有许多著名的法学家实际上也同样是哲学家，而我们都知道哲学的学习是一个非常漫长的过程。所以在我们本科学习法理学阶段实际上只是对于法理学知识的入门阶段，有许多对这门晦涩的课程没有兴趣的同学更是会对法理学一无所知。在大学的课堂中，有许多学生面对法理学的学习都是逃避型的，真正对这一门学科产生兴趣的学生少之又少。在研究生的录取和报考数据中我们也能看到，法学理论的报考率远远没有民法、商法这样的学科高。与哲学有大量共通之处的法学理论为何不能够让法学生对其产生足够的兴趣和刻苦钻研的信心呢？甚至在笔者的学习生涯中，因为本科也是以民商法为主修，对于法理学并没有深入学习过，在研究生阶段才真正体会到了法学理论这一可谓神奇的学科。对于法理学的透彻学习是能够让我们对于部门法的学习变得容易的。如何将这样一门充满理论的法学专业课变得生动活泼，让初涉法律的法学本科学生更加浅显地明白法律的发展规律是我们在法学教育的重中之重。许多法学教授在课堂上进行这门课的教授时是寡然无味的，对于学生来说，这门课也是上得让人味同嚼蜡。这时如果我们能合理地将实务性和理论性相结合会达到事半功倍的效果。与法哲学密切相关的法理学不仅对于我们学习法律知识有帮助，对于我们的生活也是非常有借鉴意义的，因而在法理学的学习过程中，如果老师将法理学的方法应用于生活中的效果展现出来，会调动学生的学习积极性。如何让法理学课程的课堂显得不那么乏味？研究法理学的实务性会帮助我们解决这一难题。

二、法学理论的实务性研究

所谓法理学的实务性是指法理作为所有法律延伸的基础，是一门以理论知识为指导，以实务研究为目的的法学教育课程。当代中国法学的重要问题在于照搬国外做法的时候更多，没能从中国本土的法律问题实践出发制定最为适合中国特色社会主义法制观念的法律体系。回溯中国的法制进程，我们的法治较于其他国家其实是处于初始时间晚且发展缓慢的进程的，与发达国家相比，它们虽然是与我们不同的英美法系，但是它们的优秀法律制度是值得我们借鉴的。与早于我们且同为大陆法系的德国相比我们更是有诸多应当改进的地方，由于时代不断地进步，出现了更为复杂和需要解决的法律问题，我国经济的迅速发展却没能够带来与之相匹配的法律制度。我们花费了大量的时间去研究已经被许多前辈透彻学习过的法学理论，没有能够站在巨人的肩膀上开拓出属于我们自己的从实践出发的法律知识理论体系。当今有众多优秀的法学家之所以成功，是因为他们忠于学习国外优秀的法律制度，并将它与我国的法制问题相结合，大胆地提出自己的设想建立起自己的理论体系为我国现存的未能合理解决的法律问题提供方向，弥补我国法律体系的空白之处，完善我国法律体系的不足。无论是民法、商法抑或是国际法这样的实务法，都会随着我国经济的飞速发展出现新的应当给予修改的部分。法学理论作为一个基础标杆，更是我们最早也最深入的探索领域。我们都知道，我国的法学生不可避免的一门考试也是被称为我国第一考的法律职业资格考试，在该考试中，法学理论也是占有一定比重，甚至可以说它是所有题目的本源。无论我们是面对民法还是刑法，我们都能看到其中法学理论知识的存在。这样说的理由是什么呢？因为法律并不是刻板的理论知识，不是写在法典法则里的一个个由独立的文字组成的法条，它是灵活运用于我们生活实践，用来捍卫我们自身权利的一种工具，是统治者用于维护社会安定、国家安全的一种工具。法学理论告诉我们在面对法条的时候应当如何思考，每一个法条它背后的意义是怎样的，我们应当在怎样的情况下在什么时候选择哪一条或者哪些法律作为盾牌保护自己。前面我们已经提到过，法学理论虽然这样想来是运用于实践的具有实务性的一门学科，但是如何能灵活地将我们从法学理论学到的生活哲学、法律哲学运用于我们的法律实务中才是值得我们深入透彻学习的，由于法学理论中法哲学的部门是最值得我们深入思考的，这也是对很多法学生来说是最难领悟的，所以法学理论的学习是一个漫长的过程，我们在学习它时除了注重晦涩的理论知识，在学习过程中更应当考虑到它对于实务工作的帮助。这能够让我们在静心学习的过程中不断挖掘其内在的丰富理论知识与实践的工具作用。在我看来，学习了法学理论，仿佛兼修了法学和哲学两门学科。这也可以合理地解释为何有许多法学本科或者研究生在博士阶段进修了哲学学位。不同于寻找每一个部门法为了解决这个部门所存在的现有的法律问题，法学理论似乎是站到了一个制高点，在这个角度看问题时我们能够解决所有部门法所存在的共通的法律问题。为何要采用这种方法？在何种情况下选择一门或者多门部门法？这样的方法解决了我们现存的哪一种法律问题？这个法律问题是如何产生的？当我们站在不同的境地时我们又将遇到怎样的法律问题？到那时我们是不是需要采取别的解决方法？这些问题都是法学理论可以告知给我们的。法学理论都为我们提供了解决社会中的各种法律问题的方法。解决问题是一个实际性的行为，这就是我们所面对的法理学的实务性研究。

有很多人还是会反驳说这都是理论性的知识，真正为我们解决问题的只有实体法部门法，像法学理论这样的理论法是不值一提的。但这是一个很容易回答的问题。倘若没有这样的理论知识的存在，没有为我们指出前进道路的方向标，我们的部门法实体法又如何能够准确地解决我们现有的问题呢？法学理论是所有实务性的出发点，我们除了学习现有的理论知识，无论是国内优秀的法律理论知识体系抑或是国外的优秀的法律理论和法律制度，我们还应当整合这些理论知识，并将理论与实践相结合，考虑自己的见解并大胆地提出猜想。在法律研究的前沿上，我们不应当是拘泥于看着国外优秀的法学家提出自己的见解并学习他们的理论知识，我们应当在面对问题时从自身的实际情况出发，从全人类共同体的原始问题出发大胆地说出自己的想法，与优秀的人沟通交流才能够产生更加优秀的理论知识，与优秀的人产生共鸣才能够促进自身的进步。在本科与研究生阶段，可能法学生参与这样的法学论坛的机会还较少，我们可以通过阅读大量的书籍去提升自己，阅读优秀的文章拓展自己，即便是有一天我们拥有了这样的机会我们也不会胆怯，我们拥有年轻与活力的思维，我们能够提出自己的创想。这是我们应当努力的方向也是较为理想的状态。但从实际看来，纵然是在学术型硕士中，乐于钻研与学习的人比重都不是非常理想的，大多数的法学生似乎只是为了一纸文凭。真正有格局愿意这样做的人少之又少，作为年轻的一代，我们的思维在看过了大千世界之后应当是十分跳跃并且具有活力的。但是我们似乎都止步于与巨人的谈话，我们只是习惯了学习巨人的理论，选择一味地倾听优秀人士的理论知识，而不是考虑从这些优秀的文章中添入自己的想法，我们没有站在巨人的肩膀上眺望远方，我们只是拉起了巨人的手。我们与先驱的谈话似乎没有开始就已经戛然而止。法学理论的学习的确是十分枯燥无味又漫长的，能够坚持下来的人并不多，真正优秀的法学家也屈指可数。我们应当改变这一现状，我们不能够只看到法学理论的理论性学习，这样单一的学习会让漫长的学习过程更加看不到尽头。我们要在学习的过程中添加它的实务性研究，让我们都清楚地认识到学习法学理论不仅仅是学习，更加重要的是运用。这不是一个单一的理论法学科，它汇集了许多人的伟大思想，能够为我们提供非常丰富的解决方法，我们要从中去挖掘、去探索、去完善自身，去打开自己的狭窄的视野，去看到它为我们讲解的法律的重大意义。

三、如何进行法学理论的实务性研究

想要研究法学理论的实务性，就需要我们改变现有的学习局面，不同于往日的刻板课堂印象，我们将从最根本最原始的课堂开始改变，加入多种元素丰富课堂色彩，增加法学生对法学理论的兴趣，提升他们钻研法学理论这一学术道路的坚定性。我们将从以下几个具体的措施进行改变。

首先，对于法学理论专业学生的课堂设置课表占比要进行重新排版，在本科阶段对于公共课和通识课的比重要适当下降，在对法学进行细致分类的政法类大学中要将法学理论这一法学专业课的上课时间进行调整，不再是放置于懵懂的大一阶段，而是在对法学专业课一定的学习和了解以后设置，并且将法理学与法律史的课堂安排可以适当地靠近，能够更加有利于学生对于法理学的学习并提高他们的兴趣研究。而对于研究生阶段法学理论专业的学生来说，除了现有的必要的英语学位课程以外，对于法学理论专业课要进行进一步的划分，对每一个学生尤其是以学术性硕士为主，除了学习法学理论专业课，也要根据导师和自身的兴趣爱好设置与法学理论相关的实践课程。法学理论专业也可以与其他专业相结合联合发展，通过这样的课堂设置方式提升学生对法学理论的兴趣。例如，法学理论与社会学结合起来，以法学理论的法律方法和法律思维模式为主导，以社会研究的实务方向为目的进行专业课的学习，通过这样的学习模式不仅拓宽了我们研究的方向，更加能够因材施教使得学生在自己感兴趣的领域坚持刻苦钻研，真正地

走上学术道路。

其次，除了对课表的重新排版，对于课堂上的教学方式也要进行改革。在我们的课堂上，我们不能只面对书本的理论知识，尤其是针对一看就很理论性的法学理论专业。对于这样的专业课，我们也应当采取多样的上课方式。如何将法学理论的实务性研究真正投入我们的学习过程中呢？我们可以不拘泥于老师单方面地传授知识，我们可以共同与优秀的前辈谈话，共同阅读一样的文献，在课堂上与老师交流彼此的观念，我们学习老师的见解，老师倾听学生的观念，学生通过这样的方式找到自己的不足，完善自己对于法学理论中各种专业理论知识的认识。另外，我们还可以在课堂上运用多媒体资源。例如，通过播放历史资料去了解这一法学理论的论点是在怎样的历史背景下产生的，对于我们现今又有怎样的借鉴意义。除此而外，我们还可以通过增加案例的学习，研究重大案例中所蕴含的法理意义，思考法官判决的法理原理是怎样的，如果是我们站在同一角度会给出怎样的司法判决。这些都是我们可以丰富课堂模式的方法，多元化的学习方式同样能够让我们不只专注于法学理论的理论知识，而是将它运用于实践，这就是我们所需要的法学理论的实务性研究。

最后，我们还可以将教学评价纳入毕业学位的判定标准中。在研究生阶段，我们的学位毕业标准除了对于论文的写作以外，也可以将法学理论的实务性研究纳入其中。我们通过学习某一个法学流派的法学理论论点，去深入探究其中的奥秘。每一个学生都要做出自己对于这一论点的看法，并且将它与社会现存的法律问题相结合起来，解释说明这样一种观点能够让我们采用怎样的思维模式和解决方法。与真正的案例分析相结合，学习其蕴含的法学原理在这样一个案例分析中是站在哪一个出发点去解决问题的。我们的老师要针对每一个学生的研究成果进行评价，不仅仅是评价他对某一个法学流派论点的了解程度，更是要评判他对于法学理论的实务性研究达到了哪一阶段的学习层次。我们的学生所写的论文不应该是将前人所写的论文一次又一次地进行加工和粉饰，我们的论文应该从我们所研究的这些案例和社会前沿问题中找到新的出发点，给予我们文章新的论点和新的理论支撑，不是小心谨慎，而是应当大胆创新，用新的思维模式写出新颖的毕业论文。而这一切都是站在我们努力钻研法学理论知识、努力探索法学理论的实务性研究教育的平台上所得到的成果，这并不是所谓的空穴来风，而是我们一步一个脚印踏实钻研努力得到的成果，也是我们培养学术人才的目的所在。

贵州大学本科教学督导工作的思考

王 伟[*]

教学督导是高等院校为提高教学质量而进行的以监督和指导为基本原则的教学环节。通过教学督导可以全面了解教师教学、学生学习、教学运行、教学改革、教学管理以及教学保障情况,协助促进良好教风、学风的形成,确保教学秩序稳定和教学质量的不断提高。[❶]"教学督导"这个概念是美国学者希尔顿在1922年提出的,其指出教学督导的目的是提高教师的教学水平和教学效果。[❷]贵州大学早在十几年前就实行了本科教学督导制度,在2017年9月,笔者经法学院推荐,成为贵州大学第六届教学督导团的成员,负责对法学院本科教学的督导工作。本文结合一年多以来针对法学院本科教学督导工作的开展情况,拟就贵州大学本科教学督导工作的运行情况、存在问题及完善建议进行论述。

一、贵州大学本科教学督导工作运行情况

学校下发了《贵州大学关于组建教学督导实施方案的通知》,成立了校、院两级督导制度。校级教学督导团是由学校分管校长领导的工作机构,是对学校本科教学进行监督、检查、评议以及指导的学术组织,是学校教学质量保障体系的重要组成部分。教学督导团根据督导团工作计划对教学运行的全程进行督导,对各学院(部)教学工作的组织、管理、运行和效果进行评估。校教学督导团设团长1名,副团长若干,下设教学督导组,各督导组设组长1名。院教学督导组成员由各学院根据学生人数和专业情况,按每300名本科生选配至少1名教学督

---

[*] 作者简介:王伟,贵州大学法学院副教授,主要研究领域为环境法学。
[❶] 韩永光,朱鑫,卢萍,等.浅谈教学督导的重要性及督导体系的建立[J].中国中医药现代化远程教育,2016(1).
[❷] 郭永波.充分发挥高校教学督导工作在教学评价中的作用[J].黑龙江教育,2016(7).

导专家的标准选配院教学督导组成员，核算不足两人的学院至少选配两人。根据学校的要求，法学院选配本人和另一名老师作为教学督导员。院级教学督导团由学院直接领导，同时接受校教学督导团的领导，结合本学院教学实际开展工作。院级教学督导组除参加校教学督导团组织的督导活动外，同时根据学院教学工作需要，完成学院的教学督导工作。贵州大学制定了《学校教学督导团工作细则》，每学期开展了"三大检查"，一是学期开学、期中和期末检查，以检测教学准备、师生到课率、培养方案执行、教学效果、考试考核环节和考风考纪为重点；二是随机教学检查，对课堂教学和实践环节进行随机抽查；三是专项教学检查，根据教学运行中的工作重点开展专项教学检查。学期结束后督导组成员撰写工作总结和专项检查的专题报告，将教学中调研、收集的信息进行综合分析，形成督评报告，对存在的问题及时向职能部门和学院反馈，提出改进意见和建议。教学督导团的有序运行，对推进贵州大学教育教学改革、加强教学质量监控、及时掌握教学进程与教学状态、维护正常的教学秩序、推动良好的教风与学风建设等方面发挥了重要作用，促进了教学改革的深入开展和教学管理的进一步规范。

二、贵州大学本科教学督导工作存在的问题

通过上任一年多以来针对法学院展开的本科教学督导工作，笔者认为，贵州大学本科教学督导工作成效是显著的，但也存在以下问题。

（一）注重"督""评"而忽视"导"

教学督导主要是对教学各主要环节进行监督、检查、评价以及提供必要的咨询指导。教学督导的"督"具有监督、督促、督察之意，而"导"具有引导、导向、启发的职能。教学督导就是通过提炼推广新颖的教学模式及教学活动，有效地提高教师的教学水平，为高校教育工作及人才培养提供帮助。[1] 因此教学督导的运行模式是"督、导、评"相结合，"督""评"是手段，"导"是目的。贵州大学本科教学督导目前注重"督""评"，但对于"导"还不够重视。以课堂听课为例，《贵州大学督导团工作细则》中就规定，听课是教学督导中最重要的任务。并且专门颁布了《贵州大学教学督导团听课记录表》，要求督导组成员在听课时从教师讲课是否有热情、讲课是否有感染力、对问题的阐述深入浅出有启发

---

[1] 李振泉，吴陪群.本科教学督导工作的再认识与实践——以北京工业大学的本科教学督导为例［J］.北京教育，2015（1）.

性、对问题的阐述准确、授课内容娴熟、讲述内容充实、教学内容反映或联系学科发展的新思想新观念新成果、能给予学生思考创新的启迪、课堂气氛活跃、能有效利用各种教学媒体 10 个方面对教师授课状况进行评估，可以看出，目前课堂教学评价标准主要还是针对教师的教学行为，包括教学态度、教学内容、教学方法等，对学生学习方法、学习状态、学习效果、学习问题的了解与分析不够。同时，督导组成员听课以后，往往就是填了听课记录表，对任课教师的课堂教学进行"优""良""合格""不合格"等评价后交教学科即可，缺乏和任课教师的沟通交流。

（二）督导工作内容表浅化

《贵州大学督导团工作细则》虽然规定教学督导团对学校教学运行的全过程进行督导，包括理论教学、实验教学、社会实践、实习、毕业论文（设计）、考试考查等各个教学环节，对各学院（部）教学工作的组织、管理、运行和效果进行评估，也要求教学督导团每学期开展学期开学、期中、期末教学检查、随机性教学检查、专项教学检查"三大检查"，但在实际运行中，还是以常规性检查为主，即开学、期中和期末的教学检查，很少开展随机性检查和专项检查；同时检查以对课堂教学质量的监控为主，对其他教学环节的督导较为薄弱。

（三）督导组成员资格强调资历型而非专业化

《贵州大学关于组建教学督导团实施方案的通知》规定，教学督导团成员应具有丰富的教学工作经验，原则上应具有副高及以上职称，身体条件能适应督导工作的需要。可以看出，目前对督导组成员资格的限定主要强调的是其资历。以往贵州大学督导组成员往往是离退休的教师，以及管理人员，这些人员虽工作热情高，但有的人由于身体原因不能很好地从事教学督导工作。在 2017 年 9 月贵州大学第 6 届教学督导团成立时，督导团成员就从在职的副高以上的教师中选任。在职的副高以上的教师中选任督导员应该说在身体条件上满足了，但也面临一个尴尬的境地，符合条件的教师基本不愿意担任督导员，因为在职教师自身有繁重的教学科研及其他任务，担任督导员还要每学期完成不低于 36 个学时的工作量，对于教师而言是不愿承担这个任务的。因此督导员的任命往往是学院按照学校规定的最低人数直接上报的，根本不可能考虑督导人员是否具有专业性，只要有副高职称就可以，而这对于督导员工作的履行是不够的。

三、贵州大学本科教学督导工作的完善建议

（一）注重"督""评""导"相结合

教学督导应服务于学校教学中心工作，坚持"以人为本，服务至上"的工作理念，以学生和教师为本，服务于学生成才的需要，服务于教师提高教学水平与教学质量的需要，服务于学校改进教学管理工作的需要。因此，教学督导要改变以"督""评"为主的立场，督导人员要改变"检察官"身份的思想，不仅仅只关注于课堂教学中教师秩序行为的表现和课堂教学效果的质量检测，只对教学现状进行被动思考和评价，而应该是"督""评""导"相结合，"督""评"是手段，"导"才是目的，注重过程引导，督导身份由检查团向顾问团转变……❶ 提高教师的教学水平。为此，督导团成员听课时要实事求是，不带任何感情色彩，不带任何偏见，听课后及时反馈，和任课教师交流，为其课堂教学把脉，肯定其课堂教学的成绩、优点，同时准确找出其课堂教学中存在的问题，包括教师自身的认知、教学设计、课程组织、信息传授、课堂管理、组织实践、教学监控和反思总结等能力的欠缺，给教师及时反馈信息和提供有针对性的指导和帮助，为教师改进教学出谋划策，提出具体的改进建议并传授自身课堂教学经验，促使任课教师将先进的教学理念引入课堂，提高任课教师的教学能力和课堂教学质量。

（二）注重督导工作的全面性

目前督导工作内容表浅化的形成，笔者认为是由于形式主义思想的作祟。长久以来，师生将教学督导工作看成一种自上而下开展的检查活动，因此在实践中往往对教学督导关注形式上的要件，即是否开展了检查，是否有完备的记录，资料保存是否齐全，而没有深刻认识到教学督导工作的目的是要对教学全过程进行全面诊断和持续改进。在"形式检查—形成督导记录—资料保存"的思维观念和行为方式下，督导工作内容必然表浅化，教学督导人员以完成工作任务为追求（贵州大学要求每个学期每个教学督导人员完成36个课时的工作量，听一节课算一个课时，其他工作如开学查课、期末巡考、教师座谈会和学生座谈会以实际工作时间算工作量），必然只重视常规检查与课堂听课检查，忽视其他教学环节和督导。要想使教学督导发挥更大的作用，除了常规的对教师教学的督导，还应加

---

❶ 张东.师生可持续发展的教学督导立场选择［J］.中国教育学刊，2017（1）.

强对学生的论文、实验、实习等环节的教学督导,如本科毕业论文选题时,督导论文题目是否符合本科培养方案,题目是否适宜,等等。同时加强专项性督导和专项调研❶,如针对教师的不同情况以及类别进行专项督导,如刚入职的教师,其教学方法是否符合本科教学的需要,帮助其尽快适应高校教学工作(例如,法学院近几年新入职的老师,学历高,都是博士学位,基础好,但在给本科生上课时,理论知识讲得过多、过深,不少学生反映听不懂,对此我们应尽快帮助新教师适应高校本科教学工作);对于中年教师其教学风格如何,促使其教学工作更具特点;而对于老年教师,其知识是否进行了及时更新,促使其与时俱进适应新的教学要求。因此本人改变以往一门课只听一次的督导方式,对《财税法》课程采取全程听课的方式,全面了解授课教师授课的优缺点,及时与授课教师、学生沟通,通过专项督导,根据教师的实际情况、个性差异和需求来促进教师的个体发展和教学的有效性。❷

(三)提高教学督导组成员的专家型特性

教学督导对学校的教学工作有监督作用,通过检查学校理论教学、实践教学、社会实践、实习、毕业论文及设计、考试考查等各个教学环节,对各学院(部)教学工作的组织、管理、运行和效果进行评价。除了监督功能以外,教学督导还有指导的功能,通过督导,为提高教师的教学能力、提高学校的教学管理水平、加强学校教学质量控制和改进教学工作提供咨询和参考意见。贵州大学对督导人员的工作职责规定有8项,具体包括重点对基础课、专业基础课等影响面较大的课程及因评奖、晋升及其他需要对课堂教学质量进行评价的课程进行听课;抓住影响教学质量的关键问题进行专题调研;参与学校相关的检查与评估;对涉及办学理念、教学思想及教学工作中心地位等关键问题进行研究并提出建议;参与学校组织的教学培训活动,担任参训人员的指导教师,承担相应的教学指导讲座;协助学校讲课比赛及其他教学竞赛活动;指导学员教学督导小组开展教学督导工作,并对学院教学督导工作进行考核评估;撰写学期工作总结。可以看出教学督导人员工作任务重、责任大,因此,对于督导组成员而言,不仅仅

---

❶ 专项督导是就教学中某个突出问题深入系统了解和深层次剖析,有针对性地提出指导意见,专题调研是指有计划、有针对性地选择一些具有代表意义和问题进行研究,通过招考座谈会、发放调查问卷等形式,收集各种信息和资料,整理分析后以调查报告的形式提交教学管理部门做参考。参见甘罗嘉,王德平,田智辉,等.高校教学督导工作的理论思考与实践探索[J].北京教育,2016(3).
❷ 郭洋波,秦玉峰.高校教学督导工作的规范与创新[J].黑龙江教育学院学报,2016(8).

是需要身体健康就能适应督导工作，还需要具有强烈的责任心和使命感，爱岗敬业，同时还需要有丰富的教学经验与学术知识，能客观公正地看问题并能对任课教师授课提出具有建设性的意见建议，强化教学督导的评价反馈的客观真实有效，做到"督要严格、评要中肯、导要得法、帮要诚恳"[1]。要做到这点，督导人员首先应具备过硬的专业知识，有精湛的业务和高超的技能，同时，督导人员还应该是教育专家，是教学改革的先锋，其使命是推动教育改革向纵深发展而非维护现状。[2] 因此，督导组成员还应具有教育学、心理学方面的知识，因为很多高校教师并非教学专业出身，他们在教学方法、教学技能、教学设计上并没有受过专业训练全靠自身在教学实践中摸索，督导人员如果具有教育学、心理学方面的知识，可以对老师进行专业帮助，这样才能有效开展教学督导工作。为很好完成教学督导工作，督导员应养成不断学习的习惯，学校相关部门也应该经常通过举办内部教学思想研讨会、聘请相关专家做讲座等多种形式定期或不定期地对督导员进行专业培训。

四、结　语

教学质量是高校的生命线，《国家中长期教育改革和发展纲要（2010—2020年）》强调"提高质量是高等教育发展的核心任务"。教学督导工作对提高高等教育质量意义重大。贵州大学法学院不仅有省级示范性专业和省级重点学科，还是教育部本科教育综合改革试点单位和教育部法律硕士专业学位研究生教育综合改革试点单位，2012年，学院被中央政法委和教育部联合批准为全国首批卓越法律人才教育培育基地（复合型、应用型）项目单位之一，法学学科又是省级重点学科，2018年获批法学专业一级学科博士学位授权点，填补了我省法学学科无博士点的空白，实现了零的突破。本科教学工作一直以来都是学院的基础性工作，全院上下高度重视，通过教学督导，督导人员全方位了解教学的运转状况，评价教师教学目标是否达成，教学内容是否科学严谨，教学方法是否适宜，教学手段是否先进实用，教学态度是否认真，及时发现教学中存在的问题并给出针对性意见，促使教师教学水平的提高，以及良好教风学风的形成。同时教学督导工

---

[1] 白解红，袁俏.创新教学督导机制为提升高校人才培养质量注入新活力[J].中国大学教学，2014（4）.

[2] 丁海琴，黄静，张艺.高校教学督导工作从"督"到"导"的角色转化[J].浙江理工大学学报：社会科学版，2015（4）.

作是师生之间、师生和学校管理部门之间、师生与校领导之间联系的纽带，教学督导人员通过深入了解教学和管理运行的状况，将教学和管理"第一线"的院（系）教师和学生的意见反馈给学校，为学校教学、教育改革决策提供参考意见，因此完善本科教学督导工作对法学院在新时代健康持续发展意义重大。

新时代宪法国民教育必要性探讨

范电勤　邹志翔[*]

2018年3月,"习近平新时代中国特色社会主义思想"载入宪法,标志着我国进入到新时代。我国宪法教育说来从中华人民共和国成立前已开始,但是直到现在,宪法教育依然是一个较为紧迫的现实问题。2018年3月张德江在《全国人民代表大会常务委员会工作报告》中指出:"健全保证宪法实施的法律制度。设立国家宪法日,加强宪法宣传教育,大力弘扬宪法精神。"[1]可见这种对宪法教育的强调已经上升到国家的高度,成为全国人大及其常委会推动工作中的一部分,并已经通过一系列制度来保障宪法宣传教育在全国的实施,如宪法日、宪法宣誓制度等。有学者对我国宪法教育的现状很是担忧,已故著名的学者李慎之曾撰文感叹:"如果一个人真的有下辈子的话,那么,我的最大愿望就是能在下辈子当一辈子的中学公民教员,传授宪法知识。因为千差距、万差距,缺乏公民意识和宪法意识,是中国与先进国家最大的差距。"[2]在一定的程度上,一个国家对宪法国民教育重视与否,可以反映出一个国家的法治程度和法治达到的水平。但就是这么一个重要的教育问题,在知网上却搜不到有关宪法国民教育必要性的文献,很是奇怪。

宪法是国家的最高法,是根本大法,是公民权利的保障书,是一个国家法律体系的核心和最高遵循,应该说对其国民进行普及和教育是一个国家的头等大事。可是现实却并不是这样的,也可以说宪法的国民教育在中国还只是刚刚开始,一切都处在初步发展时期。不过近几年,我国政府已经对宪法国民教育重视

---

[*] 作者简介:范电勤,贵州大学法学院副教授;邹志翔,贵州大学法学院2016级硕士研究生。
[1] 张德江. 全国人民代表大会常务委员会工作报告[J]. 理论学习,2018(2).
[2] 李慎之. 修改宪法与公民教育[J]. 战略与管理,1999(3).

起来，相关部门开展了很多宪法教育活动，如在每年的12月4日国家宪法日进行各种知识竞赛、讲座和宣传；国家公职人员就职前履行宪法宣誓程序对全国直播等。但相关活动开展才刚刚起步，很多活动往往是"形式多于实质"，很多单位也只是当作一种政治任务。宪法国民教育不能只满足于让部分国民死记硬背那些抽象的条文，或者盲目地参加那些程序化仪式化的活动。从形而上的角度来看，宪法是全体公民共同意志的集中体现，是社会共同体价值认同的"最大公约数"。[1]弘扬宪法原则和精神宗旨、培育国民宪法的基本意识观念、宣传宪法价值作用等，才是宪法国民教育的重点，同时也可以说是宪法国民教育的难点。那么在"习近平新时代中国特色社会主义思想"入宪后，我国宪法国民教育的必要性到底是什么？它的主要内容又有哪些？这些问题值得我们思考。

一、新时代宪法国民教育必要性的基本含义

宪法国民教育是国家进行法治教育最为重要的组成部分，一般来说，一个国家的法治水平，往往与该国的宪法教育息息相关。因此，宪法国民教育的必要性就与一个国家的法治建设紧密相关。美国著名人类学家霍贝尔认为："一个探索者在任何领域中的工作总是从创造该领域中有用的语言和概念开始的。语言和我们的思想是不可分割地交织在一起的，在某种意义上，二者是同一的。"[2]可见在我们探索、研究宪法国民教育之前，需要弄清楚宪法国民教育必要性相关术语的基本含义，这对进行宪法国民教育具有重要的意义。

当然，对于宪法国民教育这个概念，不同领域或专业背景，甚至同领域和具有同样专业背景的学者，他们的观点也不尽相同。就是该用"宪法教育"，还是"宪法国民教育"也并没有统一，甚至还没有进行必要和严格的区分，一般的学者更多的是用"宪法教育"这个概念。当然就概念本身来看，"宪法教育"是一个更大的概念，"宪法国民教育"从属于"宪法教育"。"宪法国民教育"强调针对一国的公民，"宪法教育"则具有针对在一国生活所有的人，不仅包括本国公民，还包括无国籍的人、外国人、庇护者、避难者等。国民教育，也称为"公民教育"，是指"通过适当的教育手段促使公民养成对自身主体身份的正确认识，从而塑造公民的政治态度，使之能准确地把握自己同国家之间的关系，调整自己

---

[1] 刘丹.宪法认同教育：公民教育的一种可能进路［J］.思想政治课教学，2016（12）.
[2] 霍贝尔.原始人的法［M］.严存生，等译.贵阳：贵州人民出版社，1992：17.

的心态和行为"❶。其中,"公民"是法律上的概念,一般指具有一个国家的国籍,并依照宪法或法律规定享有权利和承担义务的人;而从政治学的角度来说的话,"国民"一般多指拥有国籍的国家主权构成者,即生活在同一宪法下作为立法代议机构主权代表的人们共同体。对于"宪法教育"或带有"宪法国民教育"这一概念含义的,有多种不同的表述,如"宪法教育就是指教育者通过有目的地传递与宪法相关联的社会生活经验而对受教育者产生特定的影响,以使之适应宪政社会发展需要的实践活动。"❷"宪法教育是宪法知识和宪法精神的教化和传承过程。"❸"公民宪法教育是通过宪法知识的传授,培育公民宪法意识、孕育公民宪法精神、坚定公民宪法信仰、培养公民遵守宪法、维护宪法、监督宪法实施的教育实践活动。"❹从上面列举的对"宪法教育"或"宪法国民教育"的定义中,我们发现并没有很大的区别,因此,可以说"国民教育"就是指"公民教育"。大家一般对这两者并没有进行明确区分,目前在我国学术界"宪法教育"一般就是指"宪法国民教育"。

从学者们的论述来看,宪法国民教育不仅包括单纯的客观宪法条文知识的讲解、阐述,而且强调对宪法精神、宪法价值、宪法信仰等内在观念的培育,强调进行宪法"教化""宪法实践传承"。这种对宪法国民教育的观念是很有道理的,教育方式一定要有深刻的含义,不能使宪法教育活动流于形式。宪法国民教育的精髓在于弘扬传承宪法精神原则、培育国民的宪法意识观念、宣传宪法价值信念,可以说这是宪法国民教育的核心内涵。"必要性"在《现代汉语词典》中被解释为"相对于选择性而言的一种事物倾向,是达到一定目标所需要的条件、因素"❺。

"习近平新时代中国特色社会主义思想"的科学概念是以习近平为核心的党中央把马克思主义基本原理与当代中国实际紧密结合起来的理论创新,是马克思主义中国化的最新理论成果,是当代中国的马克思主义,是中国特色社会主义理论体系的重要组成部分,是我们党团结带领全国各族人民,决胜全面小康社会,

---

❶ 林珣.论宪法教育与公民教育[J].肇庆学院学报,2013(6).
❷ 李德龙.宪法教育简论[D].武汉:武汉大学,2004:4.
❸ 邓海娟.刍议当代大学生的宪法教育[J].道德与法研究,2010(9).
❹ 徐继超.论我国公民宪法教育存在的问题与对策[J].佛山科学技术学院学报:社会科学版,2011(1).
❺ 中国社会科学院语言研究所词典编辑室.现代汉语词典[M].6版.北京:商务印书馆,2012:1731.

进而推进社会主义现代化建设，实现中华民族伟大复兴中国梦的理论指南。在"新时代习近平中国特色社会主义思想"入宪之后，我国宪法国民教育当然受其指导。这样从词语学的角度，新时代宪法国民教育的必要性就是在讨论对国民进行宪法教育的"宪法倾向"，这里的"宪法倾向"就是指我国宪法发展趋势对公民的要求。

二、新时代宪法国民教育的历史展开

在我国，宪法国民教育这个话题由来已久。中国近代宪法国民教育活动最早可以追溯至清末的"戊戌变法"事件。在那场维新运动中，近代中国知识分子第一次大规模地学习了解西方宪法，第一次主动去了解什么是宪法、什么是公民权利、什么是选举等。但近代中国的宪法国民教育过程是十分坎坷的，宪法国民教育进程也是十分缓慢的，并且社会效果不佳。西方式的宪法文本、宪法观念、宪法价值、宪法精神等不容易被生活在拥有几千年文明土地上的文人学者所接受，更别说一般的民众。近代以来，我国不同的政府曾经颁布施行的宪法或宪法性文件很多，如晚清政府颁布的《钦定宪法大纲》《宪法重大信条十九条》，辛亥革命后颁布的《中华民国临时约法》、"天坛宪草"、袁世凯的"袁记约法"、曹锟的"贿选宪法"、蒋介石的"训政时期约法""五五宪草"，以及《中华民国宪法》等。一部又一部的宪法或宪法性文件登上历史舞台，与之而来的是宪法国民教育的一次又一次开展，但最终的结果都收效甚微。中华人民共和国成立后，也前后颁布了一部具有宪法作用的宪法性文件和四部宪法。一直到现在，宪法国民教育依然是我国法治教育中的硬伤。第十二届全国人大常委会委员长张德江指出："1840年鸦片战争以后，各种版本的宪法文件先后推出，但究其本质，他们都不过是想用宪法的形式装点门面，维护旧势力的反动统治，最终都逃脱不了失败的命运，为中国人民所唾弃。历史证明，在中国，照搬西方宪政制度的模式是一条走不通的路。"❶

虽说近代我国的宪法国民教育活动没有起到很好的效果，但其中很多很好的经验还是值得借鉴的。近代我国制宪是内忧外患的产物，宪法国民教育与之伴生。1894—1895年中日甲午战争，清政府战败，屈辱的《马关条约》大大地刺

---

❶ 张德江. 深入开展宪法宣传教育　牢固树立宪法法律权威［J］. 求是，2014（24）.

激了当时的先进分子，许多学者开始对国民教育进行探讨，宪法国民教育也登上历史舞台。晚清重臣张之洞提出："长期以来，以血缘和地缘为基础的中国社会为家族和地域分割，而使中国人呈现一盘散沙的局面。"学部尚书荣庆在教育宗旨的奏折上指出："中国正处于列强环视之中，必须通过培养新国民的方式。救亡图存，实现富国强民。"❶ 正是出于这种对战争失败的反思，当时的清政府提出"尚公教育"的概念，即不要只注重私德私利，要教育国民多为他人考虑，多为国家着想。但当时的"尚公教育"有缺陷，如"尚公教育"的"公"，强调的是封建伦理道德那一块，并没有现在的公民观念。传统思想受到冲击最大的时期应该是"五四运动"爆发的那段时期，国家已经处在瓜分豆剖的状态下，知识分子承担着唤醒民众的责任。于是一大批有识之士将西方民主思想引进过来，这些思想影响了当时的一大批热血青年，从而奠定了近代民国政府进行宪法国民教育的基础。蔡元培提出的"军国民教育、实利主义教育、公民道德教育、世界观教育、美感教育"五育并举；❷ 方浏生撰写《公民读本》，传授公民基本常识；1920年杜威访华后民国政府颁布的"壬戌学制"等。无论是近代晚清政府还是民国政府，他们都认识到对国民进行宪法教育的重要性，并在社会实践中采取了一系列举措。

中国共产党成立之后，在革命根据地和抗战敌后武装斗争时期，也颁布了一系列宪法性文件，开展了很多类似宪法国民教育的活动。如颁布了《中华苏维埃共和国宪法大纲》《陕甘宁边区抗战时期施政纲领》等，并在根据地或敌后地区开展了民主选举、民主评议、民主讨论等活动，大大促进了人民的民主意识和宪法观念。中华人民共和国成立以后，中国共产党领导和制定了《中国人民政治协商会议共同纲领》，并于1954年在第一届全国人大一次会议上表决通过了《中华人民共和国宪法》。该部宪法在制定中进行了广泛的宣传，并将草案公布全国让民众提意见和建议，这是一次对我国国民进行的有效的宪法教育，也标志着我国宪法国民教育进入新的阶段。

党的十八届四中全会2014年10月在北京召开，其主题就是"依法治国"。本次会议发布《中共中央关于全面推进依法治国若干重大问题的决定》（以下简称《决定》），该文件对"依法治国"的有关问题进行了全面的论述和规定。可

---

❶ 林杰.民国时期的公民教育［J］.博览群书，2012（5）.
❷ 蔡元培.对于新教育之意见［J］.教育杂志，1912，3（11）.

以说,该《决定》是我国法治发展的重要纲领,通读该《决定》,其宗旨是"人民幸福安康""国家长治久安""全面建成小康社会""实现中华民族伟大复兴的中国梦""宪治"。《决定》明确和高调宣布"宪法是党和人民意志的集中体现""坚持依法治国首先要坚持依宪治国,坚持依法执政首先要坚持依宪执政"。这是将宪法作为全党和全国行动的最高遵循,并将"依宪治国"和"依宪执政"作为依法治国和依法执政的前在要求,提出"保证宪法法律实施就是保证党和人民共同意志的实现"❶。2017年10月中共十九大召开,这是在全面建成小康社会决胜阶段、中国特色社会主义进入新时代的关键时期召开的一次十分重要的会议,强调"要以培养担当民族复兴大任的时代新人为着眼点,强化教育引导、实践养成、制度保障,发挥社会主义核心价值观对国民教育、精神文明创建、精神文化产品创作生产传播的引领作用……"❷2018年3月宪法进行了再次修改,"习近平新时代中国特色社会主义思想"载入宪法,国家对宪法的重视进入一个新的阶段。回首近代及现代中国的宪法发展历程,我们发现我国的宪法国民教育还只是刚刚起步,还有很长的路要走。

三、新时代宪法国民教育的外国借鉴

世界各国的宪法各不相同,各国的宪法国民教育状况也因具体社会状况不同而千差万别。相较而言,美国是世界上最重视宪法的国家,也是宪法国民教育做得比较好的国家,这方面的许多经验值得我们学习和借鉴。德国是大陆法系的代表国家,设有专门的宪法法院,对宪法在国家的地位看得很重,国民的宪法教育方面也做得不错,成为欧洲大陆的佼佼者。澳大利亚独立时间较短,在宪法国民教育方面短期内取得一定的效果,这一点可以给予我们很多启示。

(一)美国

美国是有着浓厚宪法意识的国家,并是世界上第一部成文宪法诞生地,对待宪法国民教育历来十分重视,并形成良好的制度和历史传承。作为新大陆的北美洲,美国从建国开始就对宪法非常重视,在一定的程度上可以说没有宪法就没有美国社会,美国是宪法所构造的。从美国的历史来看,美国的宪法国民教育始

---

❶ 习近平.关于《中共中央关于全面推进依法治国若干重大问题的决定》的说明[N].人民日报,2014-10-29(第2版).

❷ 习近平.决胜全面建成小康社会 夺取新时代中国特色社会主义伟大胜利——在中国共产党第十九次全国代表大会上的报告[N].人民日报,2017-10-18(第1版).

于18世纪80年代。也就是说自美国1787年宪法颁布以来,宪法的制定者同时也是参与美利坚合众国的建立者,就一直在致力于宪法观念、宪法价值的宣传和教育,甚至可以说美国宪法本身就是对国民宣传之后的产物。如美国著名学者塞缪尔·诺克斯就认为:"'我们的快乐的幸福的宪法',所以宪法应该形成一个能被学生很好消化的、简明的道德教义的整体。"他第一次明确指出学校应该讲授"宪法的结构和政府的权力"[1]。19世纪美国著名教育改革家霍勒斯·曼指出:"美国的宪法,即我们自己国家的宪法,公立学校应该学习。"[2]从19世纪开始,美国教育系统开始如火如荼地进行宪法课程的建设活动。美国的宪法教育主要分为两个阶段:美国建国至第一次世界大战期间,美国宪法的教育主要倾向于爱国主义意识的培育;20世纪30年代以后,美国的宪法教育开始向个人经济权利倾斜。

美国的宪法国民教育主要集中在爱国主义教育、公民权利意识培育等方面,这与美国的具体国情有关。由于美国是联邦制国家,历史上"南北战争"的惨痛教训让美国政府十分重视对公民爱国主义情感的培养,加上美国国民与生俱来的平等意识也使得他们极其强调公民权利的保护。宪法有利于国民之间产生共识、提高凝聚力,在美国,正是通过一部宪法,使得各个地区、不同肤色、不同信仰的人们团结在一起。因此,对国民进行宪法教育,在美国成为一种社会的必须,已经形成一种良好的制度。

(二)德国

德国也是联邦制国家,各联邦州实行的宪法教育方式不尽相同,一般的做法是将宪法教育融入历史、地理、政治学或社会学等学科中去。例如,在德国黑森州的初中生社会教育科目中,有一个称为"民主与政治参与"的单元,要求学生了解民主的概念、公民政治参与的途径和方式以及各阶层利益的平衡等问题。在巴符州的高中社会教育科目中也有一个名为"德意志联邦的政治制度、过程与发展"的单元,内容包括联邦制、政治参与、民主和权力制衡等。在课程之外,德国宪法教育还存在于学生的日常校园生活中和课外实践中。比如,根据1973年《学生与学校关系》的部长决议,学校教育必须本着民主自由和宽容的精神进行,学生的权利必须受到重视。如今很多州的中学都有学生代表参加学校事务委员

---

[1] 陈正桂,玛格丽特·史密斯·克罗科.宪法教育:美国公民教育的重点与核心[J].学校党建与思想教育,2010(29).
[2] 陈正桂,玛格丽特·史密斯·克罗科.宪法教育:美国公民教育的重点与核心[J].学校党建与思想教育,2010(29).

会，参与讨论和决策学校事务，甚至在德国首都柏林的许多中学，1/3 以上的学校事务委员会委员的职位是由学生担任的。除此之外，为了加强学生对《德国基本法》的认同，每一个中学毕业生，都会在毕业典礼上收到一本学校赠送的《德国基本法》作为礼物。

除了在学生阶段的宪法教育之外，在德国公务员培养中，也有一套成体系的宪法教育过程。如为了切实保障公务员遵守宪法义务，德国建立了警示制度。德国宪法明确规定公务员对国家和宪法负有忠诚的义务，为了督促公务员履行此项忠诚义务，德国宪法法院通过判决的形式警示公务员在工作中要恪尽职守、尊重宪法。❶同时，德国和其他很多国家一样，规定了公职人员在履行职务前必须向宪法宣誓，以此来培养公务员的宪法情感和宪法责任。

德国的宪法国民教育宗旨主要集中在现代公民意识的培育、宪法观念的培养等方面。从将校务委员会的职位交由学生担任这项制度可以看出，德国学校的教育很重视对孩子的责任意识、权利意识、参与意识的培养。同时，毕业典礼上赠送学生《德国基本法》这一行为也是为了提高学生对《德国基本法》的认知和情感。德国对公民进行宪法教育是十分必要的，两次世界大战的战败，让德国全体国民深刻意识到制约政府权力、保障公民权利的重要性，这或许是德国重视宪法教育的一个原因。

（三）澳大利亚

澳大利亚以前是英国众多殖民地中的一块自治领土，1850 年《澳大利亚殖民地政府法案》出台，标志着英国政府正式将权力转移给澳大利亚殖民地。该法案确立了立法委员会，规定立法机构的权力和资格，并赋予了立法委员会规定地方立法机构的权力。随着 1900 年 9 月 17 日英国女王正式宣布澳大利亚联邦于 1901 年 1 月 1 日成立，澳大利亚联邦独立，原先澳洲的六个英国殖民地作为澳大利亚联邦最早的州。现行的澳大利亚宪法是 1900 年通过的《澳大利业联邦法案》，该法在后来进行了一些修改。

一直以来，宪法教育并不是澳大利亚的教育重点，直至 1994 年澳大利亚政府《公民专家小组》报告出炉后，才开始关注宪法教育问题。然而该报告也不建议把宪法教育列为学校的必修科目。为了进一步加强宪法教育，澳大利亚政府在

---

❶ 韩大元.论公务员的宪法教育［J］.当代法学，2015（1）.

1997年开始实行《探索民主计划》，拨款为中小学制作一套宪法教育课程和教材，目的是使学生了解澳大利亚的政治机构和社会状况，培养学生有效参与公共事务的技能。除了公民权利和义务等一般的宪法教育问题外，这套课程还包括一些其他的宪法教育专题，如国旗、国歌的意义等。值得注意的是，该套课程并不强制性要求学生必须认同，而是积极鼓励学生们进行讨论。一些比较有争议的话题，如澳大利亚是否应该从君主立宪制改为民主共和制，也纳入学生讨论范围之内。同样，在对公务员宪法教育方面，澳大利亚联邦政府指定有专门的国家培训机构，统一所有行业的培训工作标准，并制定教学大纲和具体培训形式。❶ 通过系统化的教育课程，来增加公务员对宪法的认知和信仰。

从澳大利亚政府的具体做法可以看出，澳大利亚的宪法国民教育主要在于努力提高国民的现代公民意识，增加国民的宪法认知和宪法信仰。澳大利亚进行宪法国民教育主要在于其长期受到英国法律传统的影响，对待宪法教育一直较为忽视，而宪法国民教育对现代公民的培育又必不可少。随着现代化进程的不断推进，宪法国民教育逐渐被澳大利亚政府提上日程，其在宪法国民教育方面的具体做法也颇具成效。

四、新时代我国宪法发展趋势对国民的要求

在"习近平新时代中国特色社会主义思想"的指导下，在全面依法治国方略的推进下，新时代宪法国民教育的紧迫性已经刻不容缓。中国政法大学校长黄进认为："宪法教育是法治教育的基础和重点，是培养公民意识、国家意识的重要途径，对弘扬宪法精神、维护宪法权威，将宪法理论与宪法认知付诸实践，意义重大。"❷ 对于新时代我国宪法发展趋势对国民的要求，主要有以下几点值得注意。

（一）新时代全面依法治国战略背景下，对国民进行宪法教育必不可少

宪法是国家根本大法，涉及国家和社会生活的方方面面。宪法所规定的内容都属于重大制度和重大事项，是国家各种制度和法律法规的总依据、总源头，在国家制度体系中具有统领性和最高法源性。❸ 我们开展任何形式的法治教育，都

---

❶ 韩大元.论公务员的宪法教育［J］.当代法学，2015（1）.
❷ 黄进.高校是宪法教育的主阵地［N］.法制日报，2017-12-06.
❸ 张德江.深入开展宪法宣传教育 牢固树立宪法法律权威［J］.求是，2014（24）.

绕不开宪法教育。法治的核心在于宪治，评判一个国家是否是法治国家，首先要评价的标准就是国家以及国民对待宪法的态度。比如我们之所以说美国是一个法治国家，是因为广大美国民众对待美国宪法像对待圣经一样无比虔诚。许多美国民众都十分熟悉美国宪法规定的内容，公民的哪些权利宪法会予以保护、哪些义务公民必须履行，他们都一清二楚。不管是民主党执政，还是共和党执政，谁都不敢轻易挑战宪法的权威。我们要实行依法治国，成为现代法治国家，对全体国民进行宪法教育必不可少。

（二）新时代多数国民欠缺现代公民意识，要求我们必须加强宪法国民教育

近些年来中国经济发展如此迅速，然而在大街上随便问一位中国公民，很多都表示自己没有参加过人大代表选举，甚至一些人对选举为何物都不清楚。这与我国身为联合国五大常任理事国之一、GDP位居世界第二的国际地位十分不相符。虽然我国有自己的国情，不可能完全照搬西方模式，但我们不能忽略的是，在对公民的现代政治理念的培养方面，我们还是有所欠缺的。只有让国民清楚自己有哪些政治权利、必须履行那些政治义务，养成良好的公民意识时，才能更好地培养我国公民的爱国情感、增强民族凝聚力。而国民现代公民意识的养成，宪法教育是不可或缺的。

（三）新时代国民经济的持续健康发展，离不开公民宪法意识

随着国家治理体系的科学化、合理化，国民经济的发展趋势不断迈向法治经济，法治经济的前提条件在于国民的守法意识。中国传统文化在年轻一辈身上的印记已经越来越浅，随着义务教育的普及，当代年轻人接受的都是现代西方式教育，很少有小孩接受的是传统的国学文化教育。也就是说，几千年流传下来的中国传统文化在逐渐解构中，并慢慢在市场经济的发展中与资本主义文明理念不断交融。中国的经济已经摆脱了前几十年的高速增长阶段，开始回落向稳。这一经济转型的间歇期，我们一定要努力构建中国式的法治经济秩序。我国现行宪法是符合我国国情的一部好宪法，宪法是治国理政的总章程，涵盖了一个国家的方方面面，其中就包括经济领域。大力推进宪法国民教育，有利于民众了解宪法、了解中国的基本经济制度，从而更好地构建中国式的法治经济秩序、更好地推进国民经济的持续健康发展。

我国宪法的国民教育已经提了一百多年，如今正遇到了推进宪法国民教育的

最好时机,不管是经济实力层面,还是国家政策层面,我们都具备了相应条件。宪法国民教育不是一朝一夕就能完成的任务,美国国民能拥有现在这样的宪法观念和宪法信仰,经历了几百年宪法教育的积淀,德国的宪法国民教育,也开展了上百年。而中国的宪法国民教育刚刚起步,宪法国民教育的许多思路和原则都尚未明晰。宪法国民教育的必要性问题,具有客观性,反映了一国宪法发展趋势对国民的要求。当国民的宪法观念达到一定程度的时候,在新时代将会对中国的未来产生深远持久的影响,正如哈耶克所言:"观念的转变和人类意志的力量,塑造了今天这个世界。"[1]

---

[1] 严文法,包雷,李彦花.国外"翻转课堂"教学模式的理论与实践创新[J].电化教育研究,2016(11):124.

论法律硕士论文选题的标准

刘沂江[*]

贵州大学法学院法律硕士的招生始于2004年，其学习过程分为两个阶段：第一阶段是课程学习，修满学分，这个阶段大致两年完成。第二阶段是论文写作，这一阶段大致是一年的时间。对于学生而言，第二阶段比第一阶段更加"艰难"与"痛苦"。论文写作是一个循序渐进的过程，其第一步是"选题"，选题是发现问题并确认研究对象、开始思考和准备学位论文的前提性步骤和关键性环节。[❶]爱因斯坦曾言，提出一个问题往往比解决一个问题还重要。解决问题的前提是发现问题，发现问题往往更能体现写作者或者研究者的能力。选题宛如修建高楼大厦的"打地基"阶段，是极为关键的一步，这一步走得好，论文的开题与写作能顺风顺水，选题如果出现问题，将导致论文的写作推进困难，甚至论文无法完成。笔者有幸于2007年开始指导法律硕士研究生，已有50余名研究生毕业，参加了无数次的开题报告与论文答辩，深感于"选题"于硕士论文的重要性，希望以此文抛砖引玉，能够对各位法律硕士论文选题带来裨益。

一、何为选题

选题有广义和狭义之分。广义的选题，包括选择研究的课题、选择需要研究论证的对象和方向及选择具体的论文写作题目。狭义的选题是指选择研究的方向或者对象，也即确定"写什么"的问题，是对某一领域的问题在理论价值、实践意义以及研究方法与手段的总结。[❷]从硕士研究生选题的角度，选题的概念比课题

---

[*] 作者简介：刘沂江，贵州大学法学院副教授，主要研究领域为经济法。

[❶] 徐金平，韩延伦.当前硕士研究生学位论文选题存在的问题及建议[J].学位与研究生教育，2006（1）.

[❷] 马力明，冯志明.毕业论文写作[M].天津：南开大学出版社，2008：25-26.

的范围要窄，课题更接近于研究的方向，比如以公司法、破产法作为研究方向，但不能以这样的大方向作为选题。选题跟论文题目也不能完全等同，论文题目的概念从外延上小于选题范围，具体论文题目的确定应该是在论文选题之后完成。

法律硕士论文选题有几种来源，一是来自文献阅读；二是来自对司法案例与实践；三是来自老师的建议。不管选题来自何处，专业标准和问题标准是好的选题必须遵循的两大标准。

二、选题的专业标准

何谓专业标准？即一个选题必须在该研究生所攻读的专业范畴之内，必须是本专业公认的研究问题。首先，要以国务院学位委和教育部制定的《授予博士、硕士学位和培养研究生的学科、专业目录》为准；其次，要根据国务院学位委和教育部为各个一级学科及下辖二级学科规定的"学科概况"和"学科研究范围"为论文选题的唯一依据——这是学位论文不能逾越之规矩。❶

对于法律硕士论文而言，选题应该在法学研究的范畴之类，而不能逾越此范围。这也是论文写作首先必须达到的标准。判断一个专业属于法学一级学科的标准是看它的专业代码前四位是否是0301。2009年法律硕士被划分为（法学）和（非法学）两个专业，专业代码也发生了变化，有了0351法律此一级学科，此一级学科之下，包括了035101法律硕士（非法学）、035102法律硕士（法学），以及0352社会工作、0353警务，也就是说法律硕士（法学/非法学）的专业代码为0351，法学硕士为0301，因此严格意义上法律硕士（法学/非法学）不属于法学一级学科，而是属于法律一级学科。从"法学"到"法律"的变化可以看出，法律硕士应该更多注重实务研究，而非法学理论的研究，这也是法律硕士与法学硕士在培养目标上的区别。因此，从专业标准的角度看，法律硕士毕业论文的选题不仅有专业的要求，还有实务性要求。

专业标准是选题的最基本的要求，但是由于各种原因，学生提交的很多论文选题不符合专业标准。比如，"黔南少数民族地区旅游资源开发研究""上市公司高管层报酬机制研究"这两个选题就不符合选题的专业标准。因为其涉及的主题并不是法学问题，而是旅游与管理学的范畴。这样的错误意味着学生并没有弄清

---

❶ 鄢显俊.硕士论文开题报告常见问题分析——兼论学术研究的问题意识和学理意识[J].研究生教育研究，2013（6）.

楚法学专业的研究范畴，如果这个问题不解决，将犯方向性的错误。

三、选题的问题标准

何谓问题标准？即一个选题必须是一个值得研究的好问题。什么又是"好问题"呢？正如彭玉生所言："问题是一项研究的灵魂。""一个好问题往往比正确的答案更加重要。"如何确定"好问题"？就此提出四个评判标准。

（一）具体

"研究的问题应该明确而具体，切忌空泛，以小见大远胜于虎头蛇尾。"[1]

研究生在刚开始选题时，最容易犯的毛病就是选题空泛，不具体。原因在于对文献资料的收集与阅读不充分，找不到具体的问题入手，或者是不敢从小问题入手，担心论文的篇幅不够，所以选择一个"大问题"。

比如，有些研究生开题时的选题是："我国农业保险制度研究""我国民族地区旅游发展法律制度研究"，农业保险制度涉及保险制度设计的方方面面，旅游发展涉及诸多的法律关系，选题明显空洞，过大。所以，在开题答辩时，对于这样空大的选题，老师们是持否定态度的，要求研究生把论文的选题进一步的缩小，只能就农业保险制度和民族地区旅游发展的某一问题进行研究。又比如"中小股东权益保护法律问题研究"这个题目比较宽泛，加上一个副标题"以上市公司协议收购为例"，就将对中小股东权益保护的研究局限于在上市公司协议收购的情况之下，大大缩小了题目的范围，比较具体，作为硕士论文题目比较合适。而"证券市场中律师虚假陈述的民事责任研究""有限责任公司中小股东查阅权法律制度研究"则问题比较具体，符合要求。

（二）集中

"专注于一个研究问题，或者彼此相关的一组问题。当一篇文章问多个问题时，这些问题应该围绕同一个理论轴心，而不是同一个现象或事物。"[2] 集中的要求在于选题中体现的问题应该是有逻辑关联的，一篇论文研究的不能是没有相关的几个问题或者论点的。

有研究生以"微商营运中的法律问题探析"作为选题，此选题的问题首先在于何为"营运中"？"营运中"不是一个法律术语。其次是微商营运中涉及的法律

---

[1] 彭玉生. "洋八股"与社会科学规范[J]. 社会科学研究，2010（2）.
[2] 彭玉生. "洋八股"与社会科学规范[J]. 社会科学研究，2010（2）.

问题千头万绪，比如微商主体资格、微商产品质量、消费者权益、微商税收等诸多问题，而这些问题并不符合"集中"这一特质，问题之间没有必然的逻辑联系，这样的选题无疑是失败的，应该只就微商的某一个问题作为论文的选题，比如以"微商税收法律问题研究"作为选题就比"微商营运中的法律问题探析"好得多。

还有研究生以"借名买房行为相关法律问题实证研究"作为选题，这样的选题无疑是不合适的。在论文选题中，一直忌讳使用"相关法律问题"这样的字眼，因为就如刑法中的"流氓罪"是"口袋罪"一样，把自己想写的问题纳入论文中，而自己无法把握或者不想着墨的问题排除在论文之外，这样的"相关法律问题"是不严谨的。因此，论文的选题应该避免出现"相关法律问题"等类似的词汇。就选题而言，"借名买房行为"涉及多种法律关系，既有债权债务关系，又有不动产登记和物权归属法律关系，还涉及间接代理等，可谓纷繁复杂。若出名人擅自处分房屋，将涉及借名人、出名人、第三人等多方利益的纠葛，法律关系则更为复杂。在这样的选题之下进行论文写作，涉及的法律关系众多且分散，无法有逻辑地进行分析与论述，以此作为硕士论文的选题是不恰当的，应改为"论借名买房行为之法律适用"更为合适。

（三）原创性

原创诚然可贵，却是真金难求。研究新现象往往能提出新问题，但新现象本身的独特或罕见性未必是创新。用新资料研究老问题，尽管有价值，但绝不是创新；而对一些老话题或以崭新的视角提出研究问题则可能具有独创性。❶

对硕士研究生而言，"原创性"的要求过高了，可以提倡，但不能苛求。在选题上能够有一定的创新性，就符合要求。正如陈寅恪所说："一时代之学术，必有其新材料与新问题。"创新性可以是内容上的"新颖"，也可以是方法上的"新颖"，即研究视角与研究方法上的新颖。近些年随着对各种问题研究的深入，论文的选题越来越难。所以，笔者鼓励硕士研究生的选题从司法实务，特别是案例类型化分析入手，通过方法上的创新，体现出论文选题的新颖性。

比如仅仅以"论股东优先购买权"作为选题，这是一个陈旧、没有"原创性"的选题，太多文章已经对此问题研究透彻，而把选题变更为"司法审判中股东优先购买权的实证研究"作为选题，选取近三年以"股东优先购买权"为争议

---

❶ 彭玉生. "洋八股"与社会科学规范 [J]. 社会科学研究，2010（2）.

焦点的案例进行类型化研究，提炼出法院的裁判规则，通过裁判规则总结出我国"股东优先购买权"现行法律制度存在的问题与漏洞，并提出完善意见。这样的选题不敢说具有"原创性"，但是写作方法是有新颖性的，对司法实务有较强的借鉴意义，这样的选题符合"新颖性"要求，值得推荐。

有研究生刚开始以"惩罚性赔偿在《消费者权益保护法》中的适用"作为论文选题，消费者权益保护法中惩罚性赔偿问题已经在学术界讨论得太多，很明显是一个没有"原创性"的选题，笔者建议学生把选题修改为"惩罚性赔偿在《消费者权益保护法》中的司法适用"并加上副标题"以160个案例为样本"。经过这样的变更，选题有了司法实践意义，围绕案例进行分析，有一定的创新性。

（四）意义

这一标准包括语义上的意义和理论意义。语义上有意义的基本要求是研究问题要符合逻辑、符合事实，不应是假问题。理论意义，即理论缘由（theoretical rationale），每一个好的经验问题背后都有一个理论问题。理论问题的水平，反映研究者的理论训练和理论修养，决定研究的价值。❶

社会科学领域，包括法学领域，充斥着不符合事实的假问题。比如就有研究生以"论民法上的嫁接权"为论文选题，听上去似乎深刻，具有原创性，进一步跟研究生探讨之后，其实是一个假问题，因为其所谓的"嫁接权"只不过就是权利的一种异化或者权利的混合。再如，"我国农民工婚姻状况法律对策研究"，婚姻状况只是一个社会现象，对婚姻状况不存在法律规制问题，对于农民工婚姻状况的研究更符合社会学方向的选题，而不是法学方向的选题，对于法学而言这是一个典型的假命题。

有研究生拟以"黔东南苗族商事习惯法研究"作为论文选题，乍一看，这是一个有意义并结合地方习惯法的选题，通过田园调查，能够写出一篇高水平的论文。在与研究生就其收集的资料进行探讨之后发现，其收集的苗族的所谓商事习惯法，主要集中于木材、盐等商品的买卖，而这些习惯法应该归于民法，而不是商法。对于属于商法的公司法、证券法、票据法等领域，苗族的习惯法根本未有涉及。所以，这样的选题是没有理论意义的。研究生最终放弃了这一选题。

有研究生拟选择"论美国预重整制度"作为选题，选题的目的对我国当下要

---

❶ 彭玉生."洋八股"与社会科学规范［J］.社会科学研究，2010（2）.

有借鉴意义,如果仅仅介绍美国的预重整制度,对本国制度没有借鉴意义,这样的选题是缺乏理论意义的。当然,作为一本书或者一篇文章的题目是可行的,但是作为硕士论文的选题则不太恰当。最后研究生把论文选题调整为"论我国预重整制度的构建"。这样的选题对我国建立预重整制度有借鉴意义,符合要求。

研究生论文的选题是论文写作的关键性步骤,一篇合格的论文选题应该符合专业性标准与问题标准。而要达到这样的要求,需要硕士研究生在研一、研二期间,收集足够的资料,有的放矢地精读相关文献,完成文献综述之后进行选题。而许多研究生是临时抱佛脚,到论文开题的时候才慌慌张张开始选题,由于时间不充足,加之平时阅读积累的文献不够,导致选题出现许多问题。希望各位法律硕士研究生能重视论文的选题,在论文写作的道路上获得成功。

本科生助教制运行效果实证研究

——以贵州大学法学方法论课为考察对象*

李丹阳　谢柔雯**

一、助教制度概念溯源

助教制度最早起源于19世纪末的美国。在该时期，哈佛大学为了提供助学金以帮助研究生修读学位和减轻教授繁重的教学任务，首先创设了研究生助教制度，后被许多大学予以效仿。❶而在我国，"助教"一词最早是我国古代的官学名，它设置于西晋的晋武帝时期，辅助国子祭酒、博士（国子祭酒和博士为国子监的主管官）教授生徒，又称"国子助教"。之后的很多朝代中，国学中都设经学助教，称"太学助教""四门助教""广文助教"等，到明清时代，国子祭酒（清光绪改称"学部尚书"）和博士等同虚设，国子监的很多教导工作实际上都由助教担任。❷据此，助教制度在我国古已有之。

初期，助教工作主要是由研究生担任。1986年，我国在《关于改进和加强研究生工作的通知》中开始提出建立助教工作制度❸，并于1988年制定了《高等学校聘用研究生担任助教工作的适用办法》，推行研究生助教制度。❹自此，研究生助教在我国高校中得到了一定程度的推广与施行，研究生助教制度得到了较为

---

*　本研究是贵州省一流专业建设项目（项目编号：7031701003174402）、贵州大学"本科教学工程"建设项目（项目编号．JG201666）阶段性成果。

**　作者简介：李丹阳，女，黑龙江哈尔滨人，贵州大学法学院讲师，法学博士；谢柔雯，女，贵州遵义人，贵州大学法学院本科生。

❶　南亲江，吴玉金.基于技能培养的时空性，"学生助教"模式的实践研究[J].职教论坛，2013（3）.
❷　郗艳丽，高建伟.高校助教在协助教学中的实践探索研究［J］.河南教育（高教），2018（5）.
❸　董海军，潘荣阳."三助"制度背景下研究生社团管理研究［J］.广西青年干部学院学报，2018（5）.
❹　南亲江，吴玉金.基于技能培养的时空性，"学生助教"模式的实践研究［J］.职教论坛，2013（3）.

明显的完善与发展。其主要是指研究生在校学习期间，在完成学习任务的同时，为增加学识、提高技能，按照有关规定受聘，帮助主讲教师完成一门或几门课程的教学或教学辅助工作的活动，❶ 主要包括课程辅导、批改作业、了解学生学习状况并向教师反馈学生意见等。作为中国研究生三助（助教、助研、助管）系统的重要组成部分，其在我国的学科教育体系中占有重要地位。

但后续在国内高校助教制度的践行过程中，逐渐出现了由本科生担任课程助教的现象。据此，助教制度得到了进一步的发展。根据担任主体的不同，具体可区分为两类：一是研究生助教；二是本科生助教。两种不同类型助教的设置，不仅是减轻教师负担、增强教学效率的途径之一，同时也是提高教学质量、培养和提升学生综合能力的重要途径。目前，我国的助教教学运用尚不广泛，本科生助教更是停留在初级阶段。❷ 但相比研究生助教制度而言，尚处于起步阶段的本科生助教在主观、客观方面均存在一定优势。

二、本科生助教制的优势

（一）本科生助教课程记忆深刻，指导优势大

在《论语》为政篇中，孔子曾说，"先行其言，而后从之"，阐明了实践的重要性。助教作为课程教师与学生之间一个独一无二的连接点，其主要工作在于利用其特殊的身份地位，协助教师进行课程教学，为学生答疑解惑，以达到提升课程质量，改进学生学习效率及学习方法的最终目的。而要想真正发挥助教制度的优势，使得学生受益，助教就必须对课程实时信息、甚至是课程趋势达到一定程度的了解。这意味着本科生助教指导、辅助工作的开展，必须建立在现实的实践基础上。就贵州大学法学方法论课程而言，5名本科生助教均在上一学年刚修完此课，对课程记忆深刻，对课程考核标准有切身体会，了解课程最新趋势，具有极强的"时间"优势，对课程学生的指导及帮助作用强。笔者发放回收的117份问卷调查显示，共有95名学生认为本科生助教的设置是"有必要"的，占比达81.2%；而认为"没有必要"设置本科生助教的学生仅22名，占比为18.8%。可以看出，绝大部分学生对本科生助教的设置都表示了高度的认可，并对其必要性予以肯定。而研究生助教较本科生助教而言，虽然知识覆盖面更广、学术视野

---

❶ 李海波，张桂荣.哈佛大学研究生助教制度分析［J］.世界教育信息，2008（9）.
❷ 吴钰，张宇慧，曲德伟.本科生助教制度在本科教学改革中的实践探索［J］.高教导刊，2017（7）.

也更加宽阔，但客观上由于课程学习上的"时差"，不可避免地存在着遗忘课程具体知识信息、难以掌握课程实时趋势等弊端。总体来说，相比研究生助教，本科生助教对课程的记忆更加深刻、了解度更高，对学生的指导优势更大。

（二）本科生助教与学生年龄相仿，交流障碍小

沟通作为维持人们情感的桥梁与人际关系的纽带，是一种必需的、自然而然的活动，对人们的学习和生活具有重要意义。[1]根据社会实践，一定条件下年龄差距的大小将对主体间沟通交流活动的质量产生影响。而法学作为一门世俗的学问，来源于社会，最终又将归于社会，兼具理论与实效的功能。对社会阅历及生活、学习经验相对匮乏的学生群体来说，需要其在法学学习的过程中通过与本班同学、高年级学生、课程教师甚至是其他社会成员间的交流以获取经验、取长补短，为后续理论联系实际的过程奠定良好基础。就贵州大学法学方法论课而言，本科生助教相比课程学生仅提前一年进入大学，二者年龄相近，平均只差一岁，可以说是学生的直系学长或学姐。而学级或年龄的相近，在使本科生助教与学生之间萌生出一种自然而然的亲近感的同时，也直接促成了两者知识结构上的接近，使其交流更为轻松，有效降低了两者间交流与沟通上的障碍。据调查，选修该课程的学生中，"主动、多次"联系本科生助教，与助教进行沟通交流的学生达43人，占比为36.75%，其中有4.27%的学生"经常"与助教保持沟通。可见，本科生助教的设置，通过充分利用其年龄优势，为学生提供了一个兼具可靠性、实用性及效率性的交流平台。而研究生助教在协助课程教学的过程中，客观上由于其自身学识阅历的相对"高级"，以及主观层面上对学生学习进度及状况了解程度的相对缺乏，极有可能运用超纲内容解决问题。最终由于双方知识储备体系上的不匹配，导致"代沟"的产生，出现沟通上的障碍。这不仅与设置助教辅助教学的初衷相悖，同时也不利于助教威严及信任感的建立。

（二）本科生助教学习生活经验足，引领作用强

实践出真知，往往对他人指导、引领作用发挥的前提，均来源于自身经验的积累。没有经验的参考与总结指导下的引领工作，好比空中楼阁，不具现实性，无法为实践提供正确有效的理论支撑。因此，通过具体实践总结得出的经验，是在实践中发挥指导作用的前提。就贵州大学法学方法论课程的5名本科生

---

[1] 王蕊.中职学校师生之间的沟通障碍及解决办法［J］.文学教育，2018（11）.

助教而言，虽其并未经过学校或学院系统、正式的考核，而是由课程教师直接指定设置，但据访谈了解，该5名本科生助教学习、生活经验充足。其中，除课程学习成绩俱佳外，全部本科生助教均积极参加模拟法庭、"理律杯"等辩论赛事，3名助教是"理律杯"队员，占助教总人数的60%，全部5名助教分别主持了贵州大学校级SRT项目或院级调研项目，项目主持率达100%，具有较强的实践能力与创新能力。并且，有3名本科生助教通过实证调查公开发表了论文共计四篇，论文发表率达60%。总体来说，其学习和生活经验的充足，促进了以优带群作用的实现，更易于被学生效仿，对学生帮助作用强。这在问卷调查中得到了充分的体现。据调查，认为助教制度对其"没有帮助"的学生共有29名，占比为24.79%。但经笔者结合问卷数据进行交叉分析显示，除有2名学生经向助教沟通寻求帮助后认为助教确实对其"没有帮助"外，其他经助教辅导协助的学生，均对其帮助作用予以认可。这意味着，其余认为助教制度对其"没有帮助"的27名学生，均未曾与助教对学习或生活上的疑惑进行过交流和探讨，助教很难对其产生帮助作用。总体可见，相比学识阅历更加丰富的研究生助教，优秀本科生助教对学生的帮助程度并不会有所减弱，反而由于其特殊的身份性质，甚至更易对学生产生独特的鼓舞与引领作用。

三、本科生助教制存在的问题

（一）本科生助教的权威感较研究生助教低

德国思想家马克思·韦伯认为，任何形式的统治和管理都必须有其合法性基础，只有当人们认为一个统治具有正当理由，并对统治合法性产生信仰的时候，这个统治才为人们所服从。[1] 权威的树立是助教工作正常开展的前提，而权威感的大小往往与其社会地位的高低相关联。低权威下的管理与统治将使被管理者对其合法性及合理性基础产生怀疑，进而生出不信任感，最终导致管理体系的坍塌，使社会秩序发生混乱。就贵州大学法学方法论课程的5名本科生助教来说，虽然由于其身份本质的特殊性使课程学生对其自然而然地萌生出一种亲密感，一定程度上促进了助教工作的顺利开展，但同时，此种亲密感的凸显将不利于本科生助教威严的树立，对助教制度设置初衷及目的的实现产生消极影响。而研究生

---

[1] 伍俊斌.马克斯·韦伯合法性思想评析[J].哈尔滨工业大学学报：社会科学版，2011（6）.

助教由于其学识素养的相对充足与学术地位的相对较高，更易使课程学生对其管理工作产生信任感，进而使其管理活动得到服从，使助教功能得到最大限度的发挥，有利于助教设置目的的实现。

（二）本科生助教知识储备量有限，学术视野相对狭窄

根据马克思的发展理论，社会发展的基本规律和总趋势是从低级到高级、从简单到复杂的过程，人类社会总的发展方向是不断进步的。法学学科的独特性质要求其应当随着社会的变迁而不断进行调整，与时俱进以满足新变迁所带来的社会公众对法律层面的新需求。这就意味着法律有关人员不能只是局限于教材知识一时的掌握，而需要通过不断的学习与研究，在基本专业知识的熟练掌握前提下对本学科的趋势发展及学科热点具有一定的了解，甚至是预测，以不断开阔自身的法学视野。就贵州大学法学方法论课程的 5 名本科生助教而言，由于部分专业课程尚未修习等客观因素的影响，其在法学知识的储备上不可避免地具有局限性，这就直接导致了其学术视野的相对狭窄，不利于对法学学科知识的综合掌握及对课程学生的全面引导。而研究生助教的知识体系则相对完善，在此基础上学术视野也相对开阔，相比本科生助教而言在协助学生学术视野的拓展等方面的引导作用更强。

四、结　论

助教制度作为减轻教师教学压力、提高师生沟通效率、有效增强学生学习及生活质量的功能助推器，在现代高等学科教育中占有重要地位。目前，在国内各高校的实践中，研究生助教制度的历史经验相对充足，对课程教学质量的保障与提高影响重大。但相比研究生助教而言，通过设置本科生助教以协助课程教学的方式，在一定程度上更具其独特优势。同时，也不可避免地存在一定弊端。因此，建议一门课程中兼用本科生助教与研究生助教，取长补短，以推进学科教育质量的发展。

基于培养卓越人才的知识产权专业培养模式与实施研究

——以广东区域知识产权人才需求为视角[*]

董 凡[**]

知识经济时代,知识产权对一个国家经济发展的至关作用已不言而喻。由国务院发布的《关于新形势下加快知识产权强国建设的若干意见》以及由国家知识产权局发布的《关于印发知识产权人才"十三五"规划的通知》的文件中明确提出,国家实施知识产权战略与创新驱动发展战略关键在于知识产权人才的培养,必须发展知识产权教育。经过30年知识产权人才教育的风雨历程,我国具有知识产权研究与教育的高校共计209所;其中,办学模式主要有成立知识产权学院、知识产权系、知识产权研究机构等。❶

近年来,广东省知识产权局相继发布若干规范文件❷,从不同程度上强调知识产权人才培养与需求的紧迫性与重要性。本研究立足广东区域知识产权人才的需求,提出基于培养卓越法律人才的知识产权专业建设与培养模式的创新模式及具体实施方案,以求在知识经济时代培养出一批理论知识扎实、实践能力较强、具

---

[*] 本研究系广东省知识产权局"广东高校知识产权卓越人才培养模式创新与实施"项目(项目编号:x2fxN5130700)的阶段性研究成果。

[**] 作者简介:董凡,山西太原人,华南理工大学法学院博士研究生,主要研究领域为知识产权法。

❶ 根据数据统计,中国知识产权人才培养已形成学士、硕士、博士完整的学位教育层次,其中开展学士学位教育的高校有98所,开展硕士学位的高校有138所,开展博士学位教育的高校有45所。

❷ 参见由广东省知识产权局出台的《创建知识产权服务业发展示范省规划(2013—2020年)》与《关于贯彻落实〈广东创建知识产权服务业发展示范省规划(2013—2020年)2016年工作计划的通知〉》等相关政府文件。

有国际视阈的卓越知识产权人才，从而满足当前社会的需要。

一、广东区域知识产权人才的社会需求分析

没有知识产权专业人才队伍就谈不上知识产权事业发展❶；同理，没有对知识产权人才的一定认知就谈不上知识产权人才队伍的建设。质言之，在我国知识产权发展的关键期，有必要对知识产权人才作初步界分，进而为培养知识产权人才提供指示方向。

（一）知识产权人才的界定与类型

由于我国知识产权工作起步较晚，因此无论在政策法规，还是学术研究成果方面，都尚未形成"知识产权人才"的统一界定。❷实质上，知识产权人才的特质是由知识产权的工作性质及对从业者知识和技能的特殊需求共同决定的。本文认为知识产权人才系指具备一定知识产权知识，能够熟练运用法学、经济学、管理学、技术科学的相关知识，并具有实务操作技能专门人才的总称。

类型化分析是认识知识产权人才的有效途径，同时也有助于人才的异质化培养。❸由于对知识产权人才概念缺乏统一认识，导致人才的划分存在不同的见解。当前，知识产权人才的类型划分标准主要存在四类观点。❹本研究以为，关于知识产权人才的类型区分不一而足，但是鉴于知识产权学科的统一性、知识的交叉性以及《广东省知识产权事业发展"十二五"规划》所采用的分类标准，本研究对知识产权人才的类型区分将采用郑胜利教授与陶鑫良教授所提出的"依据所在行业与从事工作"的标准将知识产权人才划分为五种类别，即从事知识产权公共管理事务的业务人员、知识产权司法审判人员、企事业单位从事知识产权事务的业务人员、社会从事知识产权中介或服务的专业人员、大学中从事知识产权教学

---

❶ 郑胜利.论我国高等学校知识产权专业人才教育——实施《国家知识产权战略纲要》的思考［J］.中国发明与专利，2008（8）：15-18.
❷ 于欣华，王世苗.我国企业专利人才缺失原因及解决措施［J］.知识产权，2014（12）：74-78.
❸ 杨德桥.理工类高校知识产权人才培养方略研究［J］.高等理科教育，2012（1）：56-67.
❹ 本文总结：知识产权的类型划分标准主要存在四类观点：第一类，依据知识产权运行环节来划分，国家知识产权战略将知识产权人才分为知识产权创造、运用、管理与保护人才；第二类，根据知识产权的工作内容进行划分，分为专利人才、商标人才、版权人才和其他知识产权人及综合性或基础性知识产权人才；第三类，根据知识产权人才知识结构和技能长处标准进行划分，分为法律型知识产权人才、科技型知识产权人才和管理型知识产权人才；第四类，依据所在行业与从事工作的标准划分，知识产权行政管理和执法人才、知识产权审查人才、知识产权立法和司法人员、企事业知识产权管理和服务人员、知识产权中介人员、知识产权教学和研究人员。

的教师和研究所（中心）中从事知识产权研究的研究人员。❶

（二）广东区域知识产权人才的社会需求状况

知识产权人才的培养与教学应当以区域社会对知识产权人才需求状况为前提，本研究对上述5种"知识产权专业人才"的类别进行检视与分析，详述如下。

1. 企业知识产权人才需求

据有关数据显示，截至2016年年底，广东省规模以上工业企业拥有技术开发机构约有5920个，广东省科学研究与试验发展（R&D）人员51万人/年（折合全时当量）。❷依照"企业和科研机构一般应按照研究开发技术人员的1%~4%比例配置知识产权专业人员"的主流观点，❸可以初步估算出2016年广东省企业需要知识产权专业人员数为5100~20 400人；另外，如果每个规模以上的企业需要配备2名左右专职与兼职知识产权专业人员，以广东省2016年5920家规模以上工业企业的数量为基数，则需要11 840名企业知识产权专业人员。还有研究者从"网络招聘"视角出发，系统分析2016年网络招聘信息，推测广东每季度知识产权专业人才需求量为1000~3000人，全年需求人数在1万人左右。❹现阶段，广东省规模以上工业企业设立研发机构数量比例仅为7%，低于全国12%的平均水平，广东省科技厅将会针对该问题加大投入力度，目标是到2017年设立比例要达到60%以上，规模以上企业设立研发机构达至20%以上。❺由此可见，基于广东省逐步加大企业科技研发力度的背景，"十三五"期间广东省企业对知识产权人才的需求量1万~1.2万人❻，甚至更多。

2. 行政审查与管理知识产权人才需求

现阶段，知识产权本科专业纳入公务员招考的专业范围。2012—2017年，广东省拟招收知识产权专业人数由5人上升至79人，年均增长率为105.36%；

---

❶ 郑胜利. 新经济时代我国知识产权专业人才教育的思考［J］. 知识产权，2008（2）：33-37.

❷ 广东统计局. 2016年广东省国民经济和社会发展统计公报［EB/OL］.（2017-03-10）［2018-06-02］. http://gjdc.gd.gov.cn/ztzl/lszt/tjgb/201703/t20170310_147198.html.

❸ 陶鑫良. 我国知识产权人才需求与培养初步调研［M］. 上海：上海大学出版社，2006：112.

❹ 李富山. 广东知识产权人才培养的模式与路径探析——以知识产权网络招聘需求为分析对象［R］. 广东省法学会知识产权法学研究会2016年学术年会论文集，2016：210-211.

❺ 蒋隽. 广东规模以上工业企业研发机构比例仅7% 全国达12%［EB/OL］.（2016-07-07）［2018-06-30］. http://gz.ifeng.com/a/20160707/4730318_0.shtml.

❻ 该数据是在2015年广东省企业对知识产权人才需求量，取折中的结果；同时参考李富山博士的研究预测数据，从而估算出的结果。

对于招收人员的学历要求,平均95.8%都要求本科学历,只有个别要求大专以上,说明高学历是知识产权人才的主要衡量标准。假设广东省对知识产权人才录用人数以20%的速度增长,至2020年知识产权行政管理与执法专业人才需求量将达到300~700人。

3. 司法系统知识产权专门人才需求

相关数据显示,2012—2016年,广东省知识产权新收案件从22 461件增至4.4万件;❶列居全国第一位。面对知识产权案件高位运行的态势,以及复合型知识背景的现实要求,广东省知识产权审判人才现已出现短板。按照2016年广东法官人均结案134.37件的标准,❷以及每年广东知识产权案件总数以19.2%的比例增长的状况,预计广东省"十三五"期间知识产权审判专门人才需求在2 000名左右。

4. 社会中介与服务知识产权人才需求

知识产权事业的发展以知识产权服务业作为重要依托;同理,知识产权服务业的蓬勃发展离不开知识产权社会中介服务的不倦努力。截至2016年,广东省专利代理机构代理国内专利申请数为308 737件,若以1767名专利代理人申请上述专利数❸,则广东省专利代理人年均专利申请量约174.7件,远高于全国专利代理人年均申请量68件的标准水平❹。如果按照全国专利代理人申请量的平均标准,广东省专利申请量以10%的速度增长,则"十三五"期间广东省专利代理人员需求量约2 600名。

5. 高等院校与研究机构的知识产权师资人才需求

从知识产权教学团队的知识结构观察,具备传统知识产权法学背景的教师数量可能是充足的;反观具备理工类、管理学、经济学知识背景的教师数量实质上是"兵微将乏"。正如上文所述,知识产权人才是具备复合型知识结构的专业人才;伴随全省教师"新老交替"的社会现象,未来"十三五"期间广东省高校对具备复合型知识产权专业人才师资的需求量仍存在一定空间。

---

❶ 广东法院网.广东高院发布2016年度知识产权司法保护白皮书[EB/OL].[2018-01-30].http://www.gdcourts.gov.cn/web/content/36947-？lmdm=2001.

❷ 搜狐网.广东法院年结案近150万件[EB/OL].[2018-06-05].http://www.sohu.com/a/125049291_114731.

❸ 参见广东省知识产权局:《2016广东专利数据统计数据》。

❹ 陶鑫良.中国知识产权人才培养研究[M].上海:上海大学出版社,2006:119.

综上所述，结合社会各领域对知识产权人才的需求情况，可以发现广东区域对知识产权专业人才仍存在较大需求，未来"十三五"期间广东可能需要1.4万~1.7万名知识产权专业人才。

（三）广东区域知识产权人才的社会需求分析

本研究结合广东省区域对知识产权人才需求的状况，初步总结广东区域对知识产权人才需求的特点，详述如下。

1. 知识产权专职岗位逐渐增多

随着社会分工的不断细化，广东区域各招聘单位所设置专职岗位门类将会更加细化、辐射领域将会更加广泛。当下，广东省以"知识产权强省"为目标，着力发展知识产权事业，通过刺激社会对知识产权专业人才需求的渴望度，进而催生知识产权专职岗位数量得到一定幅度的增长。

2. 需要复合型知识背景的专业人才

鉴于知识产权本身函射的专业领域较为复杂，因此各招聘单位对知识产权人才提出较高要求，除具备法学/知识产权法知识背景外，尽可能熟悉或通晓理工类、医学类、经管类等某一方向的知识。各招聘单位根据自身业务需要对知识产权专业人才的需求也呈现不同倾向。例如，高新科技企业对已取得专利代理人资格证的高校学生青睐有加；大型企业除需要具有专利资格证的知识产权专业人才外，对具有经管类知识背景的知识产权人才也较为关注。由此可见，为进一步发展广东省知识产权事业，仅依靠单一知识结构的知识产权专业人才不足以担此重任，复合型知识背景的知识产权专业人才将会成为支撑广东知识产权事业发展的砥柱中流。

3. 亟须知识产权应用与实践人才

上述分析可以概括为对知识产权专业人才"量"与"质"两方面的需求特点。然而，将知识产权置于经济市场环境中，社会各界将对人才"类别"提出要求，即社会亟须知识产权应用与实践人才。缘于知识产权无形性的特点，对知识产权的管理与保护不同于传统有形财产的模式、方法。即便具备相应资质的知识产权从业者，仍须在实践中不断进行学习与反思。因此，考虑到培养人才的时间成本及其他客观因素，现实中较缺乏具备一定实践经验的知识产权专业人才。

二、广东区域知识产权人才培养的现存困境

目前，广东省已有 4 所高校成立独立的知识产权学院，分别为中山大学、华南理工大学、暨南大学和深圳大学；另外，广东省还有 20 余所高校设立知识产权研究中心、知识产权研究发展中心等研究机构，它们同时承担知识产权人才的培养任务。本研究基于广东区域对知识产权人才需求的状况，并结合广东省高校知识产权人才培养现状，提出广东区域高校知识产权人才培养过程中存在的困境或短板，详述如下。

（一）知识产权教育规模小，专业人才数量受限

聚焦广东区域，全省普通高校有 147 所，❶ 开展知识产权人才培养的高校不到 30 所；而且，其中有部分高校由于体制机制与师资结构限制，较难符合知识产权教学标准。与此同时，省内部分高校设立知识产权研究中心等科研机构，研究中心更多将精力投入理论研究之中，较少关注知识产权人才培养工作。基于上述因素，培养多元化知识产权人才难以有"质"的提升，进而导致知识产权人才供给失衡，一定程度上阻碍广东省知识产权事业的良性发展。

（二）知识产权人才培养单一，同社会实际需求脱节

以全国高校教育作为研究视域，我国高校人才培养的模式依旧偏重传统知识产权法学教育，以至于无法契合社会的现实需求；质言之，高校教育并未与社会实现真正意义上的融合。❷ 智诚人才在 IPRdaily 发表全国首份知识产权人才招聘报告的分析结果显示：2016 年 8 月在全国知识产权行业发布的 14 231 条单位招聘需求中，明确要求应聘者为知识产权专业人才的单位数仅占 0.08%。❸ 通过上述数据，可以达到"管中窥豹，可见一斑"之效——目前广东区域高校知识产权人才培养尚不符合社会实际需求。

（三）高校偏重讲授理论知识，忽视实践应用课程教育

学界普遍认为，社会对应用型知识产权人才需求远高于研究型人才。❹ 目前，

---

❶ 广东教育.全国最新高校名单公布，广东普通高校数量全国第二［EB/OL］.（2016-06-06）［2018-06 15］.网址：http：//lcarning.sohu.com/20160606/n453273375.shtml.

❷ 易华，玉胜贤."互联网+"视域下我国高校复合型知识产权人才培养［J］.湖南商学院学报，2015，22（4）：69-73.

❸ 知识产权日报IPRdaily.首份全国知识产权人才招聘需求报告［EB/OL］.（2016-09-13）［2018-06-15］.http：//mt.sohu.com/20160913/n468326617.shtml.

❹ 李小田.困境与出路：我国高校知识产权复合型人才培养的路径完善［J］.中外企业家，2016（13）：197-198.

多数高校培养知识产权人才过程中，理论与实践教学的配比并不利于高校人才对社会的供给需求。质言之，高校更偏重讲授理论知识，而忽视实践教学的重要性，不利于培养应用型知识产权专业人才。其中，固化的培养观念才是最根本的原因。现阶段，省内各高校已经认识到这个问题并借鉴国外实践教学经验进行一定程度的课程改革，但仍无法跳出固有模式。在实践课程设置方面，更多流于形式或者以其他方式传授理论知识，以至于教学成效未能达到预期效果，进而使得高校知识产权人才培养的发展"杯水车薪"。

（四）缺乏国际化人才的培养，难以扩展国际化视野

随着经济全球化，知识产权制度呈现一体化趋势，但是世界各国的具体制度仍存在明显的差异。广东企业在海外面临的知识产权挑战不限于纠纷诉讼，倘若不熟悉域外知识产权制度，那么开拓海外市场将会是举步维艰。因此，具有国际化、开发与拓展国际市场的创新性企业更需要拥有国际化视野的知识产权专业人才，这样企业的经济结构才是完善而合理的。[1]事实上，广东区域除几所重点高校外，大多数高校的知识产权授课教师尚无海外交流经验，具有国际视野的知识产权人才可谓"凤毛麟角"。

（五）高校师资力量匮乏，人才培养目标难以保证

高校知识产权专业教师团队素质，直接影响培养知识产权人才的目标能否顺利实现。[2]质言之，高校知识产权专业教师的师资力量直接关系到知识产权专业人才的质量。经过多年发展，广东高校知识产权教育已形成以专职教师为主、兼职教师为辅的教师团队模式，基本上能够满足知识产权教学的需要。[3]然而，现阶段教育水平与师资力量同社会需求并不匹配，主要表现如下几个方面：第一，知识产权教师知识结构单一；第二，基于种种客观因素，珠三角区域的知识产权专职教师数量远高于粤北地区的教师数量；第三，缺乏知识产权教师再教育以及同实务部门交流的相应机制，进而不能保证实务与理论相结合的教学效果。

三、广东区域高校知识产权卓越人才培养的创新模式探索

知识产权人才的培养理念决定知识产权人才的培养观念与知识产权学科理论

---

[1] 张建华.我国高校知识产权人才培养的反思与建议［J］.大学：学术版，2012（3）：22, 37–41.
[2] 唐珺.企业需求视角下高校知识产权管理人才培养研究［J］.南方论刊，2016（1）：70–73.
[3] 余燕，黄胜开.美国高校知识产权教学对我国的启示［J］.东华理工大学学报：社会科学版，2012, 31（4）：382–385.

体系，也决定着知识产权人才的培养质量。结合广东区域高校知识产权人才教育的现状与问题，本文提出以"卓越法律人才"为基础的"知识产权卓越人才"培养理念，进而通过高校教育尽可能满足知识产权"复合型"与"应用型"人才的现实需要。

（一）知识产权卓越人才培养：以"卓越法律人才"为核心

知识产权人才以培养"复合型"应用人才为前提，以解决社会对知识产权人才需求为目标，从而决定，知识产权人才教育是一项精英式教育，而非素质教育。根据教育部2011年公布的《关于实施卓越法律人才教育培养计划的若干意见》的核心内容，国家将"卓越法律人才"分为应用型、复合型、涉外法律人才以及西部基层法律人才。[1]但不论如何区分，其落脚之处在于"卓越"二字，其强调学生须具备运用法学知识与其他学科知识方法解决实际问题的能力，[2]其目标是将学生培养成规范性、实践性与职业性相结合的综合型人才。[3]国家对培养"卓越法律人才"有三则基本设想：第一，探索法学专业创新培养模式；第二，探索理工科、经管类知识背景的法学人才培养模式；第三，探索高端涉外法律人才培养新模式。[4]可见，"卓越法律人才"以"应用型"与"复合型"人才作为培养目标，高度契合知识产权人才培养的内在要求。

目前，广东省有4所高校列入应用型、复合型法律职业人才培养教育基地序列，分别是中山大学、华南理工大学、暨南大学和广东财经大学。本研究认为，高校培养知识产权人才应当以"卓越法律人才"为核心。在强调知识多元化的基础上同样注重制度理念、法律思维的培养，并进一步提升实践应用能力；于是，本研究提出"知识产权卓越人才培养"的概念，根据知识产权学科特色以及社会对知识产权人才的需求状况，通过高校培养出一批知识产权卓越人才。为统一规划广东高校知识产权卓越人才建设工作，本研究进一步细化人才培养的模式以及具体改革内容。

---

[1] 参见教育部、中央政法委联合颁布《关于实施卓越法律人才培养计划的若干意见》（教高〔2011〕10号）文件。

[2] 张子礼，张波，郑承友.应用型卓越法律人才培养的创新研究与实践［J］.山东理工大学学报：社会科学版，2012，28（5）：86-88.

[3] 余涛.从法学的学科属性谈卓越法律人才培养——法律职业能力导向下的法学教育改革［J］.朝阳法律评论，2012（2）：113-129.

[4] 张子礼，张波，郑承友.应用型卓越法律人才培养的创新研究与实践［J］.山东理工大学学报：社会科学版，2012，28（5）：86-88.

（二）知识产权卓越人才的合理模式："4+2"本硕联合培养模式

通常情况下本科四年的学习时间可以培养出某一领域的专才，但极少可能培养出精法律、善管理、通经济、懂英语并掌握一定科技知识的全才。❶国内已有学者对"知识产权人才培养模式"进行初步探索，有学者将知识产权人才培养模式分为初、中、高三个等级、细划为十类培养模式；❷也有学者提出"科技+法学"本科双学位以及本硕培养模式。❸本研究认为，细分为十类培养模式是一种知识产权人才培养的高阶划分，适合于全国知识产权教学成熟阶段的培养模式——此种设想暂不适用于我国培养教学中；同时，"科技+法学"本科双学位培养模式，由于知识覆盖面较广、学习时间不充足等原因，学生无法保证学习质量、无法构建较为全面与系统化的知识体系，仅本科教育可能无法满足社会需要（律师、司法机关、政府机关除外）。另外，有学者指出："完善我国高层次知识产权人才培养模式，应当在现有人才培养模式基础上进行，其基本思路是坚持复合型人才的要求，打通本硕阶段的人为间隔。"❹基于此，本研究提倡"本科+硕士"的综合型、连续式的人才培养模式，根据本科专业侧重的不同，可以分为"4年非法学本科+2年知识产权法律硕士"培养模式和"4年知识产权本科+2年知识产权法学（法律）硕士"培养模式。

"4年非法学本科+2年知识产权法律硕士"培养模式是针对本科专业为理工科、经管类的学生开展的，旨在培养以技术、经管类为基础的综合型应用人才，尤其是满足社会对专利代理人与知识产权管理人才的需求。通过本科学习熟悉某一领域的知识，再通过研究生法学教育使得本科专业与法学知识进行融合。此种模式具体的培养方案可初步作如下设计：第1~2学期以通识教育为主，主要核心课程为大学生必须修读的公共必修课程；第3~8学期完成某一理工科专业或经管专业等非法学的课程学习；第9~10学期进行法学通识课程、知识产权法相关部门法及知识产权管理运用课程的学习；第11学期进行知识产权专业实习；第12学期完成法律硕士学位论文。

---

❶ 黄玉烨.论知识产权人才的培养模式[M]//陶鑫良.中国知识产权人才培养研究（第二辑）.上海：上海大学出版社，2010：226.
❷ 李国英.高校知识产权人才培养模式的优化[J].高教论坛，2012（2）：70-72.
❸ 胡卫萍.理工院校卓越法律人才培养定位的思考[J].成都理工大学学报：社会科学版，2016，24（1）：104-109.
❹ 佚名.中国知识产权高等教育二十年论坛 高校知识产权教育中的热点问题探讨[J].中国发明与专利，2007（11）：29-34.

"4 年知识产权本科 +2 年知识产权法学（法律）硕士"培养模式是针对本科为知识产权法专业的学生开展的，旨在培养以法律为基础的综合型人才，其中法学硕士以研究为主，法律硕士以应用为主。该培养模式的具体培养方案可初步作如下设计：第 1~2 学期以通识教育为主，主要核心课程为大学生必须修读的公共必修课程；第 3~8 学期完成法学专业的课程学习，其中包括法学基础核心科目、知识产权部门法、知识产权管理学科以及各类文书的撰写等；第 9~10 学期进行知识产权专业深入学习，采用专题式教学，培养学生发现问题、分析问题、解决问题的综合能力；第 11 学期进行法学专业实习，以与知识产权有关的单位作为实践教学基地并以知识产权相关内容作为实习主要内容；第 12 学期完成法律硕士学位论文。其中，法学硕士和法律硕士在培养过程中的学科可以有不同的课程安排。

四、广东区域高校知识产权卓越人才培养方案的完善建议

人才培养模式与知识产权专业设计可类比为"横纵坐标轴"，假设人才培养模式为横坐标，具体专业的培养方案为纵坐标，基于不同人才培养模式可以匹配相应具体的专业培养方案。通过此种"点与点"的结合方式，能够使得各高校依据学校教学特色、能力与生源情况做出更具有针对性的知识产权专业培养方案，更利于培养服务于广东区域知识产权卓越人才。本研究在现有知识产权培养方案的基础上提出契合知识产权卓越人才培养模式的改革建议，进而满足社会对知识产权人才的需要。

（一）建立分类培养模式，契合社会人才需求

一般而言，知识产权人才分为研究型人才与应用实践人才，因此在培养目标与方案上侧重点应当有所不同。[1]广东省各高校应当依据广东知识产权发展状况及本校的专业特色，构建分层与分类相结合的知识产权人才培养体系。分层次培养主要以研究生、博士生学位教育为主；分类教育主要指各高校应当依托本校自身特色开设的特色教育。例如，学校以经济学、管理学为优势专业，可以开设相关方面的知识产权教学课程；倘若学校以理工类专业为优势，可以开设专利申请、撰写等方面的实务课程。依托特色专业教育可以将知识产权与实务问题较好

---

[1] 罗宗奎.内蒙古高校知识产权人才培养目标与模式初探——以内蒙古工业大学为例[J].内蒙古师范大学学报：教育科学版，2012，25（11）：80-83.

地融合在一起，使得高校学生经过知识产权专业教育可以掌握某一领域的知识与实践技能，可以更好地契合社会对人才的特殊需求。值得注意的是，高校应当在各层次教育的招生简章中写明本校知识产权专业的特色与人才发展方向，使得学生可以更具有针对性地去报考知识产权专业。鉴于广东区域内知识型企业、知识产权服务机构数量较多，因此区域社会对知识产权实践人才的需求可能远高于研究型人才，或者说更具有现实紧迫性。

（二）设置科学课程体系，优化专业教学模式

为适应"知识产权卓越人才"培养目标，高校有必要整合现有课程方案，进行课程优化，培养出社会易于接受的知识产权人才。

第一，构建科学的课程体系。知识产权是一门具有复合型知识结构的学科，传统单一教学模式不能满足人才培养的现实需要。知识产权的主要学科有公共基础课、法学类专业核心课程、知识产权法具体课程及知识产权实务课程。其中，知识产权实务课程是知识产权专业教学最为凸显其专业性的核心教学内容，包括专利检索、知识产权管理、知识产权价值评估、知识产权战略制定等。广东各高校可以根据本校的综合学科优势与特点对上述知识产权实务课程设置相应的课程计划。同时，鉴于知识产权囊括复合型知识背景及课业压力等原因，本研究建议可以适当压缩核心法学类的课程门类，鼓励各高校开设具有特色的知识产权选修课程，细化专业课程设置，引导学生自我发现兴趣与深化学习。

第二，以理论知识为主，兼顾实验教学方法。知识产权是一门新兴综合类学科，除强调夯实理论基础的重要性外，教师团队在授课过程中也应当对部分课程增设实验教学方法。教学过程中应当模拟现实典型与常见的情形，由教师和学生进行讨论，进一步将理论知识与实际问题相结合，达到深化理论认识、具有解决问题能力的教学目标。

第三，重视案例教学与互联网教学方法。知识产权是一门具有国际化与时代性的学科，应多采用案例教学、案例比较研讨的方式讲授课程。在授课时将常见典型的司法判例、实务案例进行分析教学；在具备优秀师资的前提下，开设知识产权比较案课程，通过学习国内外知识产权实务、司法实践中的典型、新型案例，使得学生了解当代知识产权制度发展的新动态。另外，广东省相关政府部门可以牵头联合省内高校合作，整合国内外及省内优秀教师资源制作一整套多层次的网络教学视频，各高校可以有偿购买甚至免费使用，为广东高校的学生拓宽丰

富知识提供途径。

(三)强化实践教学环节,提高解决问题能力

针对当前知识产权教育"重理论轻实践"的现实状况,以及社会对知识产权专业人才需求的特点,广东高校在知识产权教学过程中应当采取多样式教学模式或方法适当提高学生的知识应用与实践能力。

第一,强化校内实训环节。一般而言,法学实践课程与理论课程的比例,应当是实践课程占全部课程的8%~10%较为适当。❶但是,本研究认为知识产权专业不同于其他法学专业,其更强调应用实践能力。因此,应当适当增加校内实践课程的权重,占15%~25%较为合理。❷其中,为知识产权专业学生开设的校内实训课程主要包括专利检索、撰写专利申请书、模拟法庭、法律诊所等其他形式的实训课程。通过丰富与强化校内实训课程,不仅可以将理论教学与实践教学有机地结合在一起,培养学生一定的实践应用能力;还可以培养高校学生正确的职业伦理观,进一步为学生的专业学习指明正确的方向。

第二,建立高校与实务部门联合培养机制。通过建立校内外联合培养机制,将高校内部封闭式培养模式逐步向开放式联合培养模式方向发展,使得高校与实务部门形成良性互联关系。高校知识产权教学团队可以及时获得实务部门反馈的信息,知晓本校学生在实习单位的表现;同时,及时对理论教学与实训课程的方式方法进行适当调整,合理地配置教学资源,使得高校学生可以掌握扎实的理论基础与初阶实践技能。与此同时,通过建立联合培养机制,可以强化知识产权专业实习基地建设,使得高校学生可以获得更多具有针对性的实践学习机会。

第三,完善实践教学的考核机制。建立健全实践教学的考核机制,是加强实践教学质量的保障。各高校可以成立专门的实践教学科研室,将具有实务经验的师资力量整合指导本专业学生的实践教学;同时,成立知识产权专业实践课程指导委员会,对本校教师与兼职教师的实践教学效果、学生实践表现等方面进行分析评估,并对校外实践的学生形成长效联络反馈机制,实现规范化、科学化管理。与此同时,建立以学生锻炼实践能力为核心的考核机制,可以加强教师与学生对实践教学的重视程度,较好地保证实践教学的质量。

---

❶ 王文华.卓越法律人才培养与法学教学改革[J].中国大学教学,2011(7):31-34.
❷ 有学者提出实践课程占比30%较为合理。朱双庆.工科院校卓越法律人才培养探析——以合肥工业大学为例[J].合肥工业大学学报,2014(4).

（四）加强师资力量建设，提升专业教学水平

在高校知识产权卓越人才的培养过程中，优秀的教师队伍是必不可少的资源和基础条件。本研究通过以下四个方面建设广东各高校知识产权师资力量，为培养知识产权卓越人才奠定基础。

第一，积极引进、培养一批具有跨学科知识背景的高素质教学人才。基于知识产权专业教育的需要，将精通科技学、经济法、管理学知识背景的复合型人才整合到高校知识产权教师团队中。此外，我们还可以积极邀请国内知名的专家学者以客座教授的身份来我省各大高校讲学，使得高校学生可以获得优质的信息资源。与此同时，广东各高校应依据本校办学特色，充分挖掘校内师资资源，打破学院间隙，将分散在各个院系的师资力量进行优化整合，形成师资知识结构复合化与特色化，进而保证理论教学知识的复合性要求。

第二，建立"双师型"的师资队伍。基于高校与实务部形成的联合培养机制，高校可以聘请校外实务工作者作为兼职教师，高校教师也可以去实务部门挂职锻炼。通过构建"双师型"师资队伍可以弥补缺乏实务教学的缺陷，从而使得高校知识产权教学团队具有完备的师资力量与合理的知识结构。例如，重庆理工大学知识产权学院聘请中兴通信、腾讯等全国18家知名大企业的知识产权总监为学生们讲授知识产权实务课程。[1]

第三，建立校际师资共享制度。由于知识产权教学工作展开的普遍性，有限的高素质知识产权师资分散在各个高校中，使得各高校尚无法建立合理的师资结构。如果能实现区域知识产权师资的优化整合，从某种意义上来看，可以视为教师资源所产生效益的最大化。因此，本研究建议拟将广州大学城作为教学试点，利用广州大学城高校集聚的多元化师资力量，推动校际优秀教师、青年教师的互动和融通，定期或不定期为其他学校的知识产权专业人才进行授课。

第四，建立教师的再教育机制。鉴于知识产权具有复合型知识结构的特点，因此知识产权教学的内容需要经常更迭。高校可以优选中青年教师到更高知识产权教学水平的高校或者培训机构进行学习；在条件允许的情况下，高校可以给教师提供到知识产权发展发达的国家进行访学的机会；也可以遴选本校优秀教师到当地的知识产权司法、行政部门进行挂职锻炼。从而，使知识产权专业教师具有一定的实践

---

[1] 唐珺．企业需求视角下高校知识产权管理人才培养研究［J］．南方论刊，2016（1）：70-73．

经历与感悟，在高校教学中可以结合实务经验为学生讲述具有深度的优秀课程。

五、结　语

在国家知识产权战略实施的大背景下，广东发展知识产权事业需要以知识产权专业人才为重要支撑。本研究以广东知识产权人才需求为视角，并对省内高校知识产权人才培养教育进行综合分析，提出以"卓越法律人才"计划为核心的"4+2"本硕培养的模式。同时，本研究尝试提出聚焦于广东高校知识产权教育的完善建议，在具体教学体系以及课程设置过程中，广东省各高校可以借鉴国内外成熟的实践经验或前沿理念，对已有的教学模式与具体措施进行优化甚至革新，从而培养出契合社会需求的知识产权卓越人才。

论经典书籍阅读在法理学研究生培养环节中的应用

郝文涵[*]

一、经典书籍阅读在法理学专业研究生培养环节中的必要性

经典书籍阅读在法理学专业研究生培养中发挥着重要作用，是培养环节中的关键一环。熟练阅读经典法理学书籍，不仅可以获知法理学领域的基础理论，从而为论文写作打下基础，更可以为日后解决实际问题铺底。

（一）了解基础理论

无论在何种领域，基础理论的熟练掌握都是进行应用的前提和基础，基础理论没有良好掌握，势必在日后的应用过程中也会出现一定的问题。并且法理学又是一门理论性较强的学科，学习法理学必须对最基本的理论进行了解和掌握，其中阅读法理学书籍是了解基础理论的最为行之有效的办法。法理学书籍为学生学习法理学基础理论提供了第一手的材料。自古希腊起，不同的法学家往往对法理学领域的永恒话题有着不同的见解，比如何为正义、何为法律等问题。而阅读经典书籍可以使学生更为直观的了解不同法学家在各自不同的时代背景下所提出的经典理论，从而对某个问题的基础理论有着更为宏观的把握。

（二）提供论文写作的素材

众所周知，研究生阶段的学习比本科阶段的学习对学生的学术水平提出了更高的要求，只有一篇质量较高、原创性较强的论文才能够为研究生阶段的学习画上圆满句号。而为了完成论文写作，首先要做的便是确定选题或者寻找论文写作

---

[*] 作者简介：郝文涵，贵州大学法学院2018级法学理论研究生。

的素材，这也是令许多学生头疼的事情。其实论文写作的素材很多都是在阅读过程中经过思考而发现的。若学生不读书或者阅读书目较少，则很容易发现自己对于论文写作完全找不到方向，或者虽然确定了写作方向，但在写作过程中困难重重，文章空洞而缺乏有力的论据来支撑。

其实如果学生进行大量阅读，则很容易在阅读过程中发现自己所感兴趣的点，从而进行深入分析，从而将该部分作为论文选题的切入点。或者在阅读中擅长比较，从而将历史上不同法学家对于某个问题的不同观点进行比较，梳理其发展脉络，从而最终作为论文写作的素材。再或者学生自己已经持有了某种观点，最终在书籍中寻找到论据支撑其观点，从而使整篇论文论据清楚有条理，文章逻辑清晰，富有说服力。

因此读书可以说是获得论文写作素材的一个重要途径，一般来说，只要读者在阅读文章时多思考、多分析，就可能找到论文选题的切入点，并且将书中的内容为自己所用，从而使自己的论文内容丰富而论据充实。

（三）获得解决问题的方法

除了上述阅读法理学经典书籍所能带来的基本作用之外，笔者认为，阅读法理学书籍最终极的作用是为了使理论与实际能够相联系起来，并为实际所用。具体来说，虽然法理学是一门理论性极强的学科，但理论的学习最终是为了解决现实生活中的问题，无论法理学专业的研究生毕业后从事何种法律职业，都是无法同社会相脱节的。在解决具体法律问题时，可能会需要法律工作者进行价值衡量或者做出最终的合理判断。而在法理学领域，有些问题是自古希腊时期便被人们所关心并反复探讨的，这些问题是永恒的，并且没有定论的。比如上文中提到的何为正义和何为法律的问题。不同的理论产生是同当时的时代背景息息相关的。虽然有些法学家的理论受制于当时的时代背景，在当今看来有些不成熟，但其理论无疑也为我们提供了一种解决问题的角度。其思维方式对我们在当今的时代背景下解决问题有着一定的借鉴意义。因此阅读法理学的经典著作也不仅仅是为了了解其中的基础理论，更要了解法学家们的思维方式和解决问题的方法。虽然时代在变，但是新的时代下也会出现相同的问题，这些问题甚至是在历史上法学家们就进行过激烈争论的，因此阅读法理学的经典著作，便相当于是站在巨人的肩膀上看问题，他们思考问题的方式方法有可能为我们提供当今解决问题的基本框架。

二、经典书籍的阅读方法

经典法理学书籍不仅浩如烟海，并且往往晦涩难懂。若想在短期内大量阅读法理学经典书籍，并且能够有所收获，需要掌握一定的阅读方法。否则仅仅漫无目的一字一句地进行阅读，不仅阅读效率过低，并且可能也难以在阅读过程中得到太多收获，无法将书中的信息内化为自己内在的东西。

（一）阅读应由浅至深

一般来说法理学著作虽晦涩难懂，但自古希腊以来直至近代的法理学著作的阅读难度也遵循由易至难的规律。往往古希腊时期法学家的理论更为易于理解一些，而近代法学家对问题的看法精妙复杂并且逻辑性极强。

古希腊时期，受制于当时的自然和社会条件，人们很难对自身的情况有着正确的认识，更无法在正确认识自身的基础上客观地认识世界。因此人们往往将某些无法解释的事物归结为神的力量。这一现象也体现在人们对于法律的认识上，比如人们曾将"逻各斯"这一具有神秘色彩的事物作为是时间万物变化的尺度和准则。然而随着时代的发展，人们对于自身的认识越发全面，因此法学家们对于问题的看法日益抛去了主观神秘主义色彩，变得越发客观而理智，法学家对于法律的定义及法律与其他社会控制力量的区别有着更为深入而细致的认识，并提出了一套套颇为精妙的理论，但这些理论也往往是在继承或者批判前人所提出的理论的基础上形成的，是对前人理论的发展。若读书时直接从这些理解难度较大的理论入手而跳过之前的法学家对这些问题的讨论，读后便会觉得非常难懂甚至觉得突兀。因为读者在心中并没有形成关于此问题的完整发展脉络，并且没有之前法学家的浅显易懂的理论做铺垫，自然会觉得晦涩难懂。因此笔者认为，阅读经典法理学书籍需要遵循由易到难的阅读顺序，而最佳的阅读顺序是从古希腊起按照时间顺序依次阅读，由浅至深。

（二）阅读书评

仅仅自己读书而不与他人交流，很有可能最终只是片面了解该书的内容。而阅读书评的过程，便是一个自己与他人观点发生碰撞的过程。

笔者认为，无论是在阅读书籍之前还是阅读完毕后，都应当阅读他人所写的书评。在阅读该书之前阅读书评或该书序言，会使读者对该书的基本内容或者写作框架有一个大体的了解，并且有可能对于此书的写作方法有一个最基本的把握，使读者能够带着某个问题或疑惑去阅读，而不是漫无目的地去阅读。在阅读完全书之后阅读书评，会使读者可能发现自己在自身的阅读过程中所忽视的问题，发现自己对某个理论产生了片面的理解，而所阅读的书评可能帮助读者的理解程度更为上升了一个层次。总之，高质量的书评，能够为读者起到一种相当于指向标的作用。不仅读前能够使读者提前了解作者大致的写作框架，更能够在读后使读者意识到自己在阅读中所忽略的某些细节，从而继续回顾翻阅该书，最终加深对某个问题的了解。

（三）采取比较阅读的方法

所谓阅读中采取比较的方法，是指希望读者在阅读过程中将某一问题提炼出来，从而将不同法学家针对该问题所提出的不同理论进行不断比较，从而找到不同理论之间的区别和联系，并能够掌握某个理论的发展脉络，从而最终对某个问题有着体系化的认识。比如对于将奥斯丁、哈特，以及凯尔森三人对于法的定义的不同认识进行不断比较，提炼出实证主义学派关于法的定义这一问题的发展脉络。并且如果读者可以简明扼要地说出其中的区别和联系，才是真正地对该理论有了深入的了解。因此读者进行比较的过程也是一个促使读者进行深入思考的过程，从而在不断地思考过程中对问题有愈加深入的认识。

（四）必要时阅读原著

阅读原著是读者了解作者所要表达意思的最好途径，因为译者在对原文进行翻译时大多都在其中加入了自己的理解和思考，若译者的法学素养以及翻译水平不够，则很有可能在理解时错误地判断原作者所意图表达的内容或者在翻译时语句不通，无法将作者原文的意思用汉语理顺，这都会造成读者在阅读时出现阅读障碍或者无法理解到位原作者所意图表达的内容。然而大部分学生的英文水平较为一般，无法达到阅读英文专业书籍的水平，因此要求学生去全文阅读英文原著，则过于耗时耗力，有些不太现实。因此学生若在必要时能够主动去翻阅英文原著，此做法便是值得提倡的做法。而所谓必要时，是指当学生在阅读译本时，遇有译者翻译不通或者表达模糊的情况时，可以尝试着去翻阅该书籍英文原著的相关章节，有时英文原著中的表达甚至更为直接精练并且易于理解。

（五）阅读时应适当联系时代背景和作者生平

读者在阅读时应当首先对作者写作该书时的时代背景和作者生平进行了解，因为法学家们最终所持有的理论观点无一都受当时时代背景和自身人生经历的影响。当时的时代背景决定了当时的社会存在着何种需要解决的问题,因此往往法学家们所持理论都是与时代背景相适应,最终为了解决当时的社会问题、化解社会矛盾而形成的。而作者的生平或者人生经历则决定了作者看问题的角度或者决定了作者所阐述的理论所服务的阶级对象。因此在阅读前了解作者的写作背景和作者生平,可以帮助读者了解作者形成该理论的前因后果,从而更容易地理解作者理论的内容。

(六)写作读书笔记和读书报告

1. 写作读书笔记和读书报告的重要性

在阅读过程中,有必要写作读书笔记和读书报告。若仅仅用眼睛去看,而不做记录则会对该书的内容印象不够深刻,很有可能合上书后丝毫不记得书中所讲的内容,以及可能会忘记自己在当时读到某一章节时所产生的想法。或者只对书中某一部分印象深刻,而对全书缺乏一个全局的把握。而读书笔记和读书报告的写作能够在某种程度上解决上述问题。

2. 读书笔记和读书报告的区别

读书笔记的写作是在读书过程中进行的,边读边进行标记,并对书中作者的精彩观点或主要理论进行记录,并标明该理论的出处,以便之后作为论文写作素材来使用。同时也可以随手记下自己在读到书中作者某个观点时所产生的启发或联想,以便日后进行整理。而读书报告则与在写作时间等方面与读书报告有所区别。读书报告往往写作于读完全书之后,所写的内容不同于对主要观点进行记录的读书笔记,读书报告的写作旨在对全书的主要内容进行一个宏观的把握,了解作者写作的主要框架和所运用的研究方法,是一个将全书内容进行系统整理的方式。

3. 读书笔记和读书报告的写作方法

在进行读书笔记的写作时,需要读者进行摘抄,可以对文中精彩观点或者经典理论进行详细摘抄,并标明页码,但切记在摘抄的过程中也要自己进行思考,而不能只是手上有动作,大脑停止运转。对于文中篇幅较长的观点可以只写清关键词,并标明出处,便于日后翻阅,并在阅读的过程中厘清作者的写作脉络,了解作者做出推理过程的依据。在写作读书笔记时,还应养成随手记录自己想法的习惯,一时的想法在日后进行仔细研究探讨之后有可能成为日后论文写作的素材。同时也应当记录下自己暂时没有读懂之处,便于日后再次进行思考或者向他人请教。

在写作读书报告时，应首先写明所读书的作者、出版社信息，然后对全文内容进行一个概括，对于作者的写作脉络做一个大体上的梳理，做到能够厘清作者思路，之后便是抓住文中比较感兴趣的或者比较关键的问题进行一个较为细致的分析。通过这个分析过程，读者对于整本书的认识和把握会更上一个台阶。

总之，读书报告和读书笔记的写作目的都能够促使读者在阅读过程中进行深入思考，将在书中所获取到的信息进行深入的加工，因此读书笔记的写作也是一个将眼睛反馈到大脑中的信息在头脑中进行加工，然后输出的过程。只有经过这一输出过程，读书过程中所获取的信息才能够被内化为自身头脑中的东西。同时读书报告的写作是能够检验读者读完书后到底能够有多少收获的重要途径。

三、阅读的考核办法

法理学书籍大多晦涩难懂，若使大部分学生能够非常积极主动地凭借着对法理学书籍的兴趣去读书，可能不太现实。因此还是需要借助外力的推动作用，促使学生积极完成读书任务。对此必须加强对学生读书活动的督促，并且采用多种方式方法进行考核。

（一）导师定期听取学生汇报

导师可以每月听取一次学生对读书情况的汇报，学生汇报的内容包括自己在这一个月内都读了哪几本书，书的主要内容是什么，自己在读书后得到了哪些启发或感想。导师在听取记报之后可以对学生所汇报的内容进行提问，或者针对某个问题对学生进行指导。学生还应对自己下个月的读书计划进行汇报，导师也可以根据学生的读书计划提前对学生进行读书上的点拨，比如可以告诉学生在阅读某本书时必须要弄清楚书中的哪个理论等。

虽然研究生阶段的学习主要是靠学生自主自觉地去学习，但毕竟学生的理解能力有限，所阅读的书目有限，看问题可能会比较片面，因此还是需要导师在必要时进行点拨，导师的点拨可能会起到四两拨千斤的作用。

（二）定期举办读书报告会

学院可以定期举办读书报告会，每期报告会选定一本书作为报告主题，由学生在课下进行准备，在读书会上轮流做读书报告。读书报告应条理清楚，重点突出，不可浅显地泛泛而谈，而应当抓住书中的某个点进行深入挖掘。在一位学生发言完毕后,可由导师作为评议人就学生所做的读书报告的内容以及所做读书报告时的状态进行评议,随后可以由全体在场同学进行讨论。

(三)导师定期检查学生读书笔记

上文中已经提到,在阅读过程中撰写读书笔记是帮助读者将信息进行分析整理,从而将在阅读中了解到的信息内化为自己头脑中的东西的重要途径。读书笔记写作的好与坏,在很大程度上反映了读者在阅读书籍时的状态好坏以及是否真正在读书过程中进行了思考并最终有所收获。

若一本读书笔记写作工整,条理清晰,那么读者很大可能是在阅读时边读边用心思考作者的写作脉络或者写作思路。若一本读书笔记仅仅是大段大段的机械的摘抄,毫无条理,更没有注明读者在读到某一段落时所产生的联想或不懂的困惑,那么该读者在读书时很有可能并没有用心去思考作者所意图表达的内容,仅仅是进行摘抄来应付了事。因此导师定期检查读书笔记可以比较容易地了解到学生在写作阅读笔记时的阅读状态,以及学生最近一段时间的阅读情况,可以及时对学生进行督促,并且对学生的读书笔记提出建设性意见。

四、小 结

经典法理学书籍的阅读活动是法理学专业研究生培养方案中的一个重要培养环节。法理学经典书籍的阅读不仅仅是为了使学生获知基础理论,从而为自己的论文写作打下基础等这些表面的作用,更重要的是为学生带来不同看待问题的角度或者解决问题的方式,这将会使学生终身受益。

做事情必须要掌握一定的方式方法才能够做到事半功倍,当然阅读也不例外。阅读只有掌握一定的方式方法才能够在较短时间内大量阅读书籍并且能够有所收获。阅读的方法有多种,首先,读者自己在阅读时应当遵循一定的顺序,由古希腊时代进行阅读,由浅至深;其次,还要联系书籍的写作背景,注意比较,积极思考,并写作读书笔记和读书报告以便对书中的知识进行整合,从而不会在合上书之后以至于大脑一片空白;最后,阅读完毕一本书后,应当翻阅他人对该书的评价,因为学生自己的理解能力有限,并且可能很难站在一个较全面的视角上看问题,因此需要参阅他人对此书的评价。读者在他人对该书的评价中可以修正自己之前对问题的看法,从而对该书也有一个更为客观的评价。

学生对于经典书籍的兴趣可能不足以支撑学生保质保量完成阅读任务,因此也需要采取一些考核办法来督促学生进行阅读。在学生的读书活动中导师的督促不仅能够使学生在读书时获得外在的推动力,从而认真完成读书任务,还能够通过导师对学生读书活动的点拨为学生答疑解惑,使学生站在更高的层面上去理解问题。

总之,经典书籍的阅读在法理学研究生的培养环节中是十分必要的,同时为了其在培养环节中的良好应用,既需要学生掌握良好的阅读方法,也需要一定的考核办法来发挥督促作用。

论高校法学教育与法律援助的融合

董 航[*]

法学是一门专业性和实践性很强的学科,据统计,我国目前有六百多所高等院校开设了法学专业,这说明随着社会经济发展和民主法制进步,法律人才的需求旺盛,各大高校纷纷开展法学教育,培育法学人才,但是也产生了盲目发展和学生质量良莠不齐,每年很多高校法学专业毕业生难以就业的状况。究其原因,一方面在于法学专业设置和招生的门槛低,导致整体上的教学质量和学生质量都难以保证;另一方面,现行的法学教育培养模式还停留在传统的私塾教学阶段,其特点是以知识传授为中心,注重讲解、班级授课、强调作业,这种被动的、"填鸭式"的教育方式远远不能适应社会对法学专业人才的要求。"法学教育的目的在于,为国家和社会培养精通法律的社会和国家管理人才,为法学教育和法学研究的发展培养法律理论人才,为立法与执法培养法律实践人才",这就要求在整个法学教育过程中,不仅要教授基本理论知识,更加要注重司法实务基本技能的培训,以保障人权、维护司法公正为目的而设立的法律援助机构为学生实践提供了较好的平台。如何做到两者的交融,培养出合格的、满足社会发展需要的法律人才,既是法学教育的改革所需,也是促进法律援助可持续发展、维护社会公平正义的必然要求。

一、法学教育与法律援助融合的必要性

法谚有云,法律的生命力在于实施,法律的权威也在于实施。法学教育绝不仅仅是停留在课本上和课堂中的,而是应该和社会生活密切关联的。实现高校法

---

[*] 作者简介:董航,男,汉族,湖北天门人,贵州大学2017级民商法专业硕士研究生。

学教育和法律援助融合是一条双赢的道路，法学教育的质量直接影响法律援助的成效，而法律援助的成效最终会反馈在法学教育上，反过来又促进法学教育方式和手段的革新，因此两者是相辅相成、相互促进的。

（一）传统法学教育模式改革之需

受传统的教育理念和模式的影响，法学专业学生的培养方式依然是以课堂传授知识点为主，学生通过阅读教材掌握基本的法理和现行法律规定，然后通过考试来检测学生对法学基础知识的理解和掌握。这种教学方式对于授课老师来说，相对简单可操作性强，老师每次上课提前备课，等到考前出一两套试卷，基本有章可循。学习的目的是学以致用，然而笔者发现即使很多大三的学生遇到一些并不复杂的案件时，依然束手无策。也许有人会说学生毕业后从事相关法律工作就会慢慢学会了，但是我想说法学是一门实践性很强的学科，我们在校时不能只满足课本上的知识，还应当多结合生活实际，美国法学家霍姆斯在《普通法》一书中指出"法律的生命是经验而不是逻辑"，同样从某种意义上而言，法学教育的生命也在于实践，只有通过实践性教学来提高法学专业学生的司法职业能力才能降低学生毕业后与社会接轨的成本，培养出符合社会要求的法律工作者。

目前，很多高校已经认识到了提高法学专业学生司法职业能力的重要性，并建构了相应的实践性教学方法，如案例教学法、辩论赛、模拟法庭、法院旁听以及毕业实习等，从而突破了传统的法学课堂教学模式。但是，这些方式都存在不同程度的缺失。

首先，案例教学法是指在教材知识点的范围内，通过将现实中的问题带到课堂，以案例为中心，围绕一个教学目标，通过教学双方的共同分析讨论，达到提高学生分析问题和解决问题能力的目标。从形式上看，案例教学法是法学教育的重要组成部分，但是用来讨论的案例可能被"处理"过，许多无关的细节被裁减了，学生需要会做的就是套用知识点，这样的案例和真实的案件处理过程是差别很大的。正如有的学者所言"司法职业能力的养成是系统的工程，不仅仅包括对于案件事实的分析与法律的适用，而且也包括与当事人关系的处理、办案过程中对社会压力的承担、证据运用与对案件事实的认定，仅凭课堂的案例分析显然无法达到上述的目的。"[1]

---

[1] 伍浩鹏.试论我国高等法学教育与法律援助之整合[J].河北法学，2006（7）.

其次，辩论赛和模拟法庭更注重表演的效果，而无法达到培养学生司法职业能力的高度。辩论赛在高校是一个学生之间比较常见的相互交流学识的活动，能够综合反映学生的知识水平、口才与临场应变能力。但是高校辩论赛只是少数学生参与，而且辩题都是比较绕、偏重于哲理性的，对于实践能力的培养用处不大。模拟法庭是一种虚拟的情境化教学方式，被各个法学院所采用，通过让学生饰演不同法庭上的角色来完成案件审理的过程。学生通过参与模拟庭审，能够学习书写文书、体味"控辩审"三方和其他诉讼参与人不同角色的差异、感受法庭庄严的氛围，但是模拟法庭毕竟表演的成分居多，各个队伍比赛之间往往事先经过多次的模拟训练，台词也是相互之间已经约定好的，虚拟的情境无法给学生带来真实的法庭感受。更何况，一场模拟法庭只有两个小时左右，不可能较为精准地走完整个庭审程序，更别提实体法的准确应用了，不管是实体法还是程序法方面都仅仅是点到为止。

再次，法院旁听也是法学院学生的一项课外实践性活动，是指学生在老师的统一组织下到当地的法院旁听真实案件的审理过程。法院旁听能够让学生亲历法庭审判现场，感受真实的法庭氛围，学习到相关诉讼知识，是一种受学生欢迎的课外实践方式。但是法院旁听也存在一些弊端：第一，旁听的机会少，一个月难得有一次机会，而且去的人数有限制，一般来说都是由法学院提前和法院沟通，然后法院再安排可以公开的案件进行旁听；第二，从效果上看，法院旁听对学生司法职业技能的提升没有多大的帮助，因为学生去旁听前是不可能看到卷宗的，不了解案件经过，那么庭审时自然不知道双方的争议焦点，也无法体味到"控辩审"的技巧；第三，从参与旁听的学生结构来看也不合理，一般低年级的学生参与度高，而高年级的学生不愿意去，因为低年级的学生闲暇时间多，高年级的学生忙着考试和工作的事情，但是低年级的学生还没有学完相关法学课程，对庭审涉及的法学理论知识欠缺了解，自然就达不到旁听的效果了。

最后，关于毕业实习，很多高校将此纳入培养环节，要求学生去与法律相关的单位或部门实习一段时间，不参加就没有相应学分也就无法毕业，但是从实施的效果来看并不理想。一方面，法学专业学生数量较多，相关司法机构接纳学生实习的容量有限，因此学校并不强制集中实习，通常允许学生自行联系实习单位，而这样往往会缺乏监控，导致放任自流；另一方面，即使被实习单位所接受，多数情况下并没有直接参与案件的处理，而往往从事一些辅助性的工作，实质上达不到提高学生司法职业能力的目的。况且，就实习的时间段而言，正处于毕业生求职或考研的高峰期，学生往往忙于求职或者考研，无暇顾及实习，因此毕业实习的实际效果也并不理想。

（二）法律援助的需求增长

法律援助，又称"法律帮助""法律救助"，是现代法治国家的一项重要制度，是指由政府设立的专门性法律服务机构，为经济困难或特殊案件中的当事人提供减免法律服务费用的一种法律保障措施和制度。其最初产生于15世纪的英国，后来逐渐延续扩展，多数国家都建立了自己的法律援助制度。随着法律援助制度的日益发展，法律援助突破了专门由政府组织开展的界限，发展成为由社会各界广泛参与的一项社会公益服务。法律援助制度的不断发展，体现出一个国家经济与社会的不断发展，民主与法治的不断进步，对人权越来越重视，目前我国已经形成了以政府为主导，社会团体、事业单位等公益性机构为补充的多方参与的法律援助制度。

根据《法律援助条例》第10条至第12条以及《中华人民共和国刑事诉讼法》第35条、36条的规定，符合条件的相关当事人都可以得到法律援助机构的帮助，从法律援助的对象上看，都是一些社会弱势群体，特别是农民工、残疾人、未成年人、老年人和妇女的合法权益应当得到保障，他们应该是法律援助的重点。据统计，2018年，全国法律援助机构共办理农民工法律援助案件48.1万余件，51.5万人次农民工获得法律援助，131.8万人次农民工获得免费的法律咨询。全年共办理残疾人法律援助案件5.1万余件，5.4万人次残疾人获得法律援助，20余万人次残疾人获得法律咨询服务。[1]

尽管国家从制度上和资金上保证法律援助的顺利开展，但是随着社会生活的复杂化和多元化，各种类型的侵权事件层出不穷，法律援助的案件不断增加，根据相关数据统计[2]，2018年全国共组织办理法律援助案件145.2万余件，受援人151.8万人次，提供法律咨询875万人次。而从2003年到2013年这10年，全国法律援助机构共组织办理法律援助案件778.8万余件，受援人847.5万人次，提供法律咨询4 526.8万余人次。可以看出未来每一年，需要法律援助的人数将不

---

[1] 全国政协委员、司法部副部长刘振宇：愿受援人更多更满意［EB/OL］.（2019-03-07）［2019-04-10］. http：//www.moj.gov.cn/organization/content/2019-03/07/lzyzyhdhjh_229848.html.

[2] 全国政协委员、司法部副部长刘振宇：愿受援人更多更满意［EB/OL］.（2019-03-07）［2019-04-10］. http：//www.moj.gov.cn/organization/content/2019-03/07/lzyzyhdhjh_229848.html.

断增长。截至 2017 年，全国共设立法律援助机构 3200 多个，法律援助工作站总数达 7.1 万余个，全国共有法律援助机构人员和管理人员 1.4 万余人。❶ 可以看出，如果只依靠政府在各地设立的法律援助机构和派出的工作站来提供帮助，是远远满足不了现实需要的。

（三）高校法律援助的优势

根据《法律援助条例》第 8 条的规定，从法律援助的主体来看，高校是可以设立法律援助机构的。我国目前有 600 多所高校开设了法学专业，在校法学专业的学生约有 40 万人，考虑到低年级学生的法学知识欠缺，那么能够提供法律援助的高年级学生的人数也达到了 20 万左右。虽然和执业律师相比，他们缺乏实务经验和技巧，但是他们有较高的热情和责任心，在指导老师的帮助下，能够完成法律援助工作。因此，法学专业学生无疑是提供法律援助的新生力量，应当鼓励法学专业学生积极参与法律援助，同时政府应当确立适当机制，将高校法律援助工作引导入法律援助中来，这对于缓解我国法律援助所面临的人员短缺与社会律师提供法律援助积极性缺乏之间的矛盾具有重要意义。

二、法学教育与法律援助融合的不同模式

高校作为多元化主体背景下一个重要的法律援助主体，是法学教育和法律援助相融合的载体。高校法律援助有别于一般的法律援助，具有独特的资源优势和内在特点，研究国内外高校法律援助模式的特点并进行对比分析，对探索高校法律援助模式具有重要意义。

（一）国外高校法律援助模式

"法律诊所教育"（clinical legal education）是国外高校法律援助模式中最具有代表性的，它是 20 世纪 60 年代在美国法学院广泛开展的一种法学教育模式。之所以称为"诊所教育"，是在借鉴医学院的培养方式的基础上形成的，因为医学院的学生需要花费很长时间从事临床实习，从实践中学会诊断和治疗，而法学和医学在培养方式上具有共性的地方，于是参照医学院通过诊所培养实习生的方式，在法学院内部设立了这样的一个培养机构。在美国，基本上 90% 以上的法学院设立了法律诊所，诊所对外承接需要法律援助的案件，由具有实务经验的老

---

❶ 打通司法行政改革"最后一公里"［EB/OL］．［2019-04-10］．https://baijiahao.baidu.com/s?id=1582118448743130018．

师和律师在诊所里充当指导老师，指导学生参与实际的案件，培养学生的实践能力和法律思维，提升他们的执业能力。为促进法律诊所的专业化，诊所根据援助对象的不同开设有专门性的法律诊所，诸如未成年人保护诊所、社会保障法律诊所、环境保护诊所、国际人权诊所等，各个学生按照自己所在诊所参与办理相关的案件。❶在诊所里，学生跟着指导老师接受系统的训练和指导，在培养上注重学生实战技能，通过代理法律援助案件，使学生们快速掌握办案的技能，真正承担起实习律师的职责。同时学生在诊所里面的各项活动可以作为综合素质评价的依据，这样既调动了学生的积极性和主动性，又使法学教育和实践完美地结合了。

（二）国内高校法律援助模式

相较于国外，高校法律援助的工作在我国起步相对较晚，最早是在 2000 年美国福特基金会的资助下，北京大学、中国人民大学、复旦大学、华东政法学院、武汉大学，及中南财经政法大学率先开设了诊所式法律课程，开始了法学教育与法律实践的有益探索。随着 2003 年《法律援助条例》的颁布，国家支持和鼓励社会团体、事业单位等公益性组织开展法律援助，于是各大高校开始设立法律援助中心。这些法律援助中心是以所在高校为依托，主要由相关老师、学生、兼职律师等组成，负责法制宣传和普法，以及面向社会无偿为弱势群体提供法律咨询和救助等法律服务的民间公益性组织。

从内部组织和运行的实际效果来看，目前北京大学、中国人民大学、武汉大学等几所老牌法学名校的法律援助中心在社会上知名度和认可度高。笔者仅选取北京大学和中国人民大学的法律援助中心作简要的分析。北京大学法律援助是以"协会"的名称命名的，全称"北京大学法律援助协会"，成立于 1994 年，主要工作内容是社区普法、假期社会实践、法律咨询和诉讼代理。尤其是在诉讼代理方面，北大已经形成了一套完善的体制：首先由协会对案件进行筛选，排除不可代理的案件❷，在满足条件的情况下，由协会的会员做好记录，记下当事人的基本情况和诉求；然后交协会复审委员会讨论决定是否代理，毕竟学生的时间、经历和能力都有限，不可能代理所有的案件。从组织机构上，北大的法律援助中心

---

❶ 朱玲利．公平视域下的高等学校法律援助制度研究［D］．合肥：合肥工业大学，2017：17．
❷《北大法律援助工作管理细则》第3条规定：可代理案件类型：原则上除下列案件外均可予以代理：（一）刑事案件；（二）管辖地不属于北京市的案件；（三）申诉案件；（四）信访案件；（五）不适宜教学的案件。

也相当完备健全,协会设立理事会作为领导机构,下设法律咨询部、项目咨询部、公共关系部、研发设计部、办公室等部门负责具体的事宜。此外,北大法律援助中心的成功也离不开学校的大力支持,协会拥有固定的办公场所和稳定的经费来源,同时还有一批学识渊博的老师和高素质的学生,这些都是北大法律援助中心能够开展各项工作的重要保障。中国人民大学法律援助中心成立于1998年,是经当地司法局批准的法律援助工作站,是一支由知名教授参与指导、以研究生为主的法律援助团队,其内部机构设置和主要工作任务,和其他高校法律援助中心基本大同小异。不同的是,该法律援助中心采用流动法律队伍义务普法形式,使全体成员参与职责承担。同时,该中心会不定期派出优秀的成员到法律服务部门挂职,使成员在法律实践中得到锻炼,增长实际操作与应用能力。此外,该中心还有一个特色,就是十分注重对外交流和合作,比如和海淀区消费者协会设立投诉与法律支持工作站,和图书出版社合作出版普法书籍以及和当地法院联合举办"庭审公开课",这些内容丰富、形式多样的活动不仅丰富了高校法律援助的内涵,锻炼了学生的实际才能,而且是法学教育和法律援助紧密融合的生动体现。

三、法学教育与法律援助融合存在的问题

通过之前所述可知,国外的法律诊所教育和国内的法律援助中心都是法学教育与法律援助融合的例证,这表明两者具有内在的联系,虽然所处的环境差异,但两者都能形成自己独特的模式。通过对比借鉴国外的法律诊所教育经验,我国法学教育与法律援助融合时还存在以下几方面问题。

(一)学生培养方案的问题

将法律援助引入法学教育中,首先要面对的问题就是,能否将法律援助作为实践培养环节纳入学生的培养方案中作为一种可选修的课程供学生自主选择。之所以做出此种考虑,根本在于学生在校的主要任务就是完成全部学业顺利毕业,如果学生参加法律援助活动而影响到自己的学业甚至毕业问题,那么就会极大地打击学生参加法律援助工作的热情,导致法律援助工作无法更好地开展。

(二)指导老师的问题

法律援助工作是一项实践性很强的工作,不仅需要一定的理论知识,更需要具备丰富的实务技能,而法学院的老师有的专注于理论研究方面,对实务缺乏

必要的了解。此外，既然法律援助是一项公益性事业，这就决定了从事法律援助工作不可能获得丰厚的报酬，这对于参与法律援助的老师来说，不仅需要高度的热情和责任心，更需要淡泊名利的思想和帮扶社会的爱心精神。因此，培养和筛选有担当的合格的老师从事法律援助工作是确保法律援助工作持续运转的重要保障，这直接关系到法律援助工作的质量和成效。

（三）资金问题

一定的经费是法律援助中心工作正常开展的前提和保障。没有资金，就没有办法维持法律援助中心的运转，就会使其陷入瘫痪。例如，我国最早六所设立法律诊所的大学就是在美国福特基金会的支持下开展法律援助工作的。从目前的情形来看，大多数高校的法律援助中心的经费主要来源于行政划拨，由于高校各项开支大，法律援助中心很难获得更多的资金支持，这严重制约法律援助工作的开展。

（四）学生代理的问题

法律援助中心开展工作，主体当然是学生，但是在诉讼代理的过程中，学生经常受到限制。其一，调查取证权利受限。由于学生不能取得律师身份，到有关部门调查取证的权利就受到限制。这使得学生法律援助工作的效果受到一定影响。其二，出庭代理权利受限，根据《中华人民共和国民事诉讼法》第58条第二款❶的规定，由于学生不具有律师身份，无法以律师的身份参与诉讼，至于能否以"有关社会团体推荐的公民"的身份出庭，立法并未明确，在实践中往往行不通。即使有的法院允许学生以代理人身份出庭，往往也对学生代理人的身份不予平等对待，甚至在庭审时绕开学生，导致学生代理人身份极其尴尬。

四、法学教育与法律援助融合的完善路径

法学教育以培养高素质的法律人才为其基本使命，而法律援助以救助弱势群体、维护社会公平正义为出发点。两者核心目标的差异决定了实现融合时要寻找共同的价值追求。高校法学院作为两者的连接点，同时肩负着培育法律人才和服务社会群体的双重使命，因此必须通过改革高校法学专业培养模式来实现法学教育与法律援助的融合。法学教育课程设置和教学方法的改革必须以培养目标观念

---

❶《民事诉讼法》第58条第二款：下列人员可以被委托为诉讼代理人：（一）律师、基层法律服务工作者；（二）当事人的近亲属或者工作人员；（三）当事人所在社区、单位以及有关社会团体推荐的公民。

的改革为前提，即法学教育不仅要传授法律知识，同时要培养和训练学生的实际操作能力。法律从业能力的培养，应当提到与法律知识的传授同等甚至比它更高的地位，笔者以此为出发点，提出如下建议。

（一）修订完善教学大纲和培养计划

现行的法学教育侧重于理论学习，对实践环节的要求不够，不能满足当前对法治人才的要求，有必要根据法律援助的客观情况和实际要求，修订完善法学专业实践的教学大纲，结合不同学习阶段制定和规划实践教学内容，把实践教学纳入法学专业的人才培养计划。笔者认为，可以将法律援助活动作为一项可选修的课程，赋予一定的学分，对于不同年级的学生规定不同的任务：大一的学生因为刚进入学校，所学有限，主要以整理材料、旁听咨询、帮助做笔录等辅助性工作为主；大二的学生刚刚开始接触部门法，有了一定的基础，可以多听多写简单的文书，提供简单的法律咨询服务；大三的学生基本上已经学完大部分的常用法律课程，对实体法和程序法有了深入的了解，所以他们这个阶段的实践课程内容要多一点，他们要能提供一般的法律咨询服务和常见的法律文书写作，同时配合指导老师的工作任务；大四的学生虽然学习的法学知识已经很全面和系统了，但是，他们面临着毕业的压力和烦琐的事情，需要花费时间和精力完成相应的毕业论文，所以他们在这个阶段的实践课程内容以辅助工作为主，可以为其他人提供必要的帮助，着重处理比较复杂疑难的案件。

（二）挑选合格的指导老师

法学教育与法律援助能实现多大程度的融合，关键在于是否有一支合格的指导教师队伍。这就要求法律援助中心的老师不仅要具备扎实的法学理论基础知识，而且要具备丰富的办案经验和较强的办案能力。以美国为例，"在耶鲁大学，法律诊所教育的教师人数已经达到法学院教师的 4.25% 以上。耶鲁大学为了保证法律诊所教育的质量，也采取竞争的办法从其他大学挖来更有能力的法律诊所教师。在一般情况下，担任法律诊所教育课程的教师不再担任其他课程的教学，而专职对学生承办的案件和学生的技能进行指导"。从现行的体制下，要挑选出合格的指导老师，一方面，从学校内部而言，要鼓励符合相关条件的老师去兼任律师、仲裁员、人民陪审员，建设"双师型"教师队伍，同时对参与法律援助的老师减少课时，使其有充足时间参与到法律援助工作中；另一方面，可以聘请校外的法官、检察官、律师等司法实务人员来兼职指导老师，他们往往都具有丰富的诉讼方法和技能，更能发挥其在培养应用型法律人才中的独特作用。

（三）拓宽法律援助经费来源

适当的经费支持是法律援助正常运行的基础。考虑到高校法律援助的性质，可以从以下几方面着手解决经费问题：其一，由于高校现有的部分实践课程可能和法律援助之间有重合，因此要合理配置现有的教学资源，整合部分实践课程，适当调拨资源给法律援助中心开展工作。其二，高校法律援助可以借助高校的影响力，调动有益因素，积极争取各方面社会资源的支持，比如和当地的司法行政机关共同设立法律援助站，争取政府资金支持。其三，高校内部也应给予更多的财力支持，为教师和学生进行法律援助提供保障，比如，"美国耶鲁大学法学院的全年经费中，大约10%的经费直接用于法律诊所教育，法学院有几十间办公室提供给法律诊所直接使用。"[1] 其四，针对诉讼代理的案件，可以适当收取代理费，但是应当分情况对待：针对法律上明确规定应当提供法律援助的案件，不得收取任何费用；对于其他情形，可以视案件性质和当事人的经济状况适当收取费用以维持法律援助工作的正常开展。

（四）建立并完善学生代理制度

为了充分发挥法律援助中心对培养应用型法律人才、促进法学教育与法律援助融合的目的，就必须最大程度调动学生的积极性和主动性，尤其是让学生真正参与到案件的诉讼阶段。从制度上，要出台相关规定，承认学生代理的资格问题，但是应该从严限制，要保证学生代理的质量，毕竟法律援助的质量是学生提供法律援助作为一种制度能够获得可持续发展的关键。因此，笔者认为可以从以下几点来完善学生代理制度：第一，学生不具有执业律师的身份和权限，但是经法律援助中心书面同意，可以进行一般代理；第二，将是否通过法律职业资格考试作为判断学生能否进行诉讼代理的判断标准；第三，学生参加诉讼代理必须在律师的带领监督下，不可以单独行动；第四，建立一套学生职业水平评价机制，综合考虑学生所提供的法律援助质量与数量对其评价，对于表现优异的，给予一定的奖励。另外，由于其执业经验和能力尚且不足，对学生直接提供法律援助的案件范围应予以适当限制。

---

[1] 陈建民.法律诊所教育与法学教育的改革——兼谈美国法律诊所教育在中国的实践[J].岳麓法学评论，2001（1）.

法律硕士（非法学）双向选择导师的困境及对策

李晨鹏[*]

随着社会的进步，人与人之间的联系越来越紧密，社会关系也呈现出复杂化、多样化的特征，随着国家法治进程步伐的加快，法制观念也逐渐深入人心，当自己的合法权益受到侵害时，受害人懂得利用法律手段来维护自己的合法权益，因此国家需要更多的法律人才去解决纠纷，维护社会稳定。法学硕士专业的培养已经远远不能满足国家对于法律人才的需求，培养更多的实用型法律人才成为现如今司法界面临的重大任务。在此情况下，法律硕士（非法学）招生人数逐年增多。法律硕士（非法学）招生人数的增加一方面为国家培养了更多的法律人才；另一方面也暴露出在法律硕士（非法学）发展过程中出现的众多问题，例如：虽有硕士学位，但一些政法机关、高等院校、律师事务所甚至企业却不愿接收法律硕士就业，法律硕士的社会公信力受到质疑，缺乏社会认同，就业形势日趋严重。[1]法律硕士（非法学）的培养以学校为主导，采用校内导师与校外导师相结合的双导师培养机制，有利于学生理论知识与实务能力的双向提高。大部分院校的校外导师采取分配原则，对于校内导师的选择采用双方自愿原则，由于法律硕士（非法学）自身的局限性，导致他们在选导师的过程中历经艰难。

---

[*] 作者简介：李晨鹏，男，汉族，河南许昌人，贵州大学2018级法学院研究生，主要研究领域为立法学。

[1] 董士忠.法律硕士教育现存问题探析[J].学位与研究生教育，2006（6）：17.

一、法律硕士（非法学）导师制溯源

早在 14 世纪时，牛津大学就已经实行导师制度，导师在学生的学习、生活当中扮演着重要角色，在国家教育逐渐完善的今天，我国也正在逐步完善导师制度。在个别高校，除了研究生实行导师负责制，在本科生教育中，也正在逐步推行导师负责制。例如，贵州大学、首都经济贸易大学、电子科技大学等，为了加强对专业学位应用型人才的培养，自 2009 年开始，教育部要求全日制专业学位研究生实行校内外双导师制度，❶校内导师注重对学生的理论知识培养，校外导师着力提升学生的实践应用能力。然而，由于理论上双导师制度的体系不清晰、各项匹配制度的不完善，如校外导师主体地位未能详细化、校外导师的指导活动未能规范化，双导师制运作流程未能明确化等，以及实践中双导师制落实的不具体、保障的不全面，导致法律硕士双导师制未能真正落到实处，甚至有的有名无实、流于表面。❷因此对于学生来说，选择一位优秀的校内导师显得尤为重要。法律硕士（非法学）作为国家培养的法律专业人才，在校内导师的选择上面临诸多问题，与学硕、法律硕士（法学）相比处于劣势地位。学硕在研究生期间有各自的研究方向，他们毫无疑问地会选择本专业导师，法律硕士（法学）由于有着本科四年法学基础，同时大部分学生通过了司法考试，他们比非法学学生有着更大的优势，与学硕相比，法律硕士（非法学）没有明确的专业选择方向，与法律硕士（法学）相比，他们没有扎实的法学知识基础，因此在其他两个专业学生基本挑选完导师的情况下，还有一大批非法学学生仍在寻找还有剩余名额的导师，请求导师收下自己。

二、法律硕士（非法学）选择导师困难的原因分析

（一）法律硕士（非法学）理论基础薄弱

法律硕士（非法学）招生针对的是在本科期间所学专业为非法学专业的学生，报考该专业的考生没有本科所学专业的限制，只要他们达到一定的学历要求，具有基本的语言逻辑与理解能力就能参加考试，他们在考研之前对专业法律知识知之甚少，甚至从未接触，该专业对于那些想要提升学历但又想要跨考专业

---

❶ 杨柳.中国法律硕士教育改革——以双导师制为方向［J］.法制博览，2016（9）：281.
❷ 武良军.全日制法律硕士人才培养机制的现状反思与路径探索［J］.湖北函授大学学报，2018，31（18）：15.

的学生来说无疑是一个很好的选择，他们使用半年甚至更短的时间去学习法律基础知识，通过法硕联考进入全国各大高校。但是与本科学习四年法学专业的学生相比，他们的理论基础无疑是非常薄弱的，虽然我国设立法律硕士的目的是为法院、检察院、律所、企业法务部门等机构培养实用型人才，但是实践的应用是需要过硬的理论知识来支撑的。我国研究生复试一般是在每年的3月底4月初进行，录取通知书发放以后直到9月开学，中间具有长达5个月的间隔期，个别学生在这期间会准备法考，继续法律知识学习，但是大部分学生会选择寻找工作，中断了对法律知识的巩固，9月上课以后把考研期间学习的法律知识忘得一干二净，一问三不知。同时由于法律硕士（非法学）在考研期间时间紧、任务重，没有机会去阅读考研科目以外的法律书籍，以至于他们知识面狭窄，缺乏法律思维，导致他们在研究生期间阅读法律书籍时困难重重，出现看不懂、学不会、有心无力的尴尬局面。兴趣是最好的老师，因为对法律书籍不能够理解，有很多学生只能被动地在老师的强制要求下阅读极少数的法律书籍，缺乏主动性，长此以往，法律硕士（非法学）的法律知识、法律从业能力与学硕学生的差距越来越大，造成社会上缺乏高质量法律人才与法律硕士（非法学）无从就业的冲突局面。校内导师对法律硕士（非法学）的教育主要针对的是学生的理论知识与毕业论文写作，但是导师在指导学生论文写作时，发现学生的相关知识储备不足，毕业论文写作没有深度，令导师和学生在论文写作过程中都心力交瘁。由于现在国家实行学生论文导师终身追责制，因此导师也必须对自己所带的学生的毕业论文提出更高的要求，为了降低被追责、学生论文通不过被延期毕业的风险，导师在选择学生时也更倾向于那些理论基础相对较扎实的学硕学生及法律硕士（法学）专业的学生，每位导师所带的学生有限，因此有很多法律硕士（非法学）很难选到自己心仪的导师。

（二）选择研究方向时具有盲目性

近年来，由于我国科教兴国战略的提出，国家的发展需要大量高科技人才，社会对于人才的需求提出了越来越高的要求，鉴于此种情况，我国逐年加大对研究生的招生数量，由于地域、时间、考研成本等因素的影响，大部分研究生都采取自学的方式，有的学生在辅导班里报名集中观看视频，只有极少数的学生采取面授的方式，采取自学的方式既有利又有弊。好的方面是可以根据自己的时间安排自己的学习进度，提高效率，不好的方面是缺乏专业老师的辅导，对某些知识的学习不求甚解。这种情况同样发生在法律硕士（非法学）考研期间，与其他考研专业相比而言，这种情况具有更明显的弊端，因为该专业的所有考生都是跨专业考试，没有过硬的理论知识储备，未涉及过法律相关领域，除了考研期间读过的几本基本法律书籍，对于法律其他相关方面一无所知。法律硕士（非法学）采取大班上课模式，不区分研究方向，但是研究生三年期间，每位学生都要选择一位校内导师指导自己的学习方向以及论文写作，我国的很多高校都要求法律硕士（非法学）在研一上学期选择自己的导师，由于入学时间短，对法律领域涉及不深，有许多学生不知道自己需要选择哪个方向的老师，因为在潜意识里，他们会认为只要自己选择哪个方向的导师，自己的身上就会打上从事哪方面专业研究的标签。每位导师都有自己所擅长的方向，而且有所不同，由于不知道自己的兴趣所在，有很多同学只是通过身边的亲戚朋友、学长学姐及自己有限的经验进行盲目报选，通过别人的只言片语，研一新生片面地了解到哪些方向比较热门，例如民商法、刑法、刑诉法，哪位老师比较负责任，却没有真正考虑到自己是否真的适合这个方向的研究，能否适应该老师的辅导方式。在周围人的影响下，有的专业方向、有的导师名下出现报名扎堆的情况，而有的老师虽然很优秀，但是由于专业方向的限制以及默默无闻进行学术研究等原因没有很大的名声，造成了学生没有导师带、导师无学生可选的尴尬局面。由于进校时间短、研一课程少，学生有很少的机会与老师进行交流，学生既不了解老师，老师也不了解学生，学生在选择导师的时候基本上都没见过该老师，只能通过学长、学姐们打听，老师们每天事务繁忙，自己教过的学生都不一定记得很清楚，更不用说那些从未谋面，忽然某天给自己发邮件、发信息、打电话希望自己当他们导师的学生了，导师只能通过学生的简历、考研成绩、是否通过法考等方面对学生进行初步的了解，但是这种了解是极其片面的，因为没有通过面对面接触，导师和学生之间很难真正地去了解对方，这种信息的缺乏为后面导师与学生之间真正接触以后产生的不适应埋下了隐患。导师一旦选定，就很难再去更换导师或者去更换学生，因此学生在选导师的时候一定要认清自己的目标，做好自己的职业规划，多去和自己有意向的老师面对面接触，增强相互之间的了解，避免盲从，人云亦云。

（三）导师对学生的固有印象

法律硕士（非法学）来自于各个专业，有学文学的、经济的、采矿的、商贸的、管理的、水产养殖的等。因此，有人说法学院人才济济，各式各样的人才都有，这既是该专业学生的优势，但同时也是他们的不足之处，因为国家设立该专业就是为了培养综合型人才，他们能够把所学到的法律知识与自己的本科专业结合起来，成为自己所在领域的多方面人才，弥补学术型法律人才其他方面的欠缺，但是他们身上的不足之处也很明显——专业理论知识薄弱，缺乏法律思维，不能够用一个法律人的思维去看待问题、解决问题。在导师辅导法律硕士（非法学）写作论文时，发现他们的法律基础还远远比不上本科生，停留在问题表面，甚至胡编乱造，同时导师还在辅导过程中发现该专业同学学习积极性不高，布置的任务一拖再拖，等到拖不下去的时候就草草应付了事，质量不过关，远远达不到一个硕士研究生的理论水平。在论文导师终身负责制政策实施以前，导师只要在学生顺利毕业以后就圆满完成了该学生的教育工作，但是自从该政策实施以后，情况就不同以往，即使在学生毕业以后，只要检查出学生论文不合格，就要追回已经授予的学位证，同时追究导师的相关责任，对于导师来说，这种责任是巨大的，难以承受的，因此导师必须对学生毕业论文进行严格把关，无一丝一毫的懈怠。导师在辅导学生论文写作过程中发现，对法律硕士（非法学）论文指导远远没有本科是法律专业的学生省时、省力、省心，因此在导师双向选择过程中，导师更倾向于选择学硕或者法律硕士（法学）的学生，对于法律硕士（非法学）的导师申请请求，或明或暗地表示拒绝，甚至有的老师即使最终自己所带学生的名额未满也拒绝招收法律硕士（非法学）的学生。研究生教育与高中生教育不同，没有老师的严厉管教，全凭自己积极主动地去学习；与本科生教育也有所不同，本科生教育对学生没有严格的学术要求，但是研究生教育更加注重学生的学术水平，例如我国学硕型研究生毕业之前至少在一定级别的期刊上发表一篇文章，如果达不到这个要求，该学生将不能顺利毕业，因此导师都希望自己带的学生能够在学术上做出一些成就，同时他们平时对学术的研究能够为毕业论文的写作打好良好的基础。法律硕士（非法学）作为专业学位硕士，国家对此没有特别严格的学术水平要求，因此他们没有学术研究的压力，没有压力就缺乏动力，环境造就人才，由于缺乏学术氛围的影响，在他们中间逐渐地形成了一股浮躁之风，平时和导师之间基本上没有联系，但是到了评优评先评奖需要导师签字时，他们的积极性空前高涨，在学术研究时看不到他们的身影，但是在其他各种活动时，他们积极地活跃在第一线，评优评先评奖时，他们靠的不是自己的学术成绩，而是自己担任了哪一级别的学生职务及拿了多少证书、奖状。对于此种情况，每位导师都心知肚明，因此他们更加抗拒选择法律硕士（非法学）专业的学生。

三、改善法律硕士（非法学）选择导师困难的相关建议

（一）完善法律硕士（非法学）的培养计划

法律硕士（非法学）作为国家开设的专业硕士学位，目的是为国家法律领域培养综合性、应用型人才，由于招生要求的特殊性，该专业的学生基础较薄弱，对于法律知识的培养要从头开始，使他们打好根基，于是很多高校对于法律硕士（非法学）的培养都是按照本科教学模式进行的，在研一上学期进行最基本理论的灌输，在研一下学期及研二上学期进行实践性课程教育，研二下学期以及研三学生进行自主实习，整个研究生期间，只有一年半的时间是在学校进行理论学习，时间紧、任务重。同时法学专业的学生还肩负着通过法律专业资格证考试的重大任务，法律专业资格证考试经过2018年改革，考试时间分为两部分，9月进行客观题考试，10月进行主观题考试，考试时间都处在研二上学期，学生既要上课又要准备考试，时间上相互冲突，造成了学生既不能好好上课，也不能安心准备考试，同时研二的课程要比研一的课程繁重很多。对于法学专业的学生来说，研一上学期相对是比较轻松的，他们有大量的时间去弥补自己理论上的不足，学院应制订详细的法律硕士（非法学）培养计划，把培养计划与课程设置、导师指导结合起来。在课堂上，对学生的基础知识进行加深、巩固、提高，杜绝照本宣科的教学模式，扩展学生们的发散性思维。法律事实是复杂多变的，不会按照书本上的固定模式发展，要注重培养学生们的法律思维，站在一个法律从业者的角度去思考问题，以真实案例教学，鼓励学生们敢于站在讲台上提出自己的看法，以多种方式进行考核。例如，法律知识演讲、案件分析、案件辩论、模拟剧情等方式。把案件搬到课堂上，使同学们提前进入法官、检察官、律师等角色，既增强他们的实务能力，又能把知识在无形中传授给他们，身临其境，加深他们对知识的理解。以美国为例，除了校内实践教学课程以外，美国法律硕士教育还有非常丰富的校外实践课程，如由老师带领学生亲历各类诉讼程序，安排学生到优秀的律师事务所实践，以及到其他法律行业领域从事专门的实践锻炼等。❶ 除此之外，导师要推荐学生多读书，多写读书报告，在规定的时间内向导

---

❶ 龚志军. 地方院校法律硕士实践教学体系研究[J]. 当代教育理论与实践，2017，9(11)：34.

师汇报自己的阅读成果，对同学们提出硬性要求，推动他们对相关法律书籍的阅读，不要求速度，只要求阅读质量，在阅读中完成他们对法律基础知识的积累。

（二）扩展导师与学生的沟通渠道

导师与学生只有在相互了解的情况下才能在以后的学习中融洽相处，有很多高校在研究生开学很短的时间内就组织学生选择导师，学生对导师的了解仅仅局限于教自己课的有限的几位老师，对于其他老师一无所知，不知道哪位老师更适合自己，也不知道自己要选择哪个方向，只能人云亦云，选择时具有盲从性，导师对于学生更是一无所知，造成了导师与学生之间信息沟通不畅通。法律硕士（非法学）不区分研究方向，但是每位导师的研究重点有所不同，学生的选择倾向也各不一样，学院应在学生选择导师之前，对学生进行一定的引导，对该专业有哪几位导师，每位导师侧重的研究内容、将来的就业方向进行简单的介绍，同时安排导师给法律硕士（非法学）上一节简短的课程，让学生们亲身体验一下老师的上课风格及教育方式。同时老师应该给学生们留下一个简单的联系方式、办公地址，鼓励对自己研究方向感兴趣的学生去找自己交流，谈谈自己的学习计划以及未来规划，加深相互之间的了解，改变之前的了解方式，不仅仅停留在书面交流、别人的片面评价之上，只有导师与学生们之间相互了解，学生才能更好地选择适合自己的学业主攻方向，选择自己中意的导师，导师也能够挑选让自己满意的学生，减少学生选择导师时产生的不必要的麻烦，既能避免学生多次选择不到自己倾心的导师的尴尬局面，又能相对减少学院行政人员的工作量。扩展导师与学生之间的沟通渠道也能够使导师更了解自己所带学生的法律基础，制订出适合不同学生的培养计划，循序渐进地提高他们的理论水平，根据学生的实际情况推荐不同的法律书籍，避免出现看不懂，学不会的尴尬局面，使学生丧失了读书的动力，鼓励他们在平时根据自己的兴趣爱好尝试着写一些论文，熟悉论文的写作模式，拓展自己的知识面。

（三）学院统一为导师分配名额

法律硕士（非法学）的招生人数远远超过了学硕及法律硕士（法学）人数，由于法律硕士（非法学）以前给导师留下了不好的印象，极大地影响了该专业第一志愿选择导师的成功率，三个专业学生选择同一批导师，而导师所带的学生有限，同时导师更倾向于学硕和法律硕士（法学）专业的学生，导致在首次选择的时候有很多非法学学生落选，只得重新选择其他导师，费时、费力、费心。对于此种现象，学院应该在尊重老师意愿的情况下，根据法律硕士（非法学）的总人数统一为导师分配非法学学生名额，要求每年导师所带非法学专业研究生要占到自己学生总名额的一定比例，如果未能达到一定比例，就要相应削减第二年该导师的招生名额，防止法律硕士（非法学）未出学校就受到专业歧视的局面出现。

四、结　语

为了避免法律硕士（非法学）在选择导师时多次被拒绝的尴尬局面出现，需要学院、导师、学生三方的不懈努力，学院应该制定相应的对策提高学生的专业理论基础，加强导师与学生之间的信息交流，为非法学专业学生选择导师铺平道路。导师应该摒弃以往的观念，善于发现学生的优点，严格要求他们，督促他们、鼓励他们，为他们毕业论文写作打下坚实的基础。学生更应该积极主动地去学习，多与自己的导师沟通交流，按时、保质保量地完成导师布置的学术任务，弥补自己理论知识的不足，提高自己的实践能力，发扬长处，补足短板，做一个真正合格的法律人才。笔者相信在各方的努力下，法律硕士（非法学）在未来的法律建设中一定会具有更强的竞争力。

法理学教育中工匠精神的培育*

宁立标　李　丹**

2017年，习近平总书记在党的十九大报告中提出："建设知识型、技能型、创新型劳动者大军，弘扬劳模精神和工匠精神，营造劳动光荣的社会风尚和精益求精的敬业风气。"❶尽管十九大报告中关于培养工匠精神的要求是以供给侧改革和制造业发展为宏观语境，但是由于报告将工匠精神的主体定位为劳动者，将工匠精神的培育扩大到各行各业的所有劳动者自然合乎情理。就法律职业工作者而言，尽管其从事的行业与制造业具有较大的差异，但是由于法律职业工作者也是劳动者，因此培养法律职业工作者的工匠精神也非常必要。本研究将以法理学课程教育中的思政教育为视角，分析法理学教学中培养工匠精神的必要性，探索法理学教育中培养工匠精神的路径。

一、工匠精神的内涵

从词源学上分析，在西方文化中，"工匠"（artisan）一词的本义源自拉丁语中一种被称为"ars"的体力劳动，意为把某种东西"聚拢、捏合和进行塑形"，后来随着劳动形式的逐渐丰富才演变为"技能、技巧、技艺"（art）的意思；而"artisan"作为一门特定的职业和特定的社会阶层，即工匠、手艺人的意思是通过16世纪法语"aitisan"和意大利语"aitigiano"的含义才确定下来的，并于17世

---

* 本研究是贵州大学本科教学课程思政建设项目（法理学课程）的阶段性成果。

** 作者简介：宁立标，贵州大学法学院教授；李丹，贵州大学法学院法学理论专业硕士研究生。

❶ 习近平.决胜全面建成小康社会 夺取新时代中国特色社会主义伟大胜利——在中国共产党第十九次全国代表大会上的报告［EB/OL］.（2017-10-27）［2018-03-16］. http：//www.gov.cn/zhuanti/2017-10/27/content_5234876.htm.

纪早期开始广泛使用起来❶。在我国，工匠又被称为手艺人，主要是指以熟练掌握某一门手工技艺为谋生手段的一类社会群体，如木匠、鞋匠、铁匠、织布匠等。❷工匠精神是对工匠群体的精神内涵进行抽象形成的精神态度。虽然学界对于工匠精神尚无明确的定义，但工匠精神概括来说包括以下三个方面：首先，从工匠自身角度出发，工匠精神要求工匠形成职业认同、尊重和信仰自己所从事的行业；其次，从匠技角度出发，工匠精神要求工匠坚持专业态度、应用专业方法进行匠艺活动；最后，从匠艺活动的目标出发，工匠精神要求工匠注重细节、精益求精从而追求卓越。

从工匠自身角度出发，工匠精神要求工匠形成职业认同、尊重和信仰自己所从事的行业。首先，在以家庭手工业为主的传统社会中，在老一辈手工工匠的言传身教之下，青年手工工匠能够胜任父辈的工作；在儒家忠孝文化的影响下，青年手工工匠愿意投入到父辈的行业中并对该行业保持忠诚；通过从事匠艺活动，手工工匠获得满足自身及家庭所需的基本物质生活条件，得以养家糊口，也就是说通过从事匠艺活动，手工工匠获得了一定的报酬；此外，由于从小的耳濡目染使得青年手工工匠对于父辈的工作没有不满。因此，传统手工工匠能够并且愿意从事匠艺活动，能够从匠艺活动中获得一定的报酬并满足于自己所从事的行业，也就是说，传统手工工匠对自己所从事的行业具有职业认同。其次，在传统社会，虽有私人手工工匠和官府手工工匠之分，但以官府手工工匠为主，匠艺活动主要服务于上层阶级，以满足统治阶级的奢华享受为目的，这就要求传统手工工匠尊重自己所从事的行业；在现代社会，虽然工匠群体的主要服务对象转变为社会大众，但为顾客服务的思想使得现代工匠必须尊重本行业。❸最后，家庭手工业在传统社会的祖先崇拜和宗族崇拜的文化氛围中进行，这是形成职业信仰的文化条件；在我国古代有尊师重道的传统，正所谓"一日为师，终身为父"，这是形成职业信仰的社会条件；在我国古代，道与器之间具有密切联系，根据《易经》记载"形而上者谓之道，形而下者谓之器"❹，也就是说器是道的载体，通过对"器"的掌握和应用有助于实现自己的道，《管子》有言"羿之道，非射

---

❶ 李宏伟，别应龙.工匠精神的历史传承与当代培育[J].自然辩证法研究，2015（8）.
❷ 庄西真.多维视角下的工匠精神：内涵剖析与解读[J].中国高教研究，2017（5）.
❸ 石琳.中华工匠精神的渊源与流变[J].文化遗产，2019（2）.
❹《易经·系辞上》。

也；造父之术，非驭也；奚仲之巧，非斲削也"❶。由此可见，对于古代的杰出工匠来说，其从事匠艺活动的真正目的不在于技术和器物本身，而在于由"器"悟"道"，从而达到道技合一的人生境界，这是形成职业信仰的思想条件。

从匠技角度出发，工匠精神要求工匠坚持专业态度、应用专业方法进行匠艺活动。首先，对于私人手工工匠来说，传统的乡土社会使得手工工匠没有弄虚作假的空间，因此私人手工工匠必须专研于自己所从事的行业，形成专业态度；而对于官府手工工匠来说，其生产活动以家庭及宗族为单位，为掌握着其生杀大权的上层阶级进行服务，其生产单位的特殊性和服务对象的特殊性要求官府手工工匠必须具有专业态度。因此，社会生活条件要求传统手工工匠形成专业态度。其次，随着社会分工的不断发展，手工业同农业逐渐分离开来，这也意味着手工工匠可以将更多的时间和精力投入匠艺活动中，这为手工工匠形成自己的专业方法提供了可能性。最后，宗教信仰同样要求匠艺活动坚持专业态度。在以工匠精神著称的日本，江户时代的禅僧铃木正三就主张"工匠的佛道就是投入精魂，一心制造"❷；在同样以工匠精神著称的德国，马丁·路德指出："把世俗的工作视为替基督服务，这样你就能明白，当你听到上帝的召唤去工作时，当你在工作中感受到自己是在为耶稣基督劳动时，实际上你是在用最最卑贱的世俗行为敬畏上帝；但是，它却比你未经上帝召唤，就把所有的时间浪费在冥想、祷告，或者其他精神活动上强得多。"

从匠艺活动的目标出发，工匠精神要求工匠注重细节、精益求精从而追求卓越。不论是传统手工工匠，还是现代机械工匠，都面临着激烈的竞争，其产品在完成后必须具备独特优势，如在审美方面具有独特的美学价值，具有创新之处或是在实践领域具有更高的实用价值等，才能在众多产品中脱颖而出受到服务对象的青睐，从而实现工匠活动的价值，这就外在地迫使工匠活动将注重细节、精益求精从而追求卓越作为其目标。至善目的的存在也为精益求精、追求卓越提供动力。亚里士多德认为匠艺活动的目的就是制作好的产品。他说道，"无论谁要制作某物，总是预先有某种目的。制作活动本身不是目的，而是属于其他某个事物。而完成的器物则自身是一个目的，因为做得好的东西是一个目的，是欲求的对象。所以，选择可以或称为欲求的努斯，或称为理智的欲求，人就是这样一个

---

❶ 见《管子·形势上》。
❷ 周菲菲. 试论日本工匠精神的中国起源 [J]. 自然辩证法研究, 2016 (9).

始因[1]",而制作好的产品符合至善目的,即"对于一个吹笛手、一个木匠或任何一个匠师,总而言之,对任何一个有某种活动或实践的人来说,他们的善或出色就在于那种活动的完善"[2]。总而言之,至善目的是工匠注重细节、精益求精从而追求卓越的原因条件。

二、法理学教育中培养工匠精神的重要性

法理学是以"法理"为中心主题和研究对象而形成的知识体系、理论体系和话语体系,也是法学课程体系的核心与基础。[3]在学科意义上,法理学是法学的一般理论、基础理论、方法论和意识形态。由于法学教育的基本目标是培养立场坚定、品德高尚、基础扎实、技能娴熟的法治人才,法理学课程在法学教育中又具有基础性地位,因此法理学课程的教育目标不仅包括课程知识的讲授,更包含了职业伦理在内的世界观、职业观和人生观的培育,工匠精神就是法理学课程思政的重要使命。具体而言,法理学教学在以下方面对于工匠精神的培育具有重要意义。

(一)法理学教学有助于学生理解法的理念

在法理学教育中培养工匠精神有助于推进法律人努力实现法的理念。法的理念即法追求的价值目标或者关于法应该是什么样的理想,与"实定法"(或"实在法""实证法")相对而言。实定法是现存的法律规范和制度。实定法的制定和实施,往往包含有一定阶级关于法的理念,如正义、自由、平等就是代表反封建的资产阶级的古典自然法学派追求的法的理念,法的理念讲的是应然的法,它往往是针对现实法律制度的不合理性而提出的,是法学家心目中理想的法,是法学家用来评判实定法优劣的理想性标准,带有道德的意味。[4]黑格尔指出,法哲学这一门科学是以法的理念,即法的概念及其现实化为对象。[5]工匠精神要求工匠注重细节、精益求精从而追求卓越。而法的理念体现法追求的价值目标或者关于法应该是什么样的理想,因此培养工匠精神有助于推进法律人实现法的理念。

---

[1] 亚里士多德.尼各马可伦理学[M].廖申白,译注.北京:商务印书馆,2003:169.
[2] 亚里士多德.尼各马可伦理学[M].廖申白,译注.北京:商务印书馆,2003:169.
[3] 张文显.法理:法理学的中心主题和法学的共同关注[J].清华法学,2017(4).
[4] 孙国华.中华法学大辞典[M].北京:中国检察出版社,1997(3).
[5] 黑格尔.法哲学原理[M].范扬,张启泰,译.北京:商务印书馆,1961:1.

（二）法理学教学能够帮助学生掌握法律方法

法理学教育中培养工匠精神有助于增强法律工匠的专业态度，加强法律方法训练。法律方法一般是指法律职业者认识、判断、处理和解决法律问题的专门方法，或者说，是指法律人为寻求法律问题的正确答案而使用的专门方法。[1]庞德指出，法律方法或法律技术，足以将西方近代世界中的两大法系（英美法系和大陆法系）区别开来。[2]拉伦茨认为，法律方法所关心的不仅仅是法的明确性及法的安定性，同时也致意于：在具体的细节上，以逐步进行的工作来实现"更多的正义"[3]。事实上，法律方法是长期的法律实践的经验总结，凝聚了法律人的智慧，是实践理性原则在法律领域的表现。在匠艺活动过程中，工匠精神要求工匠坚持专业态度，应用专业方法制作产品。法律方法以法律实践为基础，是根据法律理念、原则和规则思考和解决问题的方法，是法律人思考和解决问题的专业方法。因此，在法理学教育中培养工匠精神有助于增强法律工匠的专业态度，加强法律方法训练。

（三）法理学教学能够强化法律职业认同

在法理学教育中培养工匠精神有助于强化法律职业认同和信仰，培养法律职业伦理。法律职业是以立法者、执法者、法官、检察官、律师等为主体的，受过系统法律专业训练，具有娴熟法律技能与高尚法律伦理的人所构成的职业共同体。[4]法律职业伦理是法律人在其法律实践中必须遵守的特殊道德规范。[5]《尚书》有言，"继自今立政，其勿以憸人，其惟吉士"[6]，也就是说要任用有德之人掌管诉讼，我国古代的"清官"文化无疑是对法律人的法律职业伦理要求。法律职业伦理是法律制度的重要组成部分，它不仅对于法律职业自身的发展具有重要意义，它所包含的公平公正追求对于社会发展也具有重要意义。工匠精神要求工匠认同自己所从事的职业，热爱自己的职业，从而形成职业信仰。法律工匠在从事法律职业过程中，认同和尊重法律职业是形成法律职业伦理的基础，而信仰法律职业则是法律职业伦理的最高要求。因此，在法理学教育中培养工匠精神有助于

---

[1] 张文显.法理学[M].北京：高等教育出版社，2018：289.
[2] 庞德.通过法律的社会控制 法律的任务[M].沈宗灵，等译.北京：商务印书馆，1984：23.
[3] 拉伦茨.法学方法论[M].陈爱娥，译.北京：商务印书馆，2003：77.
[4] 张文显.法理学[M].北京：高等教育出版社，2018：284.
[5] 张文显.法理学[M].北京：高等教育出版社，2018：280.
[6] 见《尚书·立政》。

强化法律职业认同和信仰，培养法律职业伦理。

三、法理学教育中工匠精神的培育路径

在法理学教育中培养工匠精神有助于推进法的理念的实现；增强专业态度，加强法律方法训练；强化法律职业认同和信仰，培养法律职业伦理。因此必须在法理学教育中培养工匠精神。选择适当的路径有助于目标的实现，在法理学教育中培养工匠精神同样需要选择适当的路径。概括来说，在法理学教育中，可以通过法律理念教育、法律方法教育、法律职业伦理教育和法律案例教学的方法来培养工匠精神。

（一）法律理念教育

工匠精神要求工匠精益求精、注重细节从而追求卓越。法律理念不仅体现法律的追求目标，也是帮助法律工匠检验法律产品是否合格的试金石，因而在法理学教育中可以通过法律理念教育培养工匠精神。具体来说，可以在法的价值❶部分，通过正义、自由、秩序、效率及人权与法的关系的讲授，引导学生追求法律理念，检验法律活动是否符合法律理念。在法与正义的关系部分，可以通过讲授法律如何促进和保障分配正义、如何促进和保障司法公正、如何促进和保障社会正义，正义是法律工匠的追求目标，也是法律工匠法律活动的检验标准。在法与人权部分，可以通过讲授法律在宪法、立法、行政、司法和国际法方面对人权进行保护，引导学生理解尊重和保护人权是法律的价值追求，也是检验法律合法性的重要标准。在法与自由部分，可以通过讲授自由的概念、自由的价值以及法律如何利用权利义务、责任和救济程序来保障自由引导学生理解自由是法律的价值追求，也是检验法律的重要标准。

（二）法律方法教育

工匠精神要求工匠坚持专业态度、应用专业方法进行匠艺活动。法律方法是法律人思考和解决问题的专业方法。因此，在法理学教育中可以在法的运行部分通过法律方法教育培养工匠精神。换言之，在法律方法❷部分，通过法律发现、

---

❶ 在法理学领域，法的价值体系是由法的目的价值、形式和评价标准三种形式组成的价值系统，本研究仅研究法的目的价值，法的目的价值具有多元性，不同学者对法的目的价值有不同的理解，本研究以张文显教授主编的《法理学》一书为基础进行分析。

❷ 在法理学领域，不同学者对于法律方法有不同的论述，本研究以张文显教授主编的《法理学》一书为基础进行分析。

法律解释、法律推理、法律论证等法律方法的讲授，引导学生养成专业态度，应用这些专业方法去思考和解决法律问题。具体来说，要求学生在面对具体问题时遵循以下四个步骤：第一，在法律渊源内依托整体法律秩序，分析和判断相关事实是否具有法律意义，确定其所属法律部门并将其归入特定法律关系中，进而选择所要适用的法律规范；第二，在解释法律时，在法定权限、内容、程序中进行解释，使解释与法理、情理、公理、道理保持一致，在法治轨道上使历史与现实相统一、国际和国内相统一，进而综合使用文理解释、体系解释、目的解释、历史解释等解释方法解释法律；第三，在法律推理过程中，应用形式推理和辩证推理解决法律问题；第四，还要培养对立法意见、法律陈述、法律决定的正确性进行证明的能力。❶总之，通过法律方法教育，教授思考和解决法律问题的方法，养成专业态度。

（三）法律职业伦理教育

工匠精神要求工匠形成职业认同、尊重和信仰自己所属的行业。法律职业伦理是法律人在其法律实践中必须遵守的特殊道德规范，它要求法律人认同、尊重并且信仰法律职业。因此，在法理学教育中可以在法的运行部分通过法律职业伦理教育培养工匠精神。通过讲授法官检察官职业伦理、律师职业伦理、法律职业信仰来引导学生养成工匠精神。在法官职业伦理中，法官职业伦理要求法官爱岗敬业、尽职尽责，坚持以事实为依据，努力追求公平正义，忠实于法律从而保证法律的有效实施。在律师职业伦理部分，律师对待当事人应勤奋工作、讲求效率，忠实于当事人；在尊重法官的同时也应不卑不亢；同时尊重同行，不得非法阻碍同行的正当业务行为。概括来说，通过法律职业伦理教育，引导学生认同法律、尊重法律，从而形成法律职业信仰。

（四）法律案例教学

法律理念教育、法律方法教育和法律职业伦理教育均具有较强的理论性，这些理论只有经过实践的检验才能更加完善。法律案例教学是理论联系实际的教学方法。因此，在法理学教育中可以通过法律案例教学培养工匠精神。在法理学教育中，可以通过展示具体的案例，引导学生分析在相关案件中相关工作人员是否以及如何在法律实践中应用法律方法思考和解决法律问题，通过分析该案件在社

---

❶ 张文显. 法理学 [M]. 北京：高等教育出版社，2018：288-303.

会中所造成的影响判断案件是否符合公平正义原则，相关法律职业者是否，以及如何践行法律职业伦理，进而对相关理论进行完善，从而重构法律职业伦理，改进法律方法教育并完善法律理念教育，进而培养工匠精神。以彭宇案为例，可以引导学生分析该案法官是否根据法律职业伦理的要求，忠实于法律，从而帮助学生形象地认识法律职业伦理对于法官的要求，进而对学生进行法律职业伦理教育，培养学生的工匠精神；也可以分析该案法官在法律推理过程中应用何种推理方式，在应用该种推理方式过程中是否遵守相关推理原则，从而对学生进行法律方法教育；结合该案的社会影响，分析该案对正义观念造成何种影响，正义原则要求法官在该案中思考和解决问题，从而对学生进行法律理念教育。

  法学教育需要培养工匠精神，但培养工匠精神不是一蹴而就的，需要法学教育的不懈努力。法理学作为法学的一般理论、基础理论、方法论和意识形态，理应承担培养工匠精神的使命，通过法律理念教育、法律方法教育、法律职业伦理教育和法律案例教学的方式可以有效地在法理学教育中培养工匠精神。